KB206342

신성종 목사

새벽이슬 같은 주의 청년들

신성종 목사 지음

도서출판 한글

‖ 머리말 ‖

당신은 왜 사는가?

신성종 목사(크리스천 문학나무 편집인)

우리가 살다 보면 왜 사는지 종종 잊을 때가 있다. 그래서 가끔은 자신에게 나는 왜 사는가 하고 물어볼 필요가 있는 것이다. 사실 산다는 것은 생각처럼 간단하지 않다. 많은 일들이 연결되기 때문에 마침내는 삶의 목적과 목표를 혼동할 수가 있다. 그래서 많은 사람들이 불행해지고 인생에 실패를 한다. 나는 아침에 일어나면 오늘은 무엇을 해야 할 것인가 하고 그날의 계획을 세워 본다. 가장 좋은 방법은 묵상기도를 통해 자신의 모습을 살펴보면서 나를 향한 하나님의 뜻을 찾으면서 목표를 세우는 것이다.

여기서 중요한 것은 인생의 목적과 목표는 다르다는 점을 분별하는 일이다. 목적은 내 인생의 궁극적 이유를 말하는 것이고, 목표란 그 목적을 이루기 위한 구체적인 수단과 방법을 말하는 것이다. 목적은 추상적인 것이 일반적이지만 목표는 구체적인 것이 특징이다. 그러나 많은 사람들은 이 목적과 목표를 혼동한다. 그래서 돈 버는 일에 일생을 다 허비하고 사업을 한다고 허비를 한다. 그러다가 늙고 죽을 때가 되어서야 내가 살아온 목적이 잘못된 것을 발견하고 후회를 하지만 그때는 이미 늦는다. 필자는 대학에 들어간 후에는 등록금을 벌기 위해서 가정교사를 하기도 하고 미국에 가서는 방학 때 농장에 가서 노동을 하기도 했다. 정원에 가서 풀을 깎기도 하고, 식당에 가서 접시 닦는 일을 하기도 했다. 그러나 등록금을 번 후에는 다시 공부하는데 전념했다. 박사 학위를 받은 후에는 가르치고 책을 쓰기 위해서 공부를 지금도 계속하고 있지만 다행히도 목적과 목표를 혼동하지는 않았다. 그러나 방황이 전혀 없었다고 하면 그것은 거짓이다. 그래서 노년이 되어 자신을 살펴보면 남들처럼 벌어놓은 재물은 없지만 한 번도 굶은 적은 없었습니다. 빈손으로 왔다가 빈손으로 가는 인생이니 후회는 없다. 그러다 보니 그동안 4만여 권의 책을 읽었고 백사십 권이 넘는 책을 썼다.

　나의 인생의 목적은 나의 설교와 강의와 글을 통해 하나님의 영광을 드러내려고 최선을 다한 것이다. 내가 살아온 것이 성공인지 실패인지는 후세가 평가하겠지만 확실한 것은 곁눈질하지 않고 열심히 외길로 살아왔다고 생각한다.

　나는 목표를 시간적 순서에 따라 정한다. 어떻게 보면 좀 따분한 삶이기는 하지만 그러나 후회는 없다. 지금까지 살아온 대로 다시 살라고 하면 그렇게 열심히 살 것 같지는 않다. 하나님께 영광이란 목적을 위해 때로는 목회를 했고, 때로는 학교에서 강의를 했고, 선교를 하기도 하였다. 나의 잡념을 정리하기 위해 시를 쓰다가 시인으로 등단하기도 했다.

　사랑하는 형제자매들이여, 당신들의 삶의 목적은 무엇이며 그것을 이루기 위해서 어떤 목표를 세우고 있는가? 과연 당신의 목표가 목적과 상충되지는 않는가? 우리들의 삶의 목적은 하나님이 기뻐하시는 것인가? 목표는 당신의 목적과 직접 연결이 되고 있는가? 혹시나 방황하고 있지는 않는가? 인간이 산다는 것은 간단하지 않기 때문에 방황할 때도 없지 않지만 그러나 그것이 하나님께서 기뻐하시는 것인가를 자신에게 자주 물어보아야 한다.

　그때 필요한 것이 묵상기도이다. 많은 사람들은 예배 때만 묵상기도하는 것으로 알고 있지만 아침마다 일어나서 매일 매순간 점검해 보지 않으면 허송세월을 할 수 있음을 잊지 말자.

　이번에 심혁창 장로님의 도움으로 그동안 내가 설교했던 내용들을 모아 수십 권의 책들을 출판하게 된 것을 주님께 감사한다. 별로 잘 쓴 글들은 아니지만 많은 후배 목사들에게 자신의 설교와 비교해 보고 또 요약해서 자신이 살을 붙이면 좋은 자신의 설교가 되리라 믿고 감히 나의 치부들을 내놓는다. 일반 성도들은 가족들과 함께 큰소리로 읽어보면 큰 은혜가 될 것이다.

작은 종 신성종 드림.

목 차

머리말 / 당신은 왜 사는가? ········ 5

오직 성령의 충만을 받으라 ········ 11

예수를 믿는 자는 ········ 14

예수님께서 오신 것은? ········ 23

인생의 성공은 꿈꾸는 자의 것이다 ········ 28

제2의 종교개혁이 일어나야 합니다 ········ 32

예수 부활 내 부활 ········ 37

새벽이슬 같은 주의 청년들 ········ 41

성공적인 지도자가 되려면 ········ 44

쉐마 교육을 통해 SQ를 높이라 ········ 57

선한 청지기같이(B) ········ 63

성탄절 준비 ········ 67

성공과 새 생명 ········ 70

쉐마교육과 부모 공경 ········ 76

십자가로 승리하자 ········ 79

새 가정과 새 생명 ········ 82

삼박자 감사 ········ 87

부활의 주님을 만나려면 ········ 93

부활의 능력으로 ········ 99

모세의 실패에서 배우자 ········ 105

바른 관계의 회복 ········ 109

복을 주리라 ········ 120

보게 하시는 하나님 ········ 123

벗을 것과 입을 것은? ········ 126

말씀의 힘 ········ 129

맥추절의 현대적 의미 ········ 132

말씀을 가까이 하면 ········ 140

만물의 마지막이 가까웠으니 그러므로 ········ 143

로마로 가니라 ········ 149

대접받고자 하는 대로 대접하라 ········ 155

너희 상을 빼앗지 못하게 하라 ········ 161

때가 있나니 ········ 166

기적을 일으키는 감사 ········ 173

기회를 바로 잡은 동방 박사들 ········ 180

기회를 따라 ········ 186

네 장막 터를 넓히라 ········ 190

6·25의 성경적 의미 ········ 197

8.15 해방과 참 자유 ········ 203

한 사람을 찾습니다 ········ 207

여관집 주인과 목자들 ········ 213

아브라함에게 주신 축복 ········ 222

세월을 아끼라 ········ 225

열매 맺는 비결은? ········ 227

열매 맺는 교회 ········ 235

연합하여 동거하는 것 ········ 238

여호와께 감사하자 ········ 240

기도로 시작하여 성공하는 한 해가 되게 하자 ········ 248

한나의 기도 ········ 258

항상 소망을 품고 ········ 263

오직 성령의 충만을 받으라

(엡5:18)

1. 지금 우리가 사는 이 시대는 어떤 시대인가?

(1) 다원주의(구원의 유일성 부인) : 입니다. (행4:12)

(2) 물질주의(가치관의 변화와 물질지상주의에 빠져 있다)의 시대입니다.

(3) 윤리적 상대주의(도덕적 기준이 해이해짐)입니다. 교회도 교인들
    도 비슷합니다.

이런 시대에 바로 살려면 오직 한 가지, 즉 성령의 충만을 받아야
합니다.

2. 왜 우리는 성령의 충만을 받아야 하나?

(1) '변화(마음, 생활, 능력의 변화)는 오직 보혜사 성령의 충만 없이는
    안 되기 때문

롬 12:12절에 "너희는 이 세대를 본받지 말고 오직 마음을 새롭게 함
으로 변화를 받아 하나님의 선하시고 기뻐하시고 온전하신 뜻이 무엇인
지 분별하도록 하라"고 했습니다.

(2) 사도행전의 말씀

사도행전의 말씀처럼 주님의 증인이 되고 하나님의 일을 하려면 오직
성령 충만을 받아야 하기 때문입니다.

(3) 성령 충만으로

이 시대를 이기려면 성령의 충만 없이는 불가능하기 때문입니다. 내힘과 지식으로는 안 됩니다.

3. 성령 충만의 비결은?

(1) 마음을 비우는 회개부터 시작해야

'먼저 회개해야' 합니다. 우리 마음은 술 취한 사람이 토해낸 음식처럼 냄새가 나고 더럽기 때문에 마음을 비우는 회개부터 시작해야 합니다. 그래야 성령께서 임하실 수 있습니다. 회개란 성령님이 임재할 수 있도록 자리를 비우는 것입니다.

(2) 적극적으로는 성령 충만을 간절히 구해야

회개는 마음을 비우는 것이지만 그러나 적극적으로는 성령 충만을 간절히 '구해야' 즉 간절히 기도해야 성령이 임하신다. 눅 11:13절에 구하는 자에게 성령을 주시지 않겠느냐고 했다. 일반적으로 성령이 임해서 우리를 믿게 하는 것은 하나님의 섭리대로 되기 때문에 내가 간구하지 않아도 됩니다. 왜냐하면 성령의 임재는 하나님의 주권적인 사역이기 때문에. 그러나 성령 충만의 비결은 가만히 있어도 되는 것이 아니라 우리가 협력을 해야 합니다. 그 협력은 성령을 우리가 간구하는 일입니다. 그래야 충만케 됩니다.

(3) 말씀을 들을 때 성령 충만

말씀을 들을 때 성령 충만해질 수 있습니다. 말씀은 성령으로 기록된 것이기 때문에 말씀만 아멘 하면서 잘 들어도 성령 충만을 받을 수 있습니다.

(4) 안수 받으면 성령 충만

안수 받으면 성령 충만해질 수 있습니다. 저는 성결교회의 부흥사인

이성봉 목사의 안수기도를 받고 성령의 임재를 처음으로 체험했습니다. 그러나 지금 여기에는 몇몇 주의 종들이 여러분들을 다 안수할 수 없기 때문에 지금은 우리 각자가 자기의 오른손으로 왼쪽에 있는 자기의 심장 위에 오른손을 얹는 것은 단순한 상징적 행동이지만 그러나 믿음으로 구하면 그것도 이루어집니다.

(5) 찬송할 때

찬송할 때 성령이 임하신다. 일반적으로는 말씀을 들을 때 성령이 임하시지만 그러나 때로는 찬송할 때도 성령이 임하신다. 그러므로 찬송은 영적 군가입니다.

4. 끝으로 성령충만을 받으려면 우리의 목적이 분명해야 합니다.

(1) 복음을 전하려는 목적을 가져야 합니다.

(2) 빛과 소금이 되기 위한 목적을

빛과 소금이 되기 위한 목적을 가져야 합니다. 먼저는 교회를 개혁하고 다음은 정권을 개혁하고 마지막으로 우리 사회를 개혁하기 위해서여야 합니다.

(3) 교회를 변화시키려는 목적

교회를 변화시키려는 목적을 가져야 합니다. 한국을 변화시켜 마지막 시대인 태평양시대의 제사장 교회가 되기 위해서 이 세 가지 목적을 가지고 기도합시다.

성령 충만은 그냥 체험만 하려는 생각으로 해서는 안 됩니다. 분명한 목적을 가지고 할 때 사도행전 2장에 나타난 놀라운 역사가 바로 지금 우리 눈앞에서 일어날 줄로 믿습니다.

예수를 믿는 자는

(요3:16-21)

오늘은 믿음의 본질과 그 믿음의 열매와 믿음을 갖게 되는 비결을 살펴보려고 합니다. 현대처럼 믿음이란 말이 잘못 사용되고 있는 때도 별로 없을 것입니다. 왜냐하면 믿음을 사람들에게 적용하기 때문입니다. 본래 믿음이란 말은 사람들에게 적용할 수 없는 말입니다. 사람에게 적용하면 그것은 '신뢰'라는 뜻이 됩니다.

그러나 믿음은 오직 하나님에게만 적용할 수 있는 말이기 때문입니다. 그런데 이 말을 사람들에게 사용하기 때문에 그 뜻이 변질되고 있는 것입니다. 그래서 믿음이란 말이 잘못 사용되고 오용되고 있습니다.

1) 예를 들면 '그 사람 믿을 수 없어'라고 말합니다. '정직하지 않다'는 뜻이고, '신의를 지키지 않는다'는 뜻입니다.

2) 또 어떤 분들은 교회에 등록을 하고 매주 교회에 출석을 잘하는 것을 믿음 생활을 하고 있는 것으로 착각합니다.

3) 또 어떤 경우에는 교회에서 '열심'을 내면 믿음이 좋다고 하면서 '열심과 믿음을 동일시'하기도 합니다. 물론 부분적으로는 맞지만 본질적으로는 다 부족한 것입니다. 물론 믿음이란 외형적으로 보면 그렇게 생각할 수도 있지만 믿음의 본질은 그것이 아닙니다. 믿음이란 본질적으로는 하나님과 주님에게만 관계가 되는 말입니

다. 따라서 믿음이란 적어도 네 가지가 있어야 믿음입니다.

 ① 먼저 예수님을 구주로 '영접'해야 하고,

② 모든 것을 예수님께 '맡기고' '의지'해야 합니다.

③ 주님의 인도하심을 받는 사람, 즉 예수님을 '따르는 사람'(제자가 되어야)합니다.

④ 끝으로 믿음이란 주님과 '동행'할 때에 사용되는 말입니다. 갈보리 산까지 동행해야 합니다. 그러므로 이 믿음이란 말이 얼마나 중요하냐 하면 요한복음에만도 98번이나 나올 정도입니다. 그러면 믿음이란 말이 무슨 뜻입니까?

1. 믿음의 본질

히 11:1에 보면 "믿음은 바라는 것들의 실상이요 보지 못하는 것들의 증거"라고 했습니다. 단적으로 말하면 믿음이 '실상'이요 증거'란 말입니다. 실상이란 '실체'란 뜻입니다. 증거란 말은 쉽게 말하면 '어떤 권리증' 입니다. 여러분 믿음이란 '권리증'과 같은 것입니다. '천국에 대한 권리증'이요, '구원에 대한 권리증'이요 장차 받게 될 '하늘나라 영광의 권리증'입니다. 이 세상에서 '승리할 것에 대한 권리증'입니다. 이 세상에서는 등기소 직원이 마음만 먹으면 권리증을 위조할 수도 있습니다만 우리가 받게 될 이 권리증은 '하나님이 직접 주신 권리증'입니다. 아무도 위조할 수 없는 권리증입니다. 그러므로 이 권리증인 믿음을 다 소유하실 수 있기를 축원합니다.

그러면 하나님께서 우리들에게 무엇을 믿으라고 하십니까?

첫째는 그의 '말씀'을 믿으라고 하십니다. 성경에 기록된 모든 말씀을 믿으라고 하십니다. 이것이 믿음의 시작입니다.

둘째는 하나님이 우리를 사랑하셔서 행하신 일, 즉 '십자가로 말미암아 우리의 모든 죄가 다 용서되었다는 것'을 믿으라는 것입니다. 그래서 본문에 "하나님이 세상을 이처럼 사랑하사 독생자를 주셨으니" 이것을 믿으라는 것입니다. 이민 생활의 특징이 무엇입니까? 사실 따지고 보면 세상에서 사는 것은 다 이민생활입니다. 나그네 생활입니다. 그런데 유독 한국에서는 미국에서 살면 외국이란 개념은 엄밀하게 말하면 잘못된 것입니다. 그런데 미국의 이민생활을 보면 모든 것이 불확실하고, 불안정하다고 생각해서 '보험 없이는 못 산다.' 그러나 오늘 저는 여러분들에게 최고의 보험을 소개하려고 합니다. 바로 '천국보험'입니다. 이 보험은 매달 돈 안 내도 믿기만 하면 다 소유할 수 있는 보험입니다. 주님을 붙들기만 하면 됩니다. 모든 문제는 내어 맡기기만 하면 됩니다. 그런데 내어맡기는 것, 정말 어렵습니다. 근심, 미래, 천국 다 맡길 수 있어야 합니다. 그러나 우리의 지갑을 맡길 수 있나요? 못 맡기면서 믿음이란 말 함부로 쓰면 안 됩니다. 최근에 믿음이란 Lordship(주재권)을 뜻하는 말로 해석하고 있습니다. 그냥 입으로만 믿으면 되는 것이 아닙니다. 우리의 소유권과 통치권 등 모든 권한을 주님께 드려야 참 믿음이요 믿음의 본질입니다.

셋째로 하나님의 창조와 주님의 부활과 그의 재림을 믿으라는 것입니다. 이것이 우리가 믿어야 할 본질이요 내용입니다.

넷째로 이 땅에서도 하나님께서는 우리와 함께 계셔서 우리를 돌보시고 계시고, 인도하심을 믿으라는 것입니다. 아직 염려하고 걱정하고 불안하면 아직도 본질적으로 믿는 것은 아닙니다.

2. 다음으로 믿는 자에게 주시는 하나님의 축복은 무엇인가?

(1) 저를 믿는 자는 멸망치 않고

첫째로 저를 믿는 자는 '멸망치 않는다'고 했습니다.

"저를 믿는 자는 멸망치 않고"(16절). 요한복음 3:16절을 '작은 복음'이라고 흔히 부릅니다. 복음이 가장 간단하게 소개되고 있다는 뜻입니다. 인간의 죄는 '하나님과 분리'를 시킵니다. 그래서 마침내 하나님을 떠나게 되고, 그 결과로 멸망하게 됩니다. 그러나 하나님의 사랑은 이 죄의 문제를 해결해주고 있습니다. 그래서 어떤 분들은 성경에서 요한복음 3:16절만 있으면 다른 것이 없어도 된다고까지 말합니다.

왜냐하면 주님을 믿는 사람은 다 지옥의 형벌을 받지 않기 때문입니다. 죄를 지으면 누구나 하나님 앞에서 심판을 받습니다. "죄의 삯은 사망이요"라고 했기 때문입니다. 그런데 성경에 보면 "모든 사람이 죄를 범하였으매", "의인은 없나니 하나도 없으며"라고 했습니다. 우리는 다 아담의 원죄를 가지고 있고, 게다가 스스로 범하는 죄(자범죄) 안에서 살고 있습니다. 그러므로 지옥의 심판을 받게 되어 있습니다.

이 세상에서도 죄를 지으면 감옥에 들어가서 그 죄 값에 해당하는 형벌을 받아야 합니다. 러시아의 대문호인 또스또에프스키가 지은 유명한 「죄와 벌」이란 작품이 있습니다. 옛날에 다 한 번씩은 읽으셨을 줄 압니다. 이것은 한 대학생의 이야기입니다. 라스코리니코프라는 학생이 돈이 필요해서 한 늙은 노파를 살해했습니다. 돈을 빼앗은 다음에 자신의 계획을 이루어, 거기에서 부를 누리며 살 것으로 생각하였습니다. 그러나 그에게 온 것은 일생을 계속해서 따라오는 '죄책감'이었습니다. 이 책이 유명한 것은 우리 모두의 이야기이기 때문입니다. 죄는 이렇게 우리를 따라다니면서 괴롭힙니다. 다만 그 죄책감에서 벗어나고, 정죄함에서 벗어나는 비결은 '오직 하나의 조건뿐'입니다. 그것은 바로 믿음이라는 것입니다. 우리의 구원자이신 예수님을 믿기만 하면 '모든 기소가 중지'되고, 지옥의 형벌을 받지 않습니다.

여기서 오해하지 말아야 할 것은 믿음 그 자체가 우리를 구원하는 것은 아닙니다. 믿음의 대상이 되시는 사랑의 하나님이 우리를 구원하여 주시는 것입니다. 믿음은 다만 우리를 구원해 주시는 하나님을 붙드는 '우리의 영적인 손일 뿐'입니다.

하나님의 사랑은 막연한 것이 아니라 구체적인 증거를 가지고 있습니다. 그 증거가 바로 그 외아들을 우리에게 주신 것입니다. 십자가가 하나님의 사랑의 증거입니다. 왜 우리들에게 아들을 주셨을까요?

세 가지의 목적이 있었기 때문입니다.

첫째는 멸망과 지옥으로부터 우리를 '구원'하기 위해서'입니다.

둘째는 '영원한 생명으로 인도'하시기 위해서입니다.

셋째로 저를 믿으면 심판을 받지 않고 '영생'을 얻습니다.

"저를 믿는 자는 심판을 받지 아니하는 것이요"(18절). 물론 신 불신간에 흰 보좌 앞에서의 심판은 아무도 면할 수 없습니다. 그러나 우리 성도들은 상급에 대한 구분이 있을 뿐이고, 천국이냐 지옥이냐의 심판은 이 땅에서 믿느냐 안 믿느냐에 따라 다 결정되는 것입니다. 다시 말하면 믿으면 구원을 받고, 믿지 않으면 심판을 받게 됩니다. 그러므로 심판은 미래적 사건이기도 하지만 실제적으로는 현재적 사건이기도 합니다. 왜냐하면 이 땅에서 이루어지기 때문입니다. 지금 믿느냐 안 믿느냐에 따라 일어나기 때문입니다.

본래 심판이란 단어는 '크리노', 즉 '갈라놓는다'는 뜻입니다. '곡식'인지 아니면 '가라지'인지를 갈라놓는 것을 말합니다. '양'인지 '염소'인지를 갈라놓는 것을 말합니다.

왜 믿지 않는 자들은 심판을 받고 멸망을 받습니까?

첫째는 자신의 죄를 깨닫지 못하고,

둘째는 죄를 포기하지 않기 때문입니다.

셋째는 자만으로 가득 차 있기 때문에 심판을 받는 것입니다.

넷째는 어두움에 사로잡혀 있기 때문에 멸망하는 것입니다.

다섯째 믿지 않는 사람은 빛으로 나오기를 거절하기 때문입니다.

(2) 저를 믿으면 영생을 얻게 합니다.

"저를 믿는 자마다……. 영생을 얻게 하려 하심이니라"(16절) 모든 인간이 가지고 있는 열망이 있습니다. 그것은 영생에 대한 열망입니다. 주전 259년 중국을 최초로 통일한 진시황제는 중국을 흉노족으로부터 영원히 나라를 보존하기 위해서 만리장성을 쌓았습니다. 그리고 영생하려고 제주도까지 사람을 보내어서 불로초를 구하려고 하였습니다. 그러나 그는 불노초를 구하지 못하고 49세의 젊은 나이에 죽고 말았습니다. 진시황제가 가졌던 영생에 대한 갈구는 지금 우리 모두에게도 있습니다. 그 해답이 요한복음 3:16절에 나옵니다. "저를 믿는 자마다 멸망치 않고 영생을 얻게 하려 하심이라."

영생이란 무엇입니까? 영생이란 시간적으로 끝없이 사는 것이 아닙니다. 왜냐하면 지옥에 가도 영원히 죽지 않습니다. 영생이란 '질적으로 새로운 생명', '주님과 함께 하는 하늘의 생명'을 말합니다. 그리고 이 영생은 죽은 후에만 얻는 것이 아닙니다. '지금 바로 여기서' 얻게 됩니다.

요한복음 17:3절에 영생이 무엇인가를 아주 간단하게 말씀하고 있습니다. "영생은 곧 유일하신 참 하나님과 그의 보내신 예수 그리스도를 '아는 것'이니라." 여기서 '안다'는 말은 '이지적인 지식'을 말하는 것이 아닙니다. 여자가 남자를 안다고 할 때의 뜻과 같습니다. 민 31:17절에 보면 "남자와 동침하여 '사내를 안 여자'는 다 죽이고"라고 했는데 거기에 보면 안다는 말은 남녀가 서로 성적 관계를 가질 때 사용하는 '깊은 관계'를 의미합니다. 따라서 본문에서 안다는 말은 '하나님과의 영적으로 깊은 관계를 가지는 것'을 말합니다. 그래서 호세아서에 보면 "우리가 여호와를 알자. 힘써 알자."라고 했습니다. 여기서 안다는 말은(기노스코), 즉 '체험적인 지식'을 말합니다.

그러면 어떻게 주님을 체험적으로 알 수 있습니까? 오직 주님과의 '영적인 교제를 통해서' 알 수 있고, '주님과 하나 됨을 통해서' 알 수 있습니다. 그러므로 성경에서 안다는 말은 대단히 중요한 말입니다.

(예화) 대학시험을 본 아들이 합격자 발표를 할 때 게시판을 보고 떨어졌다고 슬퍼하면서 돌아왔습니다. '어머님, 죄송해요, 떨어졌어요.' '어머니는 웃으면서 아니야, 네가 잘못 보았어. 다시 가서 봐라. 내가 학교로 전화를 해서 확인했는데 합격하였단다.'하고 말합니다. 그래서 아들이 다시 가서 보니 합격한 것인데 너무 당황해서 게시판에 기록된 것을 제대로 보지 못한 것입니다. 사실을 안 아들의 표정이 완전히 변합니다. 믿는다는 것도 이것처럼 엄청난 차이를 가져옵니다. 사실 합격을 아는 것은 아들의 마음에 큰 변화를 일으켰습니다. 여러분, 세상의 지식도 변화가 있다면 구원받았다는 것을 아는 큰 차이점이 있습니다. 예수 그리스도와 하나님을 아는 것은 삶에 이런 큰 변화를 가져오기 때문입니다.

3. 저를 믿으면 세상이 구원을 받습니다.

"저로 말미암아 세상이 구원을 받게 하려 하심이라"(17절). 이 말씀은 주님의 사랑의 너비와 길이를 말해주는 것입니다. 성경에는 '구원'이란 말이 여러 가지로 사용되고 있습니다. '용서'의 뜻으로도 사용되고, 병든 사람이 '나음을 입는 것'을 말할 때도 있고, '천국에 들어가는 것'을 말하는 경우도 있습니다.

지금 이 세상은 어두움을 향해 가고 있습니다. 멸망을 향해서 뛰어가고 있습니다. 죄악을 향해서 치닫고 있습니다. 여기서 건짐을 받아야 합니다. 구원을 받아야 합니다. 이것은 오직 믿음을 통해서 주님과 하나 됨으로 오늘의 참된 삶을 얻을 수가 있고, 새로운 방향으로 전환할 수가 있는 것입니다.

4. 저를 믿으면 빛 안에서 살게 됩니다.

"진리를 좇는 자는 빛으로 오나니"(21절). 신자와 불신자의 차이점은 빛 안에서 사느냐 아니면 어두움 안에서 사느냐에 있습니다. 왜 모든 것이 어둡게 보입니까? 보지 못하기 때문이고, 어둠 속에서 살고 있기 때문입니다. 그러면 빛이 무엇입니까? 빛은 진리의 말씀인 예수님 자신을 말합니다. 주님은 빛으로 이 세상에 오셨습니다. 그래서 어떻게 살아야 할지를 보여주셨습니다. 무엇을 구해야 할지도 보여주셨습니다. 주님은 빛으로서 어떻게 생명을 구하는가를 보여주십니다. 지금 우리는 백척간두에 서 있습니다. 주님의 빛이 아니면 볼 수가 없습니다. 깨달을 수가 없습니다. 그러므로 믿고 빛을 소유하시기를 축원합니다.

5. 큰 믿음, 살아있는 믿음, 역사하는 믿음

끝으로 그러면 어떻게 큰 믿음, 살아있는 믿음, 역사하는 믿음을 가질 수 있을까요? 롬 10:17절에 분명하게 가르쳐주고 있습니다. "그러므로 믿음은 들음에서 나며 들음은 그리스도의 말씀으로 말미암느니라. 아멘.

맺는 말

우리가 성경을 잘 몰라도 요한복음 3:16절만 똑바로 깨달으면 우리는 구원을 받습니다. "하나님이 세상을 이처럼 사랑하사 독생자를 주셨으니 이는 저를 믿는 자마다 멸망치 않고 영생을 얻게 하려하심이라." 예수님을 믿으면 '하나님을 만나게' 됩니다. 하나님과 '사귐'이 시작되면서 '빛 안에서 살게 됩니다.' 마침내 천국까지 인도해 주시는 것입니다. 이런 축복이 저와 여러분 모두에게 넘치기를 축원합니다.

예수님께서 오신 것은?

(요10:10)

세상의 모든 것은 온 것과 간 것에 따라 평가됩니다. 돈도 들어온 것과 나간 것을 가지고 수지맞았다, 수지 안 맞았다고 합니다. 나의 의미와 가치도 내가 이 세상에 옴으로 인해서 변화된 것이 무엇인가? 감으로 인해서 달라진 것이 무엇인가에 따라 평가됩니다. 그래서 오늘은 '예수님께서 오신 것은?'이라는 제목으로 은혜를 나누려고 합니다

1. 예수님이 오심으로 변화된 것이 무엇인가?

본문에 보면 "내가 온 것은 양으로 생명을 얻게 하고 더 풍성히 얻게 하려는 것이라"고 했습니다. 이 말씀 속에서 우리는 예수님의 오심으로 인해서 두 가지 변화가 일어난 것을 볼 수 있습니다.

(1) 양으로 생명을 얻게 하고

첫째로 중요한 것은 우리를 양으로 비유하였다는 점입니다. 양은 세 가지의 특징이 있습니다. 먼저 양은 무지하고 다음은 무능하며 게다가 식곤증이 심합니다. 얼마나 무지한가 하면 독초도 분별하지 못하고, 상한 물도 분별하지 못합니다. 집으로 가는 길도 모르고, 맹수들이 있는 곳도 제대로 모릅니다. 그것만이 아닙니다. 무능합니다. 모든 동물은 다 보호색(뱀, 개구리 등)이나 여러 가지의 냄새(메뚜기, 스컹크)가 있거나 도망갈 수 있는 빠른 발(말, 사슴, 타조 등)이 있거나 이빨(호랑이, 사자, 곰)과 발

톱(모든 맹수, 독수리 등)이 있어서 자신을 보호하지만 양은 자신을 보호하는 무기가 하나도 없고 오직 제사지낼 때 제물로 바치게 되어 있습니다. 게다가 양은 식곤증이 심해서 풀을 먹은 후에 그늘 밑에서 반추를 하지만 해가 비쳐도 움직이기를 싫어합니다. 그래서 주인은 염소를 보내어 운동을 시킵니다.

지금 우리는 나의 정체성을 깨달아야 합니다. 우리는 다 목자 없이는 살 수 없는 양이란 사실입니다.

(2) 양으로 생명을 얻게 하고

목자는 양으로 생명을 얻게 한다고 했습니다. 이상하지 않습니까? 지금 우리는 다 숨을 쉬고 있고, 틀림없이 살아 있는데 생명을 얻게 하니 이상하지 않습니까? 여기서 생명을 얻게 한다는 말은 분명히 지금 우리들에게 생명이 없다는 뜻에서 하신 말씀입니다. 쉽게 말하면 육신의 생명은 있지만 영적 생명이 없다는 뜻입니다. 창 2:7절에 보면 "생령이 된지라"라고 했는데 6:3절에 보면 "이는 육체가 됨이라"고 했습니다. 즉 우리는 처음에 가졌던 영적 생명을 다 상실하여 이제는 영적 생명은 없는 육체가 되었다는 뜻입니다. 그러므로 우리는 영적 생명이 있어야 합니다. 이것은 영생을 가진 자의 생명이기도 합니다. 그러므로 우리는 나의 육체적 생명 외에 영적 생명을 예수님을 통해서 회복하고 얻어야 합니다. 이것이 바로 예수님이 이 땅에 오신 목적입니다.

(3) 더 풍성히 얻게 하려는 것이라

예수님이 이 땅에 오신 두 번째 목적은 우리들에게 풍성한 삶을 살도록 하기 위해서 오셨다는 것입니다. 그러면 보다 풍성한 삶이란 어떤 삶입니까? 풍성한 삶이란 첫째는 참 자유로운 삶이고, 두 번째는 의미 있는 삶을 말합니다. 예수님이 오심으로 우리들은 참 자유로운 삶을 살게 되었고 보람 있고 의미 있는 삶을 살게 되었다는 것입니다.

(가) 참 자유의 삶이란 어떤 삶입니까? 인류의 역사를 보면 자유를 얻기 위해서 투쟁하여 온 삶입니다. 자유 아니면 죽음을 달라던 페트릭 헨리의 말을 그만 두고라도, 기미 3.1운동은 물론 4.19 학생운동 등 많은 것을 들 수 있습니다. 또 개인적으로는 가난 으로부터의 자유를 얻기 위하여 돈을 벌려고 합니다. 우리 기독 교에서는 구원이란 말을 많이 하는데 로마서를 보면 율법과 죄 와 죽음으로부터의 자유를 구원이라고 말하고 있습니다. 다시 말해서 외적 자유는 물론 내적 자유가 있어야 참 풍성한 삶을 살 수 있습니다.

(나) 조금 전에는 'freedom from'에 대해서 말씀드렸습니다. 그러나 그 다음으로 중요한 것은 'freedom for'입니다. 이것이 자유의 양 면입니다. 영어와 중국어를 활용하여 살펴보겠습니다 fighting(중 국어로는 '경호'라고 발음합니다). 미국 부시 대통령이 당선된 후에 첫 마디의 말이 경호였다고 합니다. 지금 우리들에게 꼭 필요한 것 은 네 가지 정신입니다.

첫째는 '다람쥐의 정신'입니다. 지금 많은 회사를 안에 들어가 보면 모든 것이 침체된 것을 볼 수 있습니다. 도전하는 정신이 없 습니다. 교회도 그렇습니다. 지금 우리는 의욕이 없는 게 병 입니다. 사기가 땅에 떨어져 있습니다. 그래서 다람쥐의 정신 을 배워야 합니다. 다람쥐를 보면 숲 속에서 뛰어나와 양 볼 에 해바라기 씨를 가득 채운 뒤 다시 숲속으로 사라지는 것을 볼 수 있습니다. 이렇게 하루 종일 계속하는 데도 조금도 피 곤해하는 기색이 없습니다. 왜 그럴까요?

① 내가 하는 일이 중요하다는 인식이 있기 때문이고,

② 둘째는 이것은 우리 모두의 할 일이라는 공동목표이기 때문입니다.

③ 셋째는 그 후에는 행동으로 옮기는 것입니다. 이것을 다람쥐 정신이라고 합니다. 문제는 우리는 내가 하는 일의 의미를 느끼지 못할 때가 많습니다. 그런데 놀라운 것은 다람쥐의 하는 일을 보면 지도자가 따로 없습니다. 그러나 함께 열심히 합니다. 무엇 때문입니까? 중요성과 목표를 통해서 동기가 유발되기 때문입니다. 가치가 진정한 리더라는 말씀입니다. 이때 모든 것은 변화됩니다. 본래 리더란 분위기를 만들어내는 역할을 하는데 그것은 서로 간의 믿음이 생겨질 때 일어납니다

둘째는 '비버(veaver:바다삵)의 방식'입니다. 비버는 '쥐과'에 속하는데 몸이 약 70센티, 꼬리가 30센티 정도 되는, 주로 하천에서 삽니다. 수중생활에 익숙한데 댐을 만드는데 천재적입니다. 긴 댐은 600미터 되는 것도 있습니다. 나무를 갉아서 넘어뜨린 다음에 흙이나 돌을 가져다가 댐을 만듭니다. 비버는 우두머리가 없습니다. 목표달성에 필요한 일을 스스로 결정합니다.

셋째는 '기러기의 방식'입니다. 기러기는 작게는 수백 마리, 많게는 수만 마리가 몰려다닙니다. 나는 것을 보면 V자 형으로 날면서 소리를 계속해서 지릅니다. 왜 그럴까요? 함께 나르는 것은 ① 공기의 저항을 줄이기 위해서이고 소리를 지르는 것은 서로 격려하는 응원하기 위해서입니다. 'E=MC자승':Enthusiasm은 Mission과 격려(courage)에 비례해서 증가한다는 뜻, 격려는 TRUE(timely, responsive, unconditional, enthusiastic(알맞게 반응하고 무조건적이고, 열

성적)이어야 합니다.

넷째는 '고개 반응'이 필요합니다. 잘한 일을 찾아내는 것과 '뒤통수치기 반응'이 있습니다. whale done. 미주 성산교회에 황 집사 가정에 삼형제가 저의 교회에 출석했습니다. 그 중에 한 분이 플로리다의 올란도에 있는 Sea world의 고래를 훈련시킨 분입니다. '훈련의 방법'은 고기의 칭찬이라고 합니다. 과정을 칭찬합니다. 그래서 신뢰와 우정을 쌓아가는 것입니다. 잘못할 때도 많지만 긍정적인 면을 강조한다고 합니다. 실수를 할 때에는 에너지를 전환시킨다고 합니다(이것이 전환반응입니다). 가장 나쁜 것은 뒤통수치기 반응(놔뒀다 공격하기)이라고 합니다.

2. 예수님이 가신 목적은?

예수님께서는 크게 두 가지의 약속을 했습니다.

(1) 보혜사 성령을 보내주겠다

내가 가서 너희에게 보혜사 성령을 보내 주겠다고 약속했습니다. 고아처럼 혼자 두지 않겠다는 약속입니다. "볼지어다. 내가 세상 끝 날까지 너희와 항상 함께 있으리라". 이처럼 주님은 항상 함께 해주십니다.

(2) 다시 오겠다

내가 다시 오리라고 약속했습니다. 이것은 모든 것을 다 완성시켜주겠다는 약속입니다. 주님께서 이 땅에 두 번 오시는데 이것은 둘 다 축복입니다

맺는 말

우리는 2천 년 전에 주님께서 오신 것만 생각하지 말고 앞으로 다시 오실 주님을 바라보는 마라나타(Maranatha:주님께서 다시 오신다는 뜻의 헬라어)의 신앙을 가지면서 성탄절을 맞을 수 있기를 축원합니다.

인생의 성공은 꿈꾸는 자의 것이다

(창37:5-11)

1. 개요

오늘 우리는 요셉의 삶을 통해 성공의 비결을 배우기를 원합니다. 먼저 기억할 것은 꿈이 없는 자는 절대로 성공하지 못한다는 점입니다. 꿈이 있는 것과 없는 것은 영어 스펠링으로 보면 똑같습니다. 다만 띄어쓰기가 다를 뿐입니다. Dream is now here. Dream is nowhere. 나는 여러분들 중에서 누가 성공하는지 누가 실패할 것인지 금방 알 수 있습니다. 꿈이 있는 자는 성공하고 꿈이 없는 자는 실패합니다. 그러나 모든 꿈이 다 성공하는 것은 아닙니다. 꿈 중에는 하나님이 기뻐하시는 선한 꿈도 있지만 에스더서에 나오는 하만처럼 악한 꿈도 있습니다. 하만은 모르드개를 달기 위해서 꿈꾸었던 그 나무에 자신이 달려죽고 말았습니다. 하나님의 뜻을 거역하는 꿈의 결과입니다.

그러나 역사를 보면 선한 꿈을 꾼 사람들은 다 성공했습니다.

(1) 에드먼드 힐러리

1943년에 에베레스트 산 등정에 실패했습니다. 그때 그는 이렇게 말했습니다. "너는 더 이상 자라지도 못하지만 나는 더 자라고, 힘과 능력도 생길 거야. 그러니 할 수 있어." 10년 후 마침내 1953년 5월 29일에 에베레스트 산을 최초로 등정했습니다.

(2) 미국의 치즈 왕 크라프트

그는 마차에 치즈를 싣고 장사를 했습니다. 그러나 그는 매일 나가기 전에 반드시 지혜를 달라고 기도를 했습니다. 마침내 그는 치즈 왕이 된 것입니다. 그는 그 비결을 이렇게 말했습니다. "나는 하나님을 신뢰하고 지혜를 구했습니다. 그때 하나님께서는 지혜를 주셨고. 나는 그것을 실천했을 뿐입니다."

(3) 와트

그는 물 주전자가 털컹거리는 것을 보고 증기기관차에 대한 꿈을 가졌습니다.

(4) 뉴턴

그는 사과나무에서 사과가 떨어지는 것을 보고 만유인력의 법칙에 대한 꿈을 가지고 그것을 이론화해 성공했습니다.

(5) 라이트 형제

형제는 하늘을 나는 꿈을 통해 비행기를 만들었습니다.

(6) 1200여 년 전의 언더우드

그는 연희전문대학의 꿈을 가지고 오늘의 연세대학을 만든 것이고, 아펜젤러는 한국선교회와 배재학당을 세워 오늘의 감리교의 초석을 만들었습니다. 다 꿈을 먹고 살았던 인물들입니다.

(7) 가난했던 디즈니

그는 하숙집에서 돌아다니는 쥐를 주인공으로 미키 마우스를 의인화해서 부자가 되고, 마침내는 디즈니 월드라고 하는 아이들의 꿈의 나라를 만들었습니다.

2. 요셉이 성공한 이유

(1) 어려서부터 꿈꾸는 사람

요셉은 어려서부터 꿈이 있었다(창37:5-11). 두 번이나 거듭해서 형들은 요셉의 꿈이 실현되지 않도록 죽이려는 음모까지 세웠습니다. 그러나 르우벤과 유다의 마음을 움직여 그의 생명을 보존케 했습니다. 노예로 팔려가 보디발의 집에 있었을 때에도 억울하게 누명을 쓰고 감옥에 갇혀 있었으나 가장 어려운 시기를 통과하면서도 요셉은 살아남았습니다. 이처럼 하나님의 하시는 일에 주인공이 되는 경우 절대로 죽지 않고 실패하지 않습니다. 우리가 드라마를 보면 주인공은 드라마 끝까지 살아남습니다. 역사에서도 그렇습니다.

그러나 꿈이 없으면 흐르는 물 따라 떠내려가는 죽은 물고기처럼 되고 맙니다. 그러나 아브라함, 요셉, 모세, 다윗, 바울은 다 꿈을 가지고 살았습니다. 성공했습니다. 물론 그들의 꿈은 하나님께 대한 절대적 신앙에서 나온 것입니다. 좁은 내 가슴을 내어드리고, 넓고 넓은 만왕의 왕이신 주님의 심장을 은혜로 덧입으며 살 때 그 꿈은 이루어지는 것입니다.

(2) 낙심될 때 끈질긴 기도를

그러나 누구에게나 낙심은 옵니다. 꿈을 가진 사람에게도 옵니다. 인간이기 때문에. 그러나 이때 중요한 것은 '기도의 끈을 놓지 않는 일입니다. 환란과 핍박과 어떤 역경에서도 기도의 끈만 놓지 않으면 살아남고, 결국 성공합니다.

(3) 원동력은 용기

꿈이 이루어지는 가장 중요한 원동력은 용기에 있습니다. 에스더가 히브리민족을 구원할 수 있었던 것은 '죽으면 죽으리라'는 용기에서 나온 것입니다. 그것은 죽음을 두려워하지 않는 데서 온 것입니다. 나는 환상 중에 '지옥과 천국'을 본 후에 죽음을 이기는 용기를 갖게 되었고, 내가 가진 모든 것을 다 내려놓게 된 것입니다. 남보다 더 배웠고, 학자로서 더 많은 책을 썼고, 높은 직위도 다 가져 보았지만 깨달은 것은 결국 다 내려놓을 때 하나님께서 영광을 받으시고, 하나님께서 쓰신다는 점입니다. 우리는 이 시대를 위해 꿈을 가져야 합니다. 태평양시대에 하나님이 쓰실만한 그릇이 되어 복음을 전 세계에 수출하는 그런 꿈을 간직합시다. 기도의 끈을 가지면, 그리고 죽음을 초개와 같이 여기고, 모든 멍에를 내려놓고, 버리면 하나님께서 우리를 통해서 영광을 받으십니다. 할렐루야. 아멘.

제2의 종교개혁이 일어나야 합니다

(롬5:1-2)

오늘은 종교개혁 주일입니다. 종교개혁은 1517년 10월 31일 M.루터가 면죄부에 관한 95개조를 비텐베르크 대학의 정문에 게시함으로써 이루어졌습니다. 이 95개조는 마인츠의 대주교가 재정적 위기를 극복하기 위해서 면죄부를 팔기 시작한 것을 신학적으로 비판한 것입니다. 이 개혁은 독일의 온 국민의 지지를 받아 오늘에 이르도록 확산되었는데 그 중요한 신학적 핵심은 크게 세 가지입니다.

첫째, 오직 성경(Sola Scriptura),

둘째, 이신칭의(Justification by faith),

셋째, 만인제사장주의(Priesthood of all Believers)였습니다.

1. 종교개혁의 세 기둥

(1) 종교개혁의 첫 기둥은 '오직 성경'입니다.

당시 교회는 성경을 인용하는 정도에서 사용되었습니다. 심지어 어떤 교회에서는 성경을 화분의 밑받침으로 사용되는 경우도 있었습니다. 성경은 라틴어로 된 Bulgata역만이 사용되었기 때문에 신학을 전문적으로 연구한 신부들만이 겨우 읽을 수 있었고 평신도들은 성경을 가지고 있지도 않았고, 그럴 필요도 없었습니다. 그러니까 자연히 교회의 전통이 중요시되었고, 그 중에는 성경에 없는 것들이 진리처럼 세력을 얻게 되었습니다. 마리아 숭배나 연옥의 교리나 예수님의 동상이나 성지순례를 해야 천국 간다는 것이 공공연하게 주장되었습니다.

루터의 종교개혁은 그의 독일어 성경 번역으로(1532) 탄력을 얻게 되었고, 그 후에는 KJV(흠정역, 1611), 한국어 성경은 로스(Ross Version) 목사의 번역에서 시작되어 오늘에 이르고 있습니다. '오직 성경'이란 원리는 기독교의 뼈대를 바로 구성하게 했고, 개신교의 말씀 중심의 신앙을 가져오게 한 것입니다. 그러므로 오직 성경의 주장은 영원히 강조되어야 합니다. 그러나 중요한 것은 그 주장만으로 되는 것은 아니며, 우리 개개인이 성경을 읽고 연구하고, 그 말씀대로 살 때에 그 의미와 뜻이 살아나게 됩니다.

(2) 종교개혁의 두 번째 기둥은 이신칭의(Justification by faith)입니다.

이 주장은 요 6:28-29; 엡 2:8; 빌 1:29절에 근거하고 있습니다. 루터가 이 원리를 깨닫게 된 것은 그의 오랜 고민과 연구 끝에 얻은 결과였습니다. 시 31:1절 "주의 의로 나를 건지소서" 갈 3:5-9; 5:5-6; 롬1:17; 5:1

(3) 종교개혁의 세 번째 기둥은 만인제사장주의(벧전 2:9)입니다.

'왕 같은 제사장'이란 말은 신부 없이도 우리가 직접 주님을 통해서 하나님께 나아갈 수 있다는 뜻입니다. 우리는 가톨릭에서처럼 고해성사를 하지 않습니다. 누구나 중보자 되신 주님을 통해서 직접 하나님께 나아갈 수 있습니다. 목회자들은 여러분들을 돕는 조교와 같은 입장입니다. 익숙지 못한 사람들을 가르치는 멘토(Mentor)입니다. 결코 주님과의 사이에 있는 존재가 아닙니다.

2. 왜 또 종교개혁을 해야 하는가?

(1) 지금 많은 교회에서 본래의 개혁정신이 사라지기 때문입니다.

교회들이 다시 성경보다는 전통으로 들어가고 있기 때문입니다. 무엇보다도 만인제사장주의가 아직 확립되지 못하고 있기 때문에 다시 개혁을 해야 합니다. 평신도들이 '병신도'(病信徒)가 되면 안 됩니다. 그런 점에서 평신도들을 깨워야 합니다.

(2) 모든 교회에 semper reformation(계속적인 개혁)이 없습니다.

사실 종교개혁을 완성한 것은 요한 칼뱅이었습니다. 루터는 신학적으로는 옳았지만 불행하게도 그는 가톨릭의 잔재물인 신부 칭호, 의식의 개혁을 다 이루지 못했습니다. 성례식을 보면 가톨릭의 신학을 가장 잘 알 수 있습니다. 이들은 7가지 성례를 주장하는데 그것은 성경에 있기 때문이 아니라 전통적으로 교회의 통치를 위해서 교회가 그렇게 만들어서 전해온 것입니다. 예를 들면 세례식(영세), 성만찬, 결혼례, 견신례, 고해례, 안수례 임종도유식(종유례)입니다. 그것도 화체설을 주장하고 있습니다. 그런데 루터는 두 가지만을 성례로 인정했지만 성찬식에서 공존설을 주장하여 어중간한 상태에 머물러 있었습니다.

그러나 문제는 지금 우리 장로교는 Reformed church이기는 하지만 Reforming church가 되지 못하고 있습니다. 그래서 고인 물이 썩듯이 교회들이 이 구석 저 구석 썩고 있습니다.

(3) 세속적 물결에 교회들이 물들고 있기 때문입니다.

지금 세속적 물결이 홍수처럼 들어오는 것은 당연합니다.

그것은 우리 사회가 다원화 사회로 접어들고 있기 때문에 절대주의란 사라졌고, 모든 것은 다 상대주의로 흐르고 있기 때문에 많은 신자들이 다른 종교에도 구원이 있지 않겠는가 하고 말합니다. 그러나 행 4:12절에 분명히 말씀하고 있습니다. "다른 이로서는 구원을 얻을 수 없나니 천하 인간에 구원을 얻을 만한 다른 이름을 우리에게 주신 일이 없음이니라" 또 요 14:6절에서 "내가 곧 길이요 진리요 생명이니 나로 말미암지 않고는 아버지께로 올 자가 없느니라"고 했습니다. 그러므로 구원의 종교는 오직 예수님 한 분뿐이십니다.

(4) 청교도 정신의 회복이 필요하기 때문입니다.

본래 청교도 정신은 영국에서 성공회를 절대시하는 것에 대한 반발로 일어났습니다. 엘리자베스 1세 때부터 칼뱅주의의 영향을 받은 한 운동이 청교도운동이었습니다. 가톨릭의 제도, 의식의 일체를 배격하고, 엄격한 도덕, 주일성수, 향락의 제한을 주장한 사상입니다. 이들이 유명해진 것은 1640-60년에 일어난 청교도 혁명 때문이었습니다. 밀턴의 실낙원은 청교도 문학으로 유명합니다. 이 청교도 정신은 네덜란드와 미국 건국 초기의 신학이기도 합니다. 한국의 장로교는 바로 이 청교도의 후예입니다. 그러므로 지금의 한국의 장로교는 본래의 정신을 잃고 있습니다. 그런 점에서 다시 청교도 정신의 회복이 있어야 우리 사회가 살고, 교회들이 삽니다.

3. 오늘의 종교개혁을 어떻게 해야 하는가?

(1) 무엇보다도 평신도를 먼저 깨워야 합니다.

한국에서는 사랑의교회 옥한흠 목사가 '평신도 깨우기 운동'을 강하게 전개했습니다. 그러나 깨우는 것만으로는 부족합니다. 실제 목회에 평신도들이 참여해야 합니다.

(2) 절대 신앙, 절대순종, 절대헌신

청교도 정신의 회복과 함께 절대 신앙, 절대순종, 절대헌신을 해야 합니다. 물론 지금은 다원화의 시대이기 때문에 절대주의를 주장하기가 쉽지 않지만 종교란 상대주의에 빠질 때에 힘이 없어지고, 영향력이 사라지게 됩니다. 물론 교회의 모든 것이 다 절대적이란 말은 결코 아닙

니다. 그러나 신앙과 순종과 헌신은 절대적이어야 합니다. 여기서 순종
이 혹 목사의 독재 내지는 교회의 타락을 가져올 소지가 전혀 없는 것
은 아닙니다. 따라서 청교도 정신으로 우리가 무장해야 삼대 절대주의
가 의미가 있어집니다.

(3) 사경회를 통해서 '오직 성경'의 원리로 돌아가야 합니다.

지금 한국 교회를 망치고 있는 것이 부흥회입니다. 그런 점에서 우리
당회가 금년의 가을 부흥회를 취소한 것은 차선책이었습니다. 그러나
2006년 3월에는 제가 마지막으로 한번 사경회를 할 예정입니다. 여러
분들이 기도와 기대를 해도 무방할 것입니다.

(4) 제자화 훈련을 통해서 평신도의 지도력을 길러야 합니다.

교회의 힘은 목회자에게서 나오는 것이 아닙니다. 목회자의 진정한
힘은 평신도들을 길러 일꾼으로 삼을 때 나옵니다. 그러므로 참 교회의
활력소는 바로 여러분들, 평신도들에게서 나옵니다. 그것은 바로 제자
화 훈련에서 옵니다. 지금 우리 교회 안에 이름은 다르지만 이 제자화
훈련이 성경강좌란 이름으로 서서히 일어나고 있는 것은 참으로 놀라운
것이고, 바람직한 일입니다.

맺는말

한국을 비롯한 전 세계는 지금 제2의 종교개혁을 요구하고 있습니다.
더구나 정치가 여야의 극단적 대치로 인해서 사회는 더욱 불안해지고,
경제는 투자의욕이 완전히 상실되어서 외국으로 빠져나가고 있고, 많은
젊은이들이 일자리를 잃고, 외국으로 이민 갈 준비만 하고 있습니다.
누군가 이런 방황하는 영혼들에게 소망을 주어야 하는데 그것은 바로
교회입니다. 바로 우리들입니다. 그러므로 꼭 종교개혁이란 말을 하지
않더라도 다시 본래대로 돌아가는 회복운동을 통해서 새로워지기를 축
원합니다.

예수 부활 내 부활

(마28:1-19)

1. 부활의 의미

(1) 예수님의 부활은 참 '하나님의 아들이심을 증명'

예수님의 부활은 그가 참 '하나님의 아들이심을 증명'해 주었습니다. 이 세상에 태어난 사람 중에서 아무도 죽었다가 다시 산 사람이 없었습니다. 물론 성경에 보면 야이로의 딸이나 회당장의 아들이나 나사로를 예수님께서 살리신 사건이 기록되어 있지만 예수님처럼 영광스러운 몸으로 다시 산 사람은 없습니다.

(2) 부활의 약속

예수님의 부활은 그가 약속한 대로 우리에게 영원한 생명을 주실 것이라는 '보증수표'가 됩니다. 예수 부활 내 부활의 보증수표입니다. 나는 부활이요 생명이니 나를 믿는 자는 죽어도 살겠고, 살아서 나를 믿는 자는 영원히 죽지 아니하리라.

(3) 영원한 천국의 소망

예수님의 부활은 '영원한 천국이 있다는 소망'을 줍니다. 이 땅에서의 생명으로 끝난다면 주님께서 부활하셔야 할 이유가 전혀 없습니다.

2. 부활의 증거

부활은 8가지 증거가 있습니다.

(1) 믿을 수 있는 마음

예수님의 부활에 대한 예언(마12:40)이 있기 때문입니다. 그러므로 주님의 부활은 믿을 수 있는 말씀입니다.

(2) 천사들의 증거

부활에 대한 천사들의 증거가 있습니다(마28:5-6). "그가 여기 계시지 않고, 그의 말씀하시던 대로 살아나셨느니라

(3) 빈 무덤이 부활을 증거

빈 무덤이 부활을 증거해 줍니다. 석가나 공자나 소크라테스나 다 무덤에 가보면 묘지에 시체가 있습니다. 그러나 예수님의 무덤은 비어 있습니다. 왜 그렇습니까? 그것은 예수님께서 부활하셨기 때문입니다.

(4) 파수꾼들의 증거

당시 예수님의 무덤을 파수했던 파수꾼들의 증거(마28:11)와 그것을 숨기기 위한 대제사장들의 음모(12절)에서 그의 부활을 우리는 확신할 수 있습니다.

(5) 찾아온 여인들의 증거

무덤에 찾아온 여인들의 증거가 있습니다(마28:9-10). 이 여인들은 무덤에서 주님의 음성을 들었습니다. "평안하뇨? 가서 내 형제들에게 갈릴리로 가라 하라. 거기서 나를 보리라." 물론 눈으로 보는 것도 착각이란 것이 있지만 직접 눈으로 본 것은 가장 확실한 증거가 됩니다.

(6) 부활의 주님을 만난 사람들

부활의 주님을 만난 사람들이 500명이 넘게 살아 있었습니다. 성경에 보면 11곳이나 그 증거를 말씀하고 있습니다. 한두 사람이 본 것은

잘못 본 것일 수도 있지만 500명이 넘는 증거가 틀릴 수는 없습니다.

(7) 제자들의 죽음을 두려워하지 않는 확신

비겁했던 제자들이 죽음을 두려워하지 않는 확신의 사람으로 변화된 것을 보아서 우리는 그의 부활을 알 수 있습니다.

(8) 공동체가 2000년 동안 주님의 부활을 믿음

끝으로 교회라는 공동체가 지난 2000년 동안 주님의 부활을 생명을 바쳐 증거 한 것을 보아서 주님의 부활을 알 수가 있고 믿을 수 있습니다.

3. 부활을 믿는 자에게 주시는 축복은?

(1) 부활에 동참자

주님의 '부활에 동참'합니다. 주님의 부활에 동참하는 사람들은 믿는 자 외에는 없습니다.

(2) 사망 권세를 이기는 능력

'사망의 권세를 이기는 능력'의 소유자가 됩니다. 세상에서 가장 무서운 것이 죽음인데 우리는 부활신앙을 통해서 사망을 이기는 능력을 소유하게 됩니다. 할렐루야.

(3) 주님보다 더 큰 일을 할 수 있습니다.

요 14:12절에서 말씀하셨습니다. "나를 믿는 자는 나의 하는 일을 저도 할 것이요, 또한 이보다 큰 것도 하리니 이는 내가 아버지께로 감이니라." 왜냐하면 주님께서 승천하심으로 보혜사 성령을 보내주셨기 때문입니다

(4) 부활을 믿는 자의 성공적 삶

끝으로 부활을 믿는 자들은 하나님께서 기뻐하는 성공적인 삶을 살 수가 있습니다.

4. 부활을 믿는 자가 해야 할 사명은?

(1) 불신의 수건을 벗어야

나사로처럼 얼굴에서 수건을 '벗어야'합니다. 고후 3:16절에 보면 이런 말씀이 나옵니다. "그러나 언제든지 주께로 돌아가면 수건이 벗어지리라." 주께로 돌아간다는 말은 회개를 의미합니다. 회개하면 영적 무지와 불신의 수건을 벗게 된다는 말씀입니다.

(2) 죄악의 올무를 풀어야

다음은 나사로처럼 수족을 '풀어야'합니다. 묶여 있는 한 우리는 아무것도 할 수 없습니다. 우리를 묶고 있는 끈이 무엇입니까? 죄악입니다. 세상입니다. 정욕입니다. 게으름입니다. 이것들을 풀어야 합니다.

(3) 옛 사람의 수의를 벗고

끝으로 옛 사람의 옷인 수의를 벗고, 새 사람의 옷인 의의 세마포를 입어야 합니다. 롬 13:14절에 보면 "오직 주 예수 그리스도로 옷 입으라"고 했습니다. 바라기는 이 세 가지를 함으로 인해서 부활의 축복을 다 받을 수 있기를 축원합니다.

새벽이슬 같은 주의 청년들

(시110:4)

성공에서 중요한 것은 때를 아는 것입니다. 오늘은 때를 중심으로 새벽이슬 같은 주의 청년들이란 제목으로 함께 은혜를 나누려고 합니다.

1. 지금은 어느 때인가?

한 마디로 말해 주의 권능의 날입니다. 인간에게는 적어도 네 가지를 꼭 알아야 합니다. 첫째는 내가 누구인가를 알아야 하고, 둘째는 내가 어디에 있으며 어디로 가고 있는가? 셋째는 지금은 어느 때인가? 넷째는 내가 무엇을 해야 하는가? 이 네 가지를 알아야 합니다. 오늘 본문에는 때에 대한 말씀이 나옵니다. "주의 권능의 날에"라고만 했습니다.

(예화) 6.25전쟁 후에 파자마라는 옷이 유행하기 시작했습니다. 우리가 잘 아는 잠옷입니다. 옛날에는 속옷이란 것이 따로 없었는데 미국 사람들에게게서 파자마라는 옷이 들어온 것입니다. 그러나 처음에는 이것이 잠옷이라는 것을 몰랐고, 많은 사람들은 다만 여름철에 시원한 옷이라고 생각해서 이 파자마를 입고, 낮에도 일하고 돌아다녔습니다. 아무도 이상하게 생각지 않았습니다. 저의 어머님은 제게 재봉틀로 쉽게 만들 수 있는 파자마를 만들어서 주셨고, 저는 그것을 입고, 아래는 파자마, 위에는 러닝셔츠를 입고 다녔습니다. 무식해서 부끄

러움을 몰랐습니다. 밤과 낮을 구별 못한 결과였습니다.

사실 지금도 때를 분별 못하는 사람들이 많습니다. 지금은 주님의 권능의 날, 즉 주님의 재림을 준비하여 권능이 나타나야 할 때가 되었다는 말입니다.

2. 우리가 권능의 날에 쓰임 받으려면?

본문에 보면 적어도 세 가지를 갖추어야 된다고 했습니다.

(1) "주의 백성이"

소속이 주님께 속해 있어야 쓰임 받을 수가 있습니다. 주님께서 찾는 사람은 실력도 아니고, 잘생긴 사람도 아니고, 힘 있는 사람도 아니고, 주님을 믿고 그를 따르는 사람들이란 말입니다. 유명한 심리학자인 오슬로는 인간의 5대 욕구 가운데 소속감의 욕구가 있다고 했습니다. 좋은 학교, 좋은 직장, 좋은 나라에 속하고 싶은 것이 인간의 기본욕구입니다. 그러므로 이 시대에 쓰임 받으려면 주님을 영접하고 그의 통치를 받는 주의 백성이 되기를 축원합니다.

(2) "거룩한 옷을 입고"

성경에 성도의 삶을 헌 옷을 벗고 새 옷, 즉 그리스도로 옷 입는 것으로 비유하고 있습니다. 예수를 믿음으로 의롭다함을 받을 뿐만 아니라 거룩한 옷을 입어야 합니다.

(예화) 2차 세계대전 바로 전에 독일과 북유럽에 나체운동이 일어났습니다. 이유는 문명의 허식을 벗고 자연으로 돌아가자는 데 있었습니다. 지금도 그 흐름이 계속되고 있습니다. 그러나 성경에서 거룩한 옷을 입으라는 것은 Moral Rearmament(MRA) 운동도 아니고, 거듭나서 새로운 인격의 옷으로 갈아입으라는 뜻입니다. 그리스도 안에서 사는 삶을 말합니다.

본문에서 거룩하다는 말은 도덕적 삶을 말하는 단어가 아니라 구별된 사람이란 뜻입니다. 세상에서 구별된 사람, 주님을 위해서 구별된 사람을 말합니다. 그러므로 주님께 쓰임받기 위해 세상에서 구별되어 주님이 쓸 수 있도록 구별되기를 바랍니다.

(3) "즐거이 헌신하니"

(예화) 예수님의 12제자는 학력도 없고, 돈도 없고, 능력도 없었으나 주님께 온전히 헌신을 하여 세상이 감당할 수 없는 사람이 되었습니다.

(예화) 뮨헨 바하 합창 관현악단(칼 리터가 창립)은 세계적으로 유명합니다. 여기에 들어가려면 반드시 사인을 해야 하는 조건이 있습니다. "생활에 필요한 최소한의 시간, 돈만 제외하고 나머지는 몽땅 바하 음악의 아름다움을 위하여 바친다."는 조건에 사인을 하게 합니다.

(예화) 영국의 어떤 시골에서 일어난 일입니다. 아프리카의 의료사업을 위하여 헌금을 하는 시간이었습니다. 헌금쟁반이 돌아왔을 때 "저는 바칠 돈이 없습니다. 그러나 제 몸을 바칩니다."라고 하면서 바구니 위에 올라간 아이가 있었습니다. 그가 바로 훗날 아프리카의 위대한 선교사인 리빙스톤입니다.

맺는말

이제 설교를 맺으려고 합니다. 오늘부터 우리가 청년 대학부를 위한 열린 예배를 새롭게 시작하는 것은 새로운 변화를 위해서입니다. 21세기를 주도해갈 청년운동을 위해서입니다. 젊은이들이여, 야망을 가지고 모두가 주님께 속한, 주님에게 헌신된 자들이 되어 주님과 함께 놀라운 역사를 일으키는 사람들이 되기를 바랍니다.

성공적인 지도자가 되려면

(눅5:1-11)

오늘 본문 5절에 보면 베드로의 어부로서의 실패의 고백을 볼 수 있습니다. "우리들이 밤이 맞도록 수고하였으되 얻은 것이 없지마는." 이 말씀은 어부로서 베드로의 철저한 실패의 고백입니다. 그러나 그 다음 구절인 6절에 보면 전혀 다른 결과가 나온 것을 볼 수 있습니다. "그리한즉 고기를 에운 것이 심히 많아 그물이 찢어지는지라." 이것은 바로 베드로의 어부로서의 성공의 결과를 기록한 것입니다. 그러면 이 시간에는 실패자인 베드로가 어떻게 성공을 하게 되었는가를 함께 살펴보면서 우리 모두가 성공적인 지도자가 되기를 축원합니다.

1. 실패의 늪에 빠진 한국

오늘의 우리나라의 형편은 한 마디로 '실패의 늪'이라고 말할 수 있습니다. 잘 알다시피 최근 들어 실패가 눈에 띄게 늘고 있습니다. 내수는 두 말할 필요도 없고, 심지어 수출도 줄고 있습니다. 지금 벤처 기업만 실패하는 것이 아니라 그 유명한 큰 기업들도 실패를 하고 있고, 한국의 유일한 자랑인 삼성까지도 도청 테이프 스캔들로 인해 앞으로 어떤 풍랑에 빠지게 될지 모를 정도입니다. 이런 때 참으로 필요한 것은 성공적인 지도자가 나타나서 각 분야별로 바로 인도하고 이끌어주는 것입니다. 교회도 지금 참 지도자들을 찾아보기가 어렵습니다.

이제 우리에게 필요한 것은 오늘의 실패를 부정적인 면에서 보지 말고, 플러스적인 면에서 다 승리하는 인생을 회복할 수 있어야 할 것입니다.

2. 실패를 극복하려면 우리의 실패 원인을 분석해야 합니다.

사실 실패 자체는 나쁜 것이 아닙니다. 실패를 통해서 우리는 많은 것을 배울 수 있고, 깨닫게 되기 때문입니다. 저는 지금까지 수많은 실패를 통해서 배웠고 일어섰습니다. 그러나 문제는 실패의 심리적 결과가 문제입니다. 의기소침해지고, 불안해지는 것이 문제입니다. 절망하고 포기하는 것이 문제입니다. 그러면 실패의 원인이 무엇입니까?

(1) 성공과 실패의 개념이 잘못되어 있기 때문입니다.

사람들은 자기가 원하는 것을 이루면 성공이고, 이루지 못하면 실패라고 생각합니다만 사실은 하나님의 뜻을 이루는 것이 성공이고, 실패는 하나님의 뜻을 이루지 못하는 것입니다.

(예화) 나는 어려서 꿈이 있었습니다. 첫째 초가삼간의 집을 짓고, 둘째로 약 열 마지기의 논과 3,000여 평의 밭을 가지고, 셋째로 돼지 4마리, 소 한 마리, 닭 십여 마리를 키워서 매일 달걀 한 개씩 먹고, 일 년 열두 달 쌀밥을 먹는 것이었습니다. 저는 아직도 이 소원을 이루지 못했지만 결코 실패자라고 생각지 않습니다. 제가 기대했던 것보다 비교할 수 없을 만큼 더 많이 받았기 때문입니다.

(예화) 나의 감사의 시
　　　주여 당신은 내가 바라던 지식을 허락지 않으셨으나
　　　당신은 내게 지식의 근본이신 하나님을 알게 하셨나이다.

주여 당신은 내가 바라던 부를 허락지 않으셨으나
당신은 제게 귀한 믿음을 주셨나이다.

주여 당신은 내가 바라던 명예를 허락지 않으셨으나
당신은 내게 하나님의 자녀가 되는 영광을 주셨나이다.

오, 주여 당신은 내가 바라던 것을 하나도 허락지 않으셨으나
나는 누구보다도 많이 받았나이다.

(예화) 2004년 5월 30일에 정년퇴직을 한 허근(60세)이란 분이 계십니다. 그는 인천항 팔미도 등대 장이었습니다. 27세에 등대지기가 되어 33년을 외롭게 지낸 등대지기였습니다. 33년 동안 그가 밝힌 등대불로 수많은 배를 생명의 길로 인도하였습니다. 그러면 우리는 그를 실패자라고 말할 수 있습니까? 현재의 성공이란 잣대로 재면 분명히 그는 유명인사도 아니고, 돈도 없고, 지위도 모자라지만 그는 결코 실패자가 아닙니다. 왜냐하면 그는 자기에게 맡겨준 사명을 잘 감당했기 때문입니다. 그가 있음으로 해서 많은 배들이 파선을 피할 수 있었기 때문입니다.

(2) 실패는 성공의 비결을 바로 알지 못한 탓

우리가 실패하는 것은 성공의 비결을 바로 알지 못하기 때문에 실패합니다. 성공의 비결은 많이 있습니다. 그러나 누가복음 5장에 나타난 10가지의 비결만을 살펴보려고 합니다. 구체적인 것은 잠시 후에 말씀드리겠습니다.

(3) 하나님의 축복을 받지 못할 때 실패

시 127:1절에 "여호와께서 집을 세우지 아니하시면 세우는 자의 수고가 헛되며 여호와께서 성을 지키지 아니하시면 세우는 자의 수고가 헛되며 여호와께서 성을 지키지 아니 하시면 파수군의 경성함이 허사로다"고 했습니다.

이 구절에 보면 성공의 3가지 비결을 말씀하고 있습니다. 첫째는 세우는 자의 수고가 있어야 성공하고, 둘째는 파수군의 경성함(정신을 차려 깨닫게 함)이 있어야 성공하고, 셋째는 여호와께서 집을 세워주시는 축복이 있어야 성공한다고 했습니다. 그렇습니다. 여기서 중요한 것은 하나님께서 세워주시고, 축복해주어야 성공합니다.

3. 실패의 종류에는 어떤 것이 있는가?

두 가지 종류의 실패가 있습니다.

첫째는 결론적 실패가 있고,

둘째는 과정적 실패가 있습니다. 그러면 결론적 실패가 무엇입니까?

(1) 결론적 실패란

'포기'하거나 안 된다고 믿고, '시도하지 않거나' '자살'할 때입니다. 이것은 회복할 수 없는 실패입니다. 그러므로 포기하지 마시기 바랍니다.

(2) 과정적 실패란

포기하지 않았을 때에는 그 실패는 약이 되고, 경험이 되고, 성공의 어머니가 됩니다. 바라기는 지금 우리들이 당하고 있는 실패가 과정적 실패가 되어 다시 회복할 수 있기를 축원합니다. 이제 오늘의 본론을 말씀드리겠습니다.

4. 실패를 극복하는 10가지 비결은?

실패를 했을 때 그것을 내버려 두거나 방치하면 안 됩니다. 직시해야 합니다. 대부분의 경우 실패는 '적응능력의 부족'에서 옵니다. 학교에서 우수한 학생이 왜 사회에서 실패를 합니까? 이유는 학교에서는 정답을 주기는 하지만 적응능력을 길러주지 못하기 때문입니다. 제가 총신에서 대학원장으로 교수 생활을 할 때 점수를 잘 안 주어 욕을 많이 먹었습니다. 거의 다 C를 주었습니다. 항의가 많아서 C란 center, church, christ란 뜻이라고 하면서 보냈습니다. 그런데 역시 학교에서 A학점 받은 학생보다 C받은 학생들이 더 목회에 성공하는 것을 보았는데 이유는 학교에서 공부 잘하는 학생들은 대부분 적응력이 부족하기 때문이었습니다. 일 더하기 일이 믿음으로 보면 11이 되고, 학교 식으로는 둘밖에는 안 되기 때문입니다.

그러면 성공의 비결은 무엇입니까?

(1) 가장 중요한 것은 '바른 투자'를 해야 성공합니다(3절)

많은 사람들은 돈이 없어서 투자를 못하고, 있어도 어디다 해야 할지 몰라서 못합니다. 기껏 한다는 것이 부동산투자입니다. '땅땅거리고 살려면 땅을 사야 한다나요? 그러나 요새는 땅땅거리지 못하고, 세무서로부터 땅땅 얻어맞습니다.

그러나 틀림없는 확실한 투자가 있습니다. 그것은 예수님에게 투자하는 것입니다. 본문의 베드로는 비록 고기 잡는 데는 실패했지만 그의 배를 예수님의 강단으로 투자했습니다. 그 투자의 결과 그의 인생이 변했고, 사람을 구원하는 영적 어부로 성공한 것입니다. 역사에 남는 위대한 인물이 되었습니다.

(2) 육지에서 조금 띄어야 합니다(3절)

지금 문제는 일을 안 해서가 아니라 너무 해서 문제입니다. 알코올 중독자를 Alcoholic이라고 하는데 일 중독증 환자는 workholic이라고 합니다. 바로 이것이 문제입니다. 그래서 많은 젊은 사람들이 많이 변사합니다. 어떤 분들을 보면 세상일밖에 모릅니다. 이런 분들은 이번 기회에 육지에서 조금 뜨는 기회가 되기를 바랍니다. 이것을 철학적으로 말하면 '일상성에서의 극복'이라고 합니다. 하나님께서는 일상생활에서 떠나게 하기 위해서 안식일 제도를 주셨고, 교회에서는 부흥회나 산상 집회를 가지는 것입니다.

지금 우리의 생활을 보면 다람쥐 쳇바퀴 돌 듯하고 있습니다. 모든 것이 그저 습관적입니다. 신앙생활도 습관적이고, 가정생활도 습관적이고, 그래서 신앙인이라는 사람들도 세속생활에서 벗어나지 못하고 있습니다. 그러나 정말 새로워지려면 육지에서 조금 떠나야 합니다. 일상적인 생활에서 좀 벗어나야 주님의 음성도 듣고, 영적 세계도 체험하게 됩니다. 그러므로 일상성에서 좀 벗어나 산기도도 좀 하시고, 오산리 금식기도원에도 가보시기를 바랍니다.

(3) 깊은 데로 가야 성공합니다(4절).

지금 우리 시대는 모든 것에 깊이가 없습니다. 부부간에도 깊이가 없고, 선생과 학생 사이도 깊이가 없고, 심지어 목회자와 교인 사이에도 깊이가 없습니다. 신앙생활에도 깊이가 없습니다. 이 깊이를 회복해야 합니다. 이 깊이를 회복하려면 세 가지가 있어야 합니다.

첫째 먼저 멀리 볼 수 있는 '영안'이 있어야 합니다.

둘째 '위험성을 각오'해야 합니다. 왜냐하면 깊은 데는 항상 위험성이 있기 때문입니다.

셋째는 깊은 데로 가려면 '노력'이 필요합니다. 왜냐하면 노를 저어 가야 하기 때문입니다. 바닷가에서는 위험성도 없고 노력도 필요 없습니다. 그래서 아이들이 물장구하면서 놀기 좋습니다. 그러나 고기를 잡으려면 깊은 데로 가야 합니다. 그러나 지금 우리 사회를 보세요. 모든 부분에 깊이가 없습니다. 신앙생활에도 깊이가 없고, 부부관계도 깊이가 없고, 친구들과의 관계도 깊이가 없고, 심지어 연구하는 일에도 깊이가 없습니다. 이것이 우리들의 '현대병'입니다. 그저 거죽만 핥다가 맙니다. 여러분, 예수를 믿으려면 깊이 있게 믿으세요. 거죽만 핥지 마시고 성경을 보려면 깊이 있게 보세요.

그러면 깊은 데로 간다는 말은 무슨 말입니까? 깊은 데로 간다는 것은 '관계'를 말합니다. 지금 우리는 주님과의 관계도 깊이가 없고, 교회와의 관계도 깊이가 없습니다. 이것이 현대의 위기입니다. 깊은 데로 가려면 구체적으로 어떻게 해야 합니까? 깊은 믿음, 깊은 사랑, 깊은 소망을 가지면 모든 관계가 새롭게, 깊이 있게 변화됩니다. 이것이 성공의 근본적 비결입니다.

(4) 빈 배의 체험이 필요합니다(5절)

위에서도 말했지만 실패란 그 자체가 나쁜 것은 아닙니다. 다만 이차적으로 있게 되는 심리적 영향이 문제입니다. 의기소침해지고, 불안해지는 악순환이 실패한 사람의 심리에 있다는 것이 문제입니다.

또 자책하는 사람들도 많은 데 최근에 보면 현대의 사장을 비롯해서 많은 지도층의 사람들이 자살을 하는 것을 보는데 다 자책에서 비롯되고 있습니다.

그러나 성공에 있어서 반드시 필요한 것은 빈 배의 체험입니다. 팔자 좋게 태어나서 팔자 좋게 사는 사람은 바람이 불면 마치 정원 속에서 자란 나무처럼 잘 넘어집니다. 제가 엘에이에서 만 6년간 목회를 했는데 거기는 나무들이 뿌리가 깊게 있지 않아서 비가 오고 바람이 불면

다 넘어지는 것을 보았습니다. 그러나 백두산이나 한라산의 나무들은 그 많은 바람과 비와 눈 속에서도 끄떡없이 잘 자라는 것은 뿌리가 깊기 때문입니다. 그래서 우리에게 빈 배의 체험이 필요합니다. 그래서 영국의 격언에는 '실패는 성공의 어머니이다'라고 했습니다.

  (예화) 아브라함 링컨은 미국에서 가장 존경을 받는 대통령입니다. 그러나 그는 성공보다 실패가 더 많았던 사람입니다. 1831년에 사업 실패, 32년 주의원 선거 실패, 33년 사업에 실패, 34년 주의회 의원 당선, 35년에 아내의 사망, 36년에 신경과민으로 좌절, 38년 하원의장 선거에서 실패, 40년 선거에서 실패, 43년 국회의원 선거 실패, 55년 상원의원 선거 실패, 60년 미국 대통령에 당선(노예 해방을 함)

⑸ 그럼에도 불구하고

5절에 보면 "밤이 맞도록 수고를 하였으되 얻은 것이 없지마는"하고 끝납니다. 그러나 원문에 보면 de(그러나)란 말이 나옵니다. 다른 말로 말하면 '그럼에도 불구하고'란 말이 생략되어 있습니다. 이것은 다름 아닌 믿음입니다. 믿음이 무엇입니까? 눈으로는 볼 수 없지만 그럼에도 불구하고 믿는 것입니다. 이론적으로는 증명할 수 없지만 그럼에도 불구하고 받아들이는 것입니다. 믿음이란 한마디로 말하면 '그럼에도 불구하고'입니다. 전에는 실패했지만 그럼에도 불구하고 이번에는 된다고 믿는 것입니다.

사람들은 글쎄 할 수 있을까? 하고 의심합니다. 의심하면 절대적으로 실패합니다. 믿어야 합니다. 주님께서는 말씀했습니다. "할 수 있거든이 무슨 말이냐? 믿는 자에게는 능치 못할 일이 없느니라."(막9:23). 다시 말해서 성공의 가장 중요한 비결은 믿음입니다. 나는 할 수 있다고 믿는 것입니다.

"할 수 있다 하신 이는 나의 능력 주하나님. 의심 말라하시고, 물결 위를 걸라 하시네. 할 수 있다 하신 주, 할 수 있다 하신 주 믿음만이, 믿음만이 능력이라 하시네. 믿음만이 믿음만이, 능력이라 하시네."

그러면 믿음이 무엇입니까?

첫째로 믿음은 꼭 붙잡는 것입니다.

둘째로 믿음이란 액면 그대로 받아들이는 것입니다

셋째로 믿음이란 내 모든 것을 내어맡기는 것입니다.

넷째로 믿음이란 절대적으로 순종하는 것입니다.

(6) 말씀에 의지하여 살 때 성공합니다(5절).

(예화) 다윗이 왕이 된 후에 제일 먼저 한 것이 오벳에돔의 집에 있는 법궤를 예루살렘으로 옮긴 일입니다. 왜냐하면 하나님 사랑은 말씀사랑이기 때문입니다.

(예화) 최근에는 회사에서 어떤 제품을 생산하면 반드시 사용자를 위한 안내서가 있습니다. 그 제품의 성능, 규격, 사용법, 조심할 것 등등. 하나님께서도 이 세상을 창조한 후에 안내서를 만들어 우리에게 주셨습니다. 그것이 바로 성경책입니다. 이 성경이란 안내서에는 실패를 어떻게 극복할 것인가의 방법을 자세히 말씀해 주고 있습니다. 이대로 하면 성공합니다. 히 4:12절에 보면 "하나님의 말씀은 살았고, 운동력이 있어 좌우에 날선 어떤 검보다도 예리하여 혼과 영과 및 관절과 골수를 찔러 쪼개기까지 하며 또 마음의 생각과 뜻을 감찰하나니"라고 했습니다.

(7) 결단력이 있을 때 성공합니다(5절).

5절에 "내가 그물을 내리리이다"라고 했습니다. 이것은 바로 행함의 결단력을 말하는 것입니다. 반대로 우유부단은 성공의 장애물이 됩니다. 지도력에서 중요한 것은 옳고 그른 것을 바로 알아서 결단을 바로 내리는 데 있습니다. 성경에 나오는 모든 위대한 인물들의 공통점은 다 결단력이 있었다는 점입니다.

인도의 위대한 성자 선다 싱은 "나는 죽을 때까지 나의 생명을 예수님께 바치겠습니다."라고 결단했습니다. 모세는 히 11:24-25절에 보면 모세는 바로의 공주의 아들이라 칭함을 거절하고 도리어 하나님의 백성과 함께 고난 받기를 잠시 죄악의 낙을 누리는 것보다 더 좋아하기로 결단을 하였기 때문에 성공한 것입니다. 또 다윗을 보면 시 57:7-8절에 "하나님 내 마음이 확정되었고, 내 마음이 확정되었사오니 내가 노래하고 내가 찬송하리다. 내 영광아 깰지어다. 비파야 수금아 깰지어다. 내가 새벽을 깨우리로다."라고 결단을 했습니다.

(예화) 존 번연의 결단력

존 번연이 갇혀 있는 베드포드 감옥은 괴로운 곳이었습니다. 불결하고, 음침하고, 습기가 많아서 견디기 힘든 곳이었습니다. 신앙의 절개를 굽히고 나가고도 싶었습니다. 마음에 유혹도 많았습니다. 그러나 번연은 결단을 했습니다. 나는 하나님이 나의 방패가 되시고, 도움이 되시니 비록 내 눈썹에 이끼가 끼더라도 내 주님을 버리지 않겠습니다. 주님을 버리기보다는 차라리 감옥에 남아 있겠습니다. 하나님은 그의 결단을 보셨습니다. 그가 가난한 집에 태어났지만 성경을 보면서 영어를 배우게 하였고(천로역정)이란 신앙의 책을 내놓게 하셨습니다.

(8) 협력해야 성공합니다(7절).

우리 민족은 참으로 우수한 민족입니다. 그러나 문제점은 남들과의 협동심이 부족합니다. 심지어 동업은 성공하지 못한다는 말이 다 나올 정도입니다. 왜 하나님께서 두 손을 주셨는가? 서로 협력하라고 두 손을 주신 것입니다. 왜 하나님께서 아담에게 하와를 짝지어 주셨는가? 서로 협력하라고 주신 것입니다.

(예화) 기러기들은 날아갈 때 한 줄로 서거나 대부분의 경우는 V자형으로 날아갑니다. 그것은 앞에 있는 기러기가 날면서 내는 바람이 뒤에 있는 기러기를 올려주고, 위에 있는 기러기가 내는 바람이 앞에 있는 기러기를 올려주어 혼자서 날 때보다 힘이 71% 줄어들기 때문입니다. 그뿐 아니라 기러기들은 날면서 소리를 계속 지릅니다. 그것은 서로 격려하는 소리입니다.

(예화) 2002년 월드컵에서 4강의 신화를 이룩한 것은 우리는 항상 12사람이 뛰었기 때문입니다. 12번째 사람은 누구인가? 붉은 악마들과 온 국민들이었습니다. 하나가 되면 없는 힘까지 생기는 것입니다.

(9) 버릴 것을 버릴 줄 알아야 성공합니다(11절).

11절 중반에 "모든 것을 버려두고"라고 했습니다. 우리가 손에 무엇을 들고 있으면 다른 더 좋은 것을 주어도 받을 수가 없습니다. 그래서 손에 있는 불필요한 것을 먼저 버려야 정말 좋은 것을 받을 수 있습니다. 그래서 우리는 버릴 줄을 알아야 성공합니다.

우리가 성공하는데 방해가 되는 장애물이 많습니다. 그런 것을 버려야 성공합니다. 성경은 버려야 할 것이 무엇인지를 우리에게 가르쳐주고 있습니다. 우리가 버려야 할 것은 우상숭배, 미움, 시기와 질투, 음행, 의심, 불신입니다. 마라톤 경주하는 사람들을 보면 몸에 최소한의 옷을 입고 뛰는데 방해가 되는 모든 것은 다 버리고 뜁니다.

（10） 끝으로 예수님만 좇을 때 성공합니다(11절).

11절 하반 절에 "예수를 좇으니라"고 했습니다. 개는 두 마리의 닭을 좇으면 한 마리도 못 잡습니다. 인생도 하나의 목표를 정하고 따라야 승리합니다. 이스라엘 백성들이 광야 생활을 할 때 적들과 싸울 때 승리할 수 있었던 것은 앞서 행하시는 하나님을 따라갔기 때문입니다. 구름기둥과 불기둥이 서면 그들도 서고, 가면 그들도 갔습니다. 바로 이것이 성공의 비결입니다.

문제는 우리가 무엇을 좇아가고 있느냐 입니다. 지금 여러분들은 무엇을 좇아가고 있습니까? 돈입니까? 명예입니까? 권력입니까? 인기입니까? 좇아가 보았자 솔로몬이 전도서에서 고백한 대로 "헛되고 헛되며 헛되고, 헛되니 모든 것이 헛되도다"라고 한 것과 모든 강물이 바다로 흐르되 바다를 채우지 못하는 것처럼 이런 것들은 여러분들의 마음을 채우지 못할 것입니다. 그러므로 오직 예수님만을 좇아가시기를 바랍니다. 그러면 성공합니다.

맺는말

우리가 참으로 꼭 필요한 사람이 되려면 오늘의 실패를 성공적인 삶으로 만들어야 합니다. 누가복음 5장의 베드로의 '소명장'에서는 실패를 성공으로 만드는 열 가지의 비결을 가르쳐 주고 있습니다. 하나님을 믿는 사람들에게도 실패는 있으나 그러나 그것은 잠정적인 실패일 뿐입니다. 믿는 자에게는 결단코 결론적인 실패가 있을 수 없다는 것을 믿으시기 바랍니다. 세상에서 유명하지 않아도, 부자가 안 되어도 꼭 필요

한 사람이 되면 그는 성공한 사람입니다. 그러므로 하나님께서 이 시대
에 주시는 사명을 깨닫고, 응답하여 세상이 모든 것을 버리고 오직 예
수님만 따라가면 어디를 가든지 꼭 필요한 사람이 될 줄로 믿습니다.

쉐마 교육을 통해 SQ를 높이라

(신6:4-9)

사람에게는 3Q가 있다

1) IQ(Intelligence Quotient), 지적지수,

2) EQ(Emotional Quotient), 감성지수,

3) SQ(Spritual Quotient), 영적지수.

1. IQ의 역사와 IQ를 높이는 비결

IQ가 좋아야 높은 교육을 받을 수 있고, 좋은 직장을 갖습니다.

IQ란 말은 독일어(Inteligenz Quotient)에서 비롯된 것입니다.

심리학자인 William Stem에 의해 개발되었는데, 70-130(보통 95-100)으로 나눕니다. 아인슈타인의 IQ는 180이고 한국의 최고는 김웅용 교수(신한대학의 교양학부)는 210으로 세계 제4위에 해당합니다.

IQ를 높이는 비결은? ① 독서, ② 자연과학 영화 및 프로그림, ③ 크로스워드 퍼즐 놀이(Cross-word Puzzle)

2. EQ의 역사와 EQ를 높이는 비결

바이올라 대학에서 교육학 박사를 받은 현용수 박사가 인성교육의 중요성을 강조하고 다닙니다. 그것이 바로 EQ입니다. 그는 지금 수평문화(software)로 인해 수직문화(hardware)가 죽어서 유대인처럼 많은 인

재를 못 키우고 있다고 말합니다. 아이들은 13세 이전에 소프트웨어를 넣어주어야 하는데 그것이 바로 수직문화(전통)을 넣어주면 세대차이가 안 난다고 했습니다. "이 해가 안 가면 내년은 안 온다" 지금 세대 아이들은 조금만 해도 "못해 먹겠다"고 합니다(노무현이 대표적인 인물). 그것은 수직적 문화가 없기 때문입니다. 왜 유대인들이 노벨상(32%)을 많이 받았는가? 1999년에 세계의 최대의 인물을 뽑았다. 찰스 다윈만 영국인이고, 3사람은 다 유대인이었습니다. 헨리 키신저, 올브라이트, 스티브 스필버거, 록펠러, 로이터 통신, 멘델스존, 빌게이츠, 스티브잡스 등이 다 유대인이 아닌가? 유대인은 한국인과 비슷한 점이 많습니다. 강대국의 틈에서 역사적으로 고난을 많이 겪었습니다. 자원도 부족하고 나라도 작습니다. 우리도 독일광부, 월남파송, 중동에 파송. 자녀교육에 투자를 하는 것은 한국이 유대인들을 앞섭니다. 그러나 왜 우리는 노벨상을 못 받고 있을까요? 이유는 두 가지 차이점 때문입니다.

(1) 유대인들은 세대차이가 없다

유대인들은 세대차이가 없습니다. 왜냐하면 이들은 어디를 가든 3대가 같이 다닙니다. 예배도 그렇습니다. 그러나 우리는 주일예배는 따로 합니다. 그래서 70%가 언어가 달라 세대차이가 심합니다.

(2) 가정이 중심 교육

유대인들의 교육은 가정이 중심입니다. 13살 이전에 입력된 것은 지워지지 않습니다. 그러나 우리는 미국의 존 듀이의 교육철학을 따릅니다. 한국은 모든 것을 아이들이 원하는 것을 합니다. 그러나 유대인들은 부모가 원하는 것을 합니다. 쉐마교육, 코셔(kosher:유대인 율법에 따른 음식), 옷까지 같이 입습니다. 유대인은 아이를 낳으면 전문가(학교)에 맡깁니다. 그러나 한국 부모들은 데려다 주는 것만 잘합니다(학교, 교회,

학원 등등).

지금 아이들은 수평문화로 인해 특히 영상문화로 인해 부모에게 덤벼들고 선생에게도 덤벼듭니다. code(규약)가 안 맞으니 세대차이가 납니다. 우리도 좋은 게 많은데 서양문화로 인해 다 버렸고, 잊었습니다. 가정에서의 효나 순종은 우리 미풍양속이며 우리의 좋은 점이었는데 지금은 없습니다. 그래서 나쁜 것, 이혼, 저출산, 자살 같은 것만 일등을 합니다.

EQ란 두 가지를 말합니다.

Educational Quotient와 EmotionalQuotient.

여기서는 두 번째인 감성지수를 말합니다.

EQ는 1985년 Wayne Payne의 박사학위 논문에서 시작되었습니다. 이것에 대해서는 비판도 없지 않습니다. 지금은 133항목으로 구분합니다. 그것을 높이는 비결은 클래식 음악, 요가, 관상기도 등이 있으나 최고의 방법은 쉐마교육입니다.

3. SQ란 무엇이며 어떤 작용을 하는가?

영성(spirituality)이란 심령주의(spiritualism)와는 다릅니다. 여러 가지 다른 뜻으로 사용하는데 많은 사람들은 종교에 참여하는 것으로, 교회에 가는 것으로 생각합니다. 놀라운 것은 의학에서 이 영성문제를 다루고 있다는 점입니다. 영성이란 무엇입니까?

영성의 관심은 5세기부터 시작하여 중세에 이르러 수도원 운동을 통해 깊어졌습니다. 그 역사를 보면 수도원적 영성운동에서 시작하여 중세에 와서는 신비적 영성운동으로 그 후에는 생활의 영성을 강조한 토마스 아 킴피스의 그리스도 모방운동(imitation of Christ)으로 갔으며 이것은 종교개혁자들에게 큰 영향을 주었습니다.

문제는 최근에 와서 영성관심의 고조로 인해 심지어 '해방의 영성'이니 '동성애의 영성' 등 큰 혼란을 일으키고 있다는 점입니다. 현재의 경향은 훌러신학교의 조직신학 교수인 이정석이 3가지로 잘 요약하고 있습니다.

(1) 요한 웨슬리의 묵상과 기도운동

17세기 이성과 교리주의에 반발하여 일어난 묵상과 기도, 경건생활을 중심하여 일어나 요한 웨슬리로 대표되는 운동.

(2) 기독교의 본질은 종교적 feeling

19세기 자유주의의 아버지인 슈라이엘마허의 "기독교의 본질은 종교적 feeling이라고 규정하고 그것을 추구한 '합리적 영성'.

(3) 오순절 운동

1960년대의 포스트 모던이즘(Post-Modernism)과 미국의 반전운동, 히피운동, 그리고 힌두교의 구르를 중심한 뉴 에이지 운동 등. 여기서 20세기 초에 일어난 오순절 운동(은사를 강조하고 신비적 영성을 추구)이 일어났습니다.

한국에서는 엄두섭의 수도적 관심과 함께 종교다원주의자인 김경재의 '영성신학 서설'(1985)과 '종교다원시대의 기독교 영성'(1992년)이 있습니다. 재미있는 사실은 신자유주의운동에서 출발하여 복음주의의 계열로 확산해가는 과정이란 점입니다.

이정석은 몇 가지로 영성의 개념을 구별하고 있습니다.

(1) 자연주의적 영성

가톨릭의 토마스 머튼처럼 동양종교로 향합니다.

(2) 신비적 영성

하나님과의 수직적 교통을 통한 신비한 능력과 엑스타시적 종교체험을 추구. 테레사는 하나님과의 약혼, 결혼의 7단계로 보았습니다. 한국에서는 성령수술을 강조한 '할렐루야 기도원'을 들 수 있습니다. 이들은 비성경적 예언까지 용납합니다. 여기서 시한부 종말론이 나왔습니다.

W. James는 무신론적 사고를 통해 신비현상을 긍정했습니다. 이와 관련된 것으로 심령과학으로 백여 년 전에 미국에서 시작한 학문입니다. 1848년 뉴욕의 Hydesvill에서 일어난 사건에서 비롯됩니다. 지하실에서 이상한 소리가 들려 공개적으로 연구했습니다. 마침내 로크스 부인이 유령과 대화하는데 성공했다고 합니다. 60년 전에 이곳에서 살해된 행상인 찰스 르스나의 유령이 밤마다 자기를 드러냈다는 것입니다. 지금도 그곳에 기념비가 남아 있습니다. 구 동구권과 러시아에서 많이 연구되고 있습니다. 또 심리학과 신경의학을 통해 영성을 추구하고 있습니다. 특히 주목할 것은 세계의 모든 신과 모든 영과 모든 종교의 신비현상을 이용하여 초능력을 소유하려고 하는 New Age 운동입니다. 이들은 자기의 영적 성숙이나 수평적 차원을 무시하는 오류를 범하고 있습니다.

(3) 낭만적 영성(감성적 영성)

로버트 로버츠는 '영성과 인간의 감정'에서 기독교가 무엇이든 간에 그것은 감정의 세트(a set of emotions)라고 했습니다. 그러나 기독교는 감정 이상의 것입니다. 우리의 영성은 중생에서 출발하여 그 후에 성숙되고 발전되어야 합니다. 그러나 지나친 영성주의를 달라스 윌라드는 새로운 율법주의에 빠질 위험이 있다고 경고합니다.

필자는 영성을 인간의 삼대 성품인 지성, 감성, 영성의 하나로 구별합니다. 그러나 중요한 것은 영성은 영혼의 한 작용이란 점입니다. 여기서 말하는 영성은 영혼의 한 면이지만 인간이 타락함으로 상실한 하나님과 교통하는 혼적 작용(이성)과 구별되는 영적 작용으로 봅니다. 이 영적 작용은 영혼 속에 잠자고(혹은 죽어)있습니다.

4. 쉐마교육의 유익과 방법은?

(1) 쉐마란?(신6:409; 11:3-21; 민15:37-41)

"Shema Israel Adonai eloheinu Adonai ehad"(4절).

Shema: hear, listen, accept.

(2) 교육방법은?

타릿(talit)을 입고, 왼손 4개를 붙들고 소리 내어 읽습니다. 꼭 히브리어로 읽을 필요는 없습니다. 다 읽고는 손에 키스를 합니다. 쉐마는 248개의 글자로 되어 있습니다. 몸의 구조의 숫자와 같습니다. 매일 두 번씩 아침과 저녁으로 외워야 하며 축복의 처음과 나중에도 읽어야 합니다. 기도할 때, 아침 축복할 때, 안식일, 축제일에도 외우고 잘 때나 죽을 때에도 외워야 합니다.

(3) 쉐마교육의 유익은?

① 유대인들의 역사가 그것을 증명합니다.

② 영성개발을 통해 얻는 것은? 자아의 본질을 발견케 하여 참 자아에 이르게 되고 영감을 받습니다. 가치와 의미를 깨닫게 하여 삶의 방향을 알려주는 원천이 됩니다. 신적 영역과 연결됩니다.

③ 방법은? 명상(meditation), 관조(contemplation), 기도, 성경 연구, 반복과 어머니로 부터의 교육이 가장 중요합니다.

이상에서 우리는 EQ와 쉐마교육에 대해서 살펴보았습니다. 우리나라의 교육에 접목해도 좋을 것입니다.

선한 청지기같이(B)

(벧전4:10)

주님께서 우리들에게 주신 지상명령은 주님을 믿는 모든 사람들에게
주신 명령입니다. 선교사나 목회자에게만 주신 명령이 결코 아닙니다. 의
사들과 간호사들과 약사들 같은 의료업에 종사하는 모든 사람들에게도
주신 말씀입니다. 우리가 잘 아는 대로 한국의 선교가 효과적으로 된 것
은 호레스 알렌 의사가 갑신정변 때 부상을 당한 이영익을 치료한 것이
계기가 되어 왕실 의사와 고종의 정치고문이 되었고, 1885년에는 한국
최초의 현대식 병원인 광혜원(후에 제중원, 1904년에는 오늘의 세브란스 병원이
됨)을 설립하게 되었습니다. 이처럼 의학과 병원은 간접선교의 방법 중에
가장 중요한 것이 되고 있습니다. 이 시간에는 벧전 4:10절에 있는 '선한
청지기 같이'라는 말씀을 중심으로 함께 은혜를 나누려고 합니다.

옛날 유행했던 말 가운데 이런 말이 있었습니다.

"사람이면 사람인가? 사람이라야 사람이지."

그런데 이 말 속에는 네 가지 유형의 사람이 있다는 뜻이 있습니다.

"사람이면"(유명론적 유형의 인간 즉 이름뿐인 사람)

"사람인가"(과학적 유형의 인간 혹은 회의론적 인간)

"사람이라야"(윤리론적 유형의 인간)

"사람이지"(종교적 유형의 인간, 즉 참 인간).

왜 우리가 기독교 신자가 되었나요? 물론 구원을 받기 위해서인데 다른 말로 하면 참 사람이 되기 위해서입니다.

어떻게 우리가 참 인간이 될 수 있습니까?

(1) 적어도 3가지를 깨달아야 합니다.

먼저 내가 '누구'인지, 다음은 내가 '지금' 어디에 있는지, 끝으로 내가 '어디'로 가야 하는지 알아야 합니다.

이것을 좀 더 구체적으로 살펴보면,

첫째는 정체성 문제입니다. 자기의 '주제파악'을 못하면 사람답게 살 수 없습니다. 여기서 소위 '답게 산다'는 것은 주제파악에서 시작합니다. 최근 우리는 '꼴값하는 정치인들'을 많이 봅니다. 다 내가 누구인지 자기의 정체성을 깨닫지 못한 사람들입니다.

두 번째는 깨달아야 할 것은 내가 살고 있는 '지금'이 어떤 때인지 깨달아야 합니다. 롬 13:11절에 보면 "또한 너희가 이 시기를 알거니와 자다가 깰 때가 벌써 되었으니"라고 했습니다. 때를 모르면 큰 실수를 합니다.

(예화) 파자마 바람으로 다녔던 시절이 있었습니다(밤과 낮을 구별 못한 때문이다). 옷이란 철따라 입는 것인데 밤에 입어야 할 옷과 낮에 입어야 할 옷을 구별 못했던 어린 시절이 참 부끄럽습니다. 그런데 지금 우리 주변에는 그런 사람들이 의외로 많지 않습니까? 우리가 흔히 '철이 나지 않았다'라는 말을 많이 하는데 철이 무엇인가요? 첫째는 계절이란 뜻입니다. 모내기철, 추수철처럼 계절을 뜻합니다. 둘째는 분별력을 뜻합니다. '언제 철이 들지?'라고 말할 때 그것은 분별력이 없다는 뜻입니다. 셋째, 철이란 말은 시간 혹은 때란 뜻입니다. 그런데 성

경에는 때 혹은 시간에는 두 가지 종류로 사용되고 있습니다. Kairos(하나님의 시간, 기회)와 Xronos(사람의 시간)이 있습니다. 우리는 사람의 시간도 중요하지만 가장 중요한 것은 하나님의 시간입니다. 지금의 시간을 안다는 것은 다른 말로 말하면 역사의식을 바로 가지는 것입니다. 역사의식이 없는 사람들은 의사로서 자격이 없습니다.

세 번째 깨달음은 내가 '어디로'가야 하느냐? 다른 말로 말하면 사명이 무엇이냐를 깨닫는 것을 말합니다.

이상의 세 가지 깨달음에 대해 성경은 이렇게 답하고 있습니다.

첫째, 나의 정체성=청지기(oikonomos)=steward. 즉 '주인집의 재물과 일들을 돌보는 관리인'을 말합니다.

참된 의사들이 되려면 우리는 청지기 정신(stewardship)을 가져야 합니다. 마태복음 25장의 달란트 비유를 보면 청지기 정신을 5 가지로 언급하고 있습니다.

① 소유권의 원리(나는 주인이 아닙니다. 주인은 하나님이십니다 라는 뜻). 그런데 최근 정치인들이나 기업인들이나 심지어 목회자들도 보면 이 소유권을 혼동하고 있습니다. 그래서 시계는 우리에게 경고합니다. "착각, 착각"하고. 그러나 최근에는 전자시계가 나오면서 소리까지 안 나옵니다.

② 관리권의 원리입니다(나는 다만 관리자로서 부름 받았다는 원리입니다). 그래서 우리는 공무원들을 공복(公僕)이라고 부릅니다. 그러면서도 주인의식을 다 잊고 있습니다.

③ 분배권의 원리입니다. '은사를 받은 대로'라고 했으니 사람들은 누구나 각기 다른 은사를 받고 있습니다. 지금 여러분들은 법을 통해서 질서를 지키게 하는 섬김의 은사를 받았습니다. 그러나 알아

야 할 것은 지금의 그 자리가 영원한 자리가 아니라는 점입니다. 그러므로 좋은 자리, 높은 자리에 있을 때 좋은 일 많이 해야 하고, 맡은 일에 진실해야 합니다.

④ 청산의 원리입니다. 19절 "오랜 후에 그 종들이 주인이 돌아와 너희가 회계할새." 인생의 종말에 하나님께서는 반드시 심판을 하십니다. 장사꾼이 하루를 끝내면서 계산을 하듯이 하나님께서도 계산을 하신다는 뜻입니다.

⑤ 상급의 원리입니다. 마 25:21 "잘 하였도다. 착하고 충성된 종아, 네가 작은 일에 충성하였으매 내가 많은 것으로 네게 맡기리니." 그러면서 승리자가 받는 면류관인(스테파노스)를 주실 뿐 아니라, 이 땅에서는 보다 귀한 직분을 맡겨주십니다. 그러나 마 25장의 청지기 장에서 한 달란트 받은 자는 책망과 심판을 받았습니다. 그가 누구인가요? '무관심한 자' '방관자'입니다. 우리는 이런 악하고 게으른 청지기가 되지 말아야 합니다. 그러므로 의료사역에 종사하는 여러분들이여, 우리는 '선한 청지기같이' 살자. 청지기 정신을 가지고, 맡겨주신 사명에 열심히 충성을 다합시다.

제가 존경하는 두 사람의 의사가 있습니다. 한 사람은 복음병원장이 셨던 고 장기려 박사님이시고, 다른 하나는 슈바이처 박사님이십니다. 그들이 선교에 공헌한 것은 말로 다 표현할 수 없을 정도입니다. 최근에 스리랑카에서 언청이인 청소년 하나를 전주 예수병원에서 무료로 시술해주기 때문에 한국에 데려와서 지금 수술 중에 있습니다. 그것으로 인해 불교국가인 스리랑카에 복음의 바람이 불게 되었다는 점입니다. 이처럼 의료행위는 선교사들의 백 마디의 설교보다 더 강한 힘을 가지고 있습니다. 바라기는 여러분들의 활동을 통해 하나님께 큰 영광이 되기를 축원합니다.

성탄절 준비

(눅2:1-7)

기회는 모든 사람들에게 오지만 항상 준비한 자에게만 보이고, 사용되어집니다. 그러므로 우리는 모든 일에 항상 준비를 해야 합니다. 오늘은 성탄절이 왔을 때 여관집 주인이 준비한 것이 무엇인가를 살펴보면서 함께 은혜를 나누려고 합니다.

1. 여관집 주인이 준비한 것은?

여관집 주인은 어떤 면에서 사업가로서 자질을 가진 사람이었습니다. 그러나 그는 큰 사업가로서의 문제가 많은 사람이었습니다. 그러면 그가 준비한 것은 무엇인가요?

(1) 한 밑천 잡을 만반의 준비

인구조사 때 한 밑천 잡을 만반의 준비를 했습니다. 물론 본문에는 그런 내용은 관심이 없기 때문에 기록되어 있지 않으나 그러나 전후 문맥으로 보아 그렇게 볼 수 있습니다. 사실 돈도 준비된 자만 법니다.

(2) 모든 방 청소

모든 방을 다 청소하고, 남김없이 다 사용할 수 있도록 풀가동 시켰다.

(3) 총동원

일군들 중에 쉬는 사람이 없이 다 일할 수 있도록 총동원을 했습니다.

(4) 만반의 음식준비

겨울이었으나 음식준비에 차질이 없도록 다 준비했습니다. 옛날에는 여관에서 모든 음식을 다 먹도록 되어 있습니다. 따라서 그 많은 손님들에게 음식을 주기 위해서 얼마나 준비를 했겠습니까? 사실 그만하면 여관집 주인으로서는 성공적 이었습니다. 그러나 문제는 그곳에 아기 예수님이 오시게 된다는 점을 전혀 생각하지 않았습니다. 나중에 동방박사들이 예물을 가지고 왔을 때에는 그분이 바로 메시아인 것을 알았을 텐데 그렇다고 태도에 변한 것이 없습니다. 그것은 영적 관심이 전혀 없었다는 것을 말해줍니다.

2. 여관집 주인이 준비 못한 것은 무엇인가?

(1) VIP실을 준비하지 못했습니다.

호텔에 가면 어디나 VIP실이 있습니다. 소위 스위트룸입니다. 지난번 중국 심양에 갔을 때 동산교회에서는 우리 세 사람들을 위해서 중국에서 최고의 방을 준비했습니다. 그때 광주의 대교회 목회자들이 왔으나 그들에게는 그런 대접을 하지 않았습니다.

(2) 돈에만 관심 가진 주인

돈에만 관심을 가졌지 노약자나 산모를 위한 사랑이나 관심이 전혀 없었습니다.

(3) 자기 방이라도 내놓을 희생정신이 없었습니다.

식당에 가면 가끔 사람들이 많이 올 때 주인은 자기의 방에서 먹게 하는 경우가 종종 있습니다. 적어도 주인이라면 그런 작은 희생을 할 수 있어야 합니다.

(4) 비상 대비를 하지 않음

보조침대를 전혀 준비하지 못했습니다. 아기 예수님을 말구유에서 태어나게 한 것은 큰 실수입니다. 사실 여관에는 이런 보조의자나 침대가 항상 준비되어 있어야 하는데 비상대비를 하지 않았습니다.

(5) 영적 관심이 전혀 없었습니다.

여관집 주인은 마리아가 곧 해산할 것을 알고 있었으면서도 그것을 위해 아무런 대책도 세우지 않았습니다. 그가 어떤 분인지도 관심이 없었습니다. 다만 가난한 사람이라는 것만 보았던 것입니다.

3. 기회를 놓친 여관집 주인처럼 되지 않으려면?

(1) 접수순을 바로 해야

우선순위를 바로 해야 합니다(마6:33). 돈이 중요하기는 하지만 가장 중요한 것은 아닙니다

(2) 영적 관심을 가져야 합니다(골3:1).

(3) 도움이 필요한 사람을 위한 대비

나의 도움을 필요로 하는 사람에 대한 관심과 사랑을 가져야 합니다(마25:40,45).

(4) 하나님의 영광을 중심으로 살아야 합니다(고전10:31).

맺는말

오늘은 크리스마스이브입니다. 따라서 우리는 내일 성탄절을 맞이합니다. 과연 우리는 무슨 준비를 해야 할까요? 가장 중요한 것은 아기 예수님을 우리 마음속에 영접하고 그가 우리의 왕이 되도록 해야 합니다. 그러려면 마음의 준비부터 시작해서 우리들이 준비를 해야 합니다. 준비가 없으면 기회가 와도 보이지 않고, 활용할 수가 없습니다. 그러므로 오늘 우리는 마음의 준비부터 시작해서 필요한 모든 준비를 해야 합니다. 영적 관심이 없이 그냥 행사로만 생각해서는 안 됩니다. 그래서 여관집 주인의 과오를 범하지 않는 우리들이 다 되시기를 축원합니다.

성공과 새 생명

(살후 1:11)

사람들은 다 성공하기를 원합니다. 그러나 성공한 사람보다 실패한 사람들이 더 많습니다.

무엇 때문인가요? 이유는 세 가지가 있습니다. 첫째는 성공이 무엇인지 모르기 때문이고, 둘째는 성공의 비결을 모르기 때문이고, 셋째는 알지만 이루지 못하거나 이루어도 그것을 지키지 못하기 때문입니다.

1. 성공이 무엇인가?

많은 사람들이 자기가 원하는 것을 이루면 성공이라고 생각합니다. 여러 해 전에 정주영 씨의 상속자인 큰아들이 자기 사무실의 빌딩에서 뛰어내려 자살한 적이 있습니다. 참으로 안타까운 일이었습니다. 그는 뛰어내릴 때 물론 죽기를 원했습니다. 그러나 그가 죽겠다는 자신의 뜻을 이루었다고 해서 아무도 그것을 성공이라고 말하지 않습니다. 사실 성공이란 자신의 뜻을 이루는데 있는 것이 아닙니다. 어디에 있는가? 참 성공은 우리를 창조하신 하나님의 뜻을 이루는 것입니다. 믿습니까?

"나의 사전에는 불가능이란 없다"는 말은 나폴레옹이 한 말입니다. 그러나 사실은 그에게도 불가능이 있었습니다. 첫째는 사랑하는 사람과 가정을 이루어 행복해지려는 것을 이루지 못했습니다. 둘째는 유럽을 통일하려는 그의 꿈도 거품처럼 사라졌습니다.

나폴레옹은 6살 위의 조세핀을 사랑했습니다. 그러나 아들도 없이 결국 이혼하고 사랑도 없이 오스트리아의 공주인 루이자와 결혼했습니다. 루이자는 아들을 낳은 후 친정에서 세월을 보냈습니다. 유럽 통일의 꿈을 가졌던 나폴레옹은 영국과 러시아를 제외하고 다 정복했으나 그는 제위 10년간 40번 넘게 전쟁을 했고, 500만 명의 부하를 잃었습니다. 결국 벨기에에 있는 워터루에서 패전하고 세인트 헬레나 섬에서 죽었습니다. 패전의 이유는 간단했습니다. 비가 많이 와서 나폴레옹이 자랑하는 기병대의 말발굽이 흙속에 빠져 달릴 수가 없었기 때문이었습니다.

결국 하나님이 축복해야 성공합니다. 여호와께서 집을 지으셔야 하고, 지켜 주셔야 합니다.

2. 성공의 비결은 구체적으로 무엇인가?

(1) 하나님의 뜻을 깨달아야 합니다.

불교에서만 깨달음을 강조하는 것은 아닙니다. 기독교도 깨달음을 강조합니다. 다른 점은 불교는 깨달음에서 끝나지만 기독교에서는 깨달음에서 시작한다는 점이 다릅니다.

우리는 다 하나님의 창조물입니다. 창조할 때 하나님의 뜻이 다 있었습니다. 심지어 아무도 보아주지 않는 들의 풀꽃도 존재의 의미가 있고, 심지어 길거리에 우리 발에 차이는 돌도 존재의 의미가 있는 것입니다. 제가 고등학교 때 보았던 영화 가운데 '길'이란 작품을 지금도 잊을 수 없습니다. 하물며 만물의 영장인 인간은 단 한 사람도 불필요한 사람은 없습니다. 장애인들도 다 필요한 존재이고, 심지어 식물인간도 다 필요한 존재입니다. 그러므로 우리는 내가 왜 이 세상에 태어났는지, 왜 지금 여기에 살고 있는지 하나님의 뜻을 깨달아야 합니다.

다음으로 중요한 것은 하나님의 뜻은 일반적인 것과 개개인들이 가지는 특별한 것이 있다는 점입니다. 일반적인 것은 첫째로 하나님을 찬양하는 것입니다. 에베소서 1장에 보면 삼위일체 하나님의 사역을 말씀한 후에 그 이유를 '찬송케 하려 함이라. 찬미케 하려 함이라'고 했습니다. 세상에는 모든 것이 다 하나님을 찬양하도록 창조되었습니다. 만물을 보십시오. 다 하나님을 찬양하고 있습니다. 인간은 더욱 그렇습니다. 인간만큼 아름다운 악기는 없습니다.

(2) 하나님께 영광을 돌리는 데 있습니다.

무엇이 하나님께 영광이 되는가? '하나님의 하나님 되심을 나타내는 것'입니다. 그의 창조자 되심, 그의 사랑, 그의 의로우심, 그의 거룩하심, 그의 은혜를 나타내는 것이 바로 하나님께 영광을 돌리는 것입니다.

다음으로 하나님께서 개개인을 창조하실 때 특별한 목적이 있었습니다. 그것을 우리는 깨달아야 합니다. 어떤 사람은 선교사, 목사로서 사명이 있고, 어떤 사람은 교사로서의 사명이 있고, 또 어떤 사람은 장로로서, 또 어떤 사람은 성가대원, 혹은 교사로서의 사명이 있습니다. 엡 4:11절에 보면 "그가 혹은 사도로 혹은 선지자로, 혹은 복음 전하는 자로, 혹은 목사와 교사로 주셨으니"라고 했습니다. 물론 여기에 나오는 직분은 한 예를 든 것에 불과합니다. 그러므로 우리는 내가 가진 직분의 의미를 깨달아야 합니다. 따라서 '우리는 다 직분자이다'(반복에서 따라하게 할 것). 여기서 중요한 것은 교회를 중심으로 말씀하고 있다는 점입니다. 왜냐하면 '교회는 노아의 방주처럼 구원의 도구'이기 때문입니다.

그러면 우리들이 교회에서 해야 할 것은 무엇인가요?

크게 세 가지라고 했습니다. 엡 4:12절 "이는 성도를 온전케 하며, 봉사의 일을 하게 하며, 그리스도의 몸을 세우려 하심이라."

성도를 온전케 한다는 것은 성도들은 다 양과 같이 홀로 설 수 없는 존재이기 때문입니다. 양의 특징은, 양은 무지하고 무능하고 식곤증이 심하여 잘 자고, 목자 없이는 살 수 없는 존재입니다. 그러므로 그들을 온전케 해주어야 합니다.

(3) 봉사의 일을 하게 해야 합니다.

주님은 섬김을 받기 위해서 오신 것이 아니라 섬기기 위해서 왔는데 우리는 그 반대입니다. 봉사는 교회를 온전케 해주고, 또 우리의 믿음을 성장케 해줍니다.

① 그리스도의 몸을 세우는 일입니다. 이것은 교회의 성장을 의미합니다. 사람도 일을 할 만큼 성장해야 하듯이 교회도 그렇습니다. 이 성장이란 말 속에는 성숙의 의미가 포함되어 있습니다.

② 성공의 두 번째 비결은 맡은 바 직분에 충성을 다 하는데 있습니다. 충성(忠誠)이란 말의 한문의 뜻. 헬라어의 뜻(Pistis-Pistos). 달란트의 비유에서 보여주듯이 이익을 남겨 하나님께 바치는 것이 충성입니다. 스몰 비즈니스를 해도 섬김의 정신으로 하면 하나님께서 영광을 받으십니다.

③ 성공의 세 번째 비결은 하나님의 축복을 받아야 성공합니다. 시편 127:1절에 보면 "여호와께서 집을 세우지 아니하시면 세우는 자의 수고가 헛되며 여호와께서 성을 지키지 아니하시면 파수군의 경성함이 허사로다." 이 말씀의 뜻은 하나님 없이는 모든 것이 헛되다는 말입니다. 어떻게 보면 인간의 삶은 다 집을 짓는 것과 같습니다. 좋은 집을 지으려면

가) 기초가 바로 되어 있어야 합니다. 그것은 바로 반석이 되신 예수 그리스도 위에 집을 지어야 한다는 뜻입니다.

나) 모래 위에 집을 짓지 말아야 합니다. 그것은 비가 오고 바람이

불 때 다 무너지기 때문입니다. 무엇이 모래입니까? 인간의 망상
이 모래요 인간의 철학이 모래요 인본주의가 모래입니다.

다) 시편 127:1절에 보면 세 가지가 더 있어야 한다고 했습니다. 세
우는 자의 수고와, 집을 지키는 자의 경성함, 즉 잘 지키고, 경영
하는 것이 있어야 합니다. 그러나 끝으로 중요한 것은 여호와께
서 집을 세워주셔야 하고, 지켜주셔야 합니다. 즉 하나님의 축복
이 없이는 안 된다는 뜻입니다.

3. 중도 포기가 실패 원인

성공을 하지 못하는 것은 중도에 포기하거나 혹은 그것을 이룰 힘이
우리들에게 없기 때문입니다. 우리가 무엇을 하려면 많은 실패가 찾아
옵니다. 그래서 일본의 어느 작가는 이 시대를 '실패의 시대'라고 규정
했습니다. 그러나 실패는 과정에서 일어나는 작은 실수이기 때문에 우
리는 절대로 포기하지 말아야 합니다. 포기는 배추를 셀 때만 한 포기,
두 포기하고 사용하라. 토마스 에디슨이 성공한 것은 실패를 안 했기
때문이 아니라 많은 실패에도 불구하고 포기하지 않았기 때문입니다.
아브라함 링컨도 수많은 실패 끝에 대통령이 되어 노예해방이란 업적을
남겼습니다.

저희 교회에 골프를 가르치는 분이 저와 함께 골프를 친 후에 원 포
인트 레슨을 했는데. 그것이 무엇인지 아십니까? '목사님은 믿음이 없어
골프를 잘 못 칩니다.'라는 말이었습니다. 얼마나 충격을 받았는지 모릅
니다. 집사에게 목사가 믿음이 없다는 지적을 받았으니 얼마나 창피합
니까? 저를 보고 목사님은 골프를 칠 때 물에 빠질가 봐 의심하고 공이
안 들어갈까 봐 의심하고 그래서 믿음이 없다는 것입니다.

미국에 살고 있는 분들에 비하면 별것 아니지만 그래도 제가 영어를

잘 할 수 있었던 비결은 motivation, 즉 세계적으로 교육하고, 글을 쓰고 설교하려는 신념이 있었기 때문입니다. 믿음은 단순히 죄의 용서함이나 새 생명을 얻는데 있는 것이 아닙니다. 공부도 잘하게 해주고, 사업에도 성공하게 해주고, 가정의 평안도 가져오고, 모든 것이 다 믿음과 관계가 있습니다.

맺는말

성공은 믿음이 있어야 합니다. 믿음을 가지면 새 생명을 얻게 되고, 모든 것을 회복하게 되고, 성공의 능력도 가지게 됩니다. 아멘. 그런 믿음의 소유자가 다 되기를 축원합니다.

쉐마교육과 부모 공경

(엡6:1-4; 신6:4-9)

　　가정 제도는 실낙원의 인간에게 주신 지상의 작은 낙원입니다. 그러나 농경사회가 산업사회와 정보사회로 가면서 핵가족화 되면서 가정제도가 무너졌습니다. 그러므로 지금은 위기이지만 한편 그것은 기회이기도 합니다.

1. 왜 부모 공경이 필요한가?

　(1) 부모 공경과 기독교 신앙

　부모 공경은 하나님 신앙의 기독교 교육의 기본이며 결과입니다.

　(2) 부모 공경이 인성교육의 핵심

　　우리의 미풍양속은 부모 공경에서 온 것입니다. 그것이 서양의 교육철학(존 듀이의 교육철학), 아이들이 원하는 것을 하라. 교육은 전문가에게 맡겨라 하고 실용주의를 주장했는데 이것이 미국 교육의 중심이고 우리가 수입한 교육철학입니다.

　　그 결과 세대 차이, 수직문화의 상실(수평문화뿐)을 가져왔습니다. 인성교육의 상실로 자녀들을 짐승으로 키우고 있습니다. 그러나 유대인들은 쉐마교육을 통해 세계를 지배하고 있습니다.

　(3) 창조질서의 기본은 하나님 섬김

창조질서의 기본인 하나님 섬김은 부모 섬김에서 배웁니다. 그래서 하나님 계명의 마지막이 사람 계명의 첫 번째가 네 부모를 공경하라고 했습니다.

2. 어떻게 부모를 공경해야 하나?

(1) 관심

지금은 무관심의 시대이므로 '매일 대화'를 해야 합니다.

(2) 이해

인간은 서로 배려하는 마음이 필요합니다. 그러므로 손자 손녀와 자주 만나게 해주어야 합니다. 그렇지 않기 때문에 노인들은 외롭습니다.

(3) 존중

"그런 건 몰라도 돼요." 하고 노인을 무시하면 안 됩니다. 변하는 젊은 세대를 모르기 때문에 노인은 아이들의 이것저것 알고 싶어 합니다. 그리고 집에서 '왕따' 당하고 싶지 않기 때문이기도 합니다.

(4) 배려

식사 외에 주전부리할 수 있는 것들을 사서 드리는 것이 좋습니다. 그러나 그것은 결국 손자 손녀들에게 돌아갑니다. 노인들도 손자손녀들에게 뭔가 주고 싶어 하기 때문이고 때로는 용돈도 필요합니다.

3. 부모 공경하는 자에게 주시는 축복(3절)

(1) 형통의 복

형통합니다. 하나님의 축복과 사회적 성공이 옵니다. 가정에 심령의 천국이 임합니다.

(2) 장수의 복

청결 및 식탁교육으로 건강을 얻고, 또 예절 배우고, 가정예배를 통해 영성과 인성을 키워주고, 지도자로 성장하는 축복이 옵니다.

4. 부모가 할 자녀교육의 기본은?

하지 말 것과 할 것 두 가지가 있습니다.

(1) 노엽게 말라

노엽게 하면 힘과 권위에 상처를 줍니다. 과잉보호, 편애, 폄하, 방심, 비난 등이 따라옵니다.

(2) 주의 교양과 훈계로 양육

쉐마교육과 역할감당

① 왕적 사명을 주어 나그네가 아닌 목자처럼 돌보는 자로.

② 제사장적 사명을 주어 축복과 기도자 역할을 하는 자로

③ 선지자적 사명을 주어 성경교육과 영성의 배양을 시키는 자로.

맺는말

신앙의 명가를 이루려면 쉐마교육의 핵심인 부모 공경을 하는 데 있습니다. 부모 공경은 하나님 섬김과 사회 섬김의 연결고리입니다.

부모란 자기를 낳은 분들뿐 아니라 영적으로 기도해 주는 주의 종들, 학교를 통해 사람 되게 가르치는 선생들도 포함됩니다. 부모교육은 자녀들의 그릇이 크고 작기를 결정합니다.

십자가로 승리하자

(골2:8-15)

오늘은 십자가의 의미를 바로 깨닫고 십자가 중심의 삶을 사는 우리들이 다 되시기를 축원합니다.

1. 십자가의 4가지 상징

(1) 고난

그것이 제게는 십자가 짐 같은 무거움의 고난이었습니다. 그때 저는 제가 십자가를 지겠습니다. 라고 말했습니다.

(2) 죽음

예수님 당시에 십자가형에 처할 자들은 십자가를 지고, 사람들 앞에서 보인 후에 처형했습니다. 따라서 십자가를 진다는 것은 바로 죽음을 의미했습니다.

(3) 승리(골2:15절)

십자가의 피로 하나님과 화평을 누리게 하는 승리를 뜻합니다(골1:20).

(4) 더하기의 표식(엡2:16)입니다.

2. 이 세상은 광야입니다

광야란 말은 사탄과의 격전지란 뜻입니다. 그러므로 이 세상에는 속임수가 많고, 사탄의 역사가 많이 나타납니다. 전쟁터에 가면 수많은

사람들의 시체와 부상당한 사람들이 즐비하게 있듯이 이 세상도 마찬가
지입니다.

(1) 철학과 속임수로 노략하는 자들

철학과 헛된 속임수로 노략하는 자들이 많이 있습니다(8절). 진화론은
과학의 옷을 입은 속임수 철학입니다. 또 세상에는 뉴에이즈 음악과 예
술이 많은 사람들을 유혹하고 있습니다.

(2) 인간의 유전과 세상적 초등학문

사람의 유전과 세상의 초등학문으로 유혹을 하려고 합니다(8절). 사람
의 유전이란 탈무드나 미쉬나 같은 것을 의미합니다. 세상의 모든 학문
이란 것은 다 초등학문일 뿐입니다. 문제는 이런 것들에 속임을 당하고,
유혹되고 있다는 것입니다.

3. 그리스도 안엔 무엇이 있는가?

우리가 그리스도 안에 거하는 삶을 살아야 하는데 그렇다면 그 안에
는(즉 그리스도 안에는) 무엇이 있는가? 그 안에, 즉 그리스도 안에란 말이
4번이나 나옵니다. 그 다음에는 세상에 없는 중요한 것들이 그리스도
안에 있다고 했습니다. 그 내용을 살펴보겠습니다.

(1) 우리가 신령해지려면

신성의 모든 충만이 육체로 거하십니다(9절). 따라서 우리가 신령해지
려면 그리스도 안에 있어야 합니다.

(2) 그리스도 안에 충만

그 안에서 "충만하여 졌으니"라고 했습니다(10절). 인간은 누구나 거
룩함과 지식과 은혜와 사랑이 필요한데 그런 것이 그리스도 안에는 항
상 충만하다고 했습니다.

(3) 그리스도의 할례

그리스도 안에서 죄적 성품이 다 벗겨졌다고 했습니다(11절). 이것을 그리스도의 할례라고 표현했습니다.

(4) 그리스도 안에서 부활 소망

그리스도 안에서 부활의 소망을 가지게 되었습니다(12절).

그러므로 그리스도와 함께할 때에 우리는 풍성해질 수 있고, 또 승리할 수 있고, 무엇보다도 사탄과의 영적 전쟁에서 승리할 수 있습니다. 그러므로 모두가 십자가로 승리할 수 있기를 축원합니다.

새 가정과 새 생명

(행16:31)

하나님께서 인간을 창조하신 후에 주신 것이 무엇입니까?

첫째는 창조할 때 주신 하나님의 형상(image of God)이요,

둘째는 창조한 후에 하와를 주셔서 가정을 갖게 하신 것입니다.

아담의 독처하는 것이 좋지 못하여 하나님께서 하와를 주셔서 돕는 배필이 되게 한 것입니다.

1. 가정이란 무엇입니까?

남녀가 부부로서 생활공동체가 되어 하나님의 뜻을 이루어가는 '가장 작은 교회'가 가정입니다.

그리고 교회는 무엇인가요? 교회는 '가장 큰 가정'입니다. 그러므로 가정과 교회는 여러 가지 면에서 본질적으로 같은 것입니다.

최근에 많은 가정들이 근본적으로 흔들리고 있습니다. 아니 이미 깨어진 가정이 너무도 많습니다. 그러므로 참된 가정을 회복해야 우리는 행복할 수 있습니다. 왜냐하면 하나님께서 에덴동산을 상실한 인간에게 행복을 맛볼 수 있는 곳을 주신 그것이 바로 가정이기 때문입니다. 가정은 행복을 가르치는 학교요, 행복을 만들어내는 공장입니다. 그러나 가정은 부부가 함께 만들어 가는 정원과 같은 것이기 때문에 함께 만들어 가야 합니다.

지금은 결혼관이 많이 변했습니다. 여자는 예뻐야 하고, 남자는 돈이 있어야 하는 시대입니다. 그래서 지금 성형수술을 받지 않은 배우가 없고, 대학생이 되면 의례 성형수술을 합니다. 문제는 아이들을 낳고 나서 아무도 닮지 않은 부모는 DNA(유전자) 검사를 해야 할 판국이 되었습니다. 남자들은 돈을 많이 벌기 위해 공부를 하고 유학 가고, MBA(Master of Business and Administration) 학위를 받으려고 난리입니다.

과연 행복한 가정이 되는 비결은 무엇입니까?

(1) 하나님이 정해주신 배필을 믿어야

먼저 부부가 다 같이 하나님이 우리를 짝지어 주었다는 믿음을 가져야 합니다.

(2) 비교의식을 갖지 말아야

다음은 부부가 서로 더 이상 비교하지 말아야 합니다. C.S.Lewis는 현대 사탄이 사용하는 가장 무서운 무기는 '비교의식'이라고 했습니다.

(3) 부족함을 도와야

부족한 것은 서로 채워주어야 온전한 부부가 될 수 있습니다.

(예화) 이인삼각 경기처럼

(4) 존중하고 사랑해야

뭐니 뭐니 해도 서로 깊이 사랑해야 합니다. 사랑이란 서로 존중히 여기는 것이고, 이해하는 것이고 관심을 가지는 것이고 주는 것입니다.

(5) 믿음으로 맺어져야

그러나 알아야 할 것은 믿음으로 연결되지 않은 사람은 다 변합니다. 유행가나 노래를 보면 영원한 사랑을 말하지만 그러나 이 세상에는 영원한 사람이 없기 때문입니다.

(6) 성령의 열매를 맺어야

성령의 열매를 맺는 가정이 행복합니다. 갈 5:22-23절, "오직 성령의 열매는 사랑과 희락과 화평과 오래 참음과 자비와 양선과 충성과 온유와 절제니 이 같은 것을 금지할 법이 없느니라."라고 했습니다.

(7) 대화로 이루는 사랑

오늘 저는 아주 구체적인 행복한 가정 회복의 비결을 말씀드리려고 합니다. 아주 간단하고 쉬운 방법입니다. 그것은 바로 대화(dialogue)입니다. 대화는 사랑의 표현입니다. 일본에서 조사한 바로는 자녀들이 아버지와 대화하는 시간은 하루에 평균 3분이라는 통계가 나왔습니다.

그런데 문제는 그 대화마저 우리는 You-message(상대방을 중심으로 하는 대화)를 많이 하는데 그것은 가정을 파괴합니다. 그러므로 우리는 I-message(나를 중심으로 하는 대화)를 해야 합니다. 결코 침묵이 좋은 것은 아닙니다. 같이 연습을 하겠습니다.

① 아내가 하는 두 종류의 대화

직장에서 늦게 들어오는 남편과의 대화에 두 가지가 있습니다. 첫째는 you-message입니다. 예를 들면 남편을 향해 아내가 "여자가 생긴 거야 왜 밤낮 늦어?" 다음은 아내가 자신을 중심으로 하는 대화인 I-message입니다. "당신이 늦게 들어오면 교통사고 난 것은 아닌가? 당신 없이 내가 살 의미가 없어지는데 하고 걱정이 돼요. 그러니 늦을 땐 꼭 전화라도 해줘요."

② 남편이 하는 두 종류의 대화

교회 일에 열중해서 늦게 오는 아내와의 대화에도 두 가지가 있습니다. 첫째는 you-message입니다. "당신 교회가 밥 먹여줘? 어디를 쏘다니는 거야?" 다음은 I-message입니다. "당신이 가정 살림도 하기 힘드는데 교회에서까지 늦도록 봉사하다가 병이라도 나면 어떻게 해. 좀 건강도 생각해야지." 그 결과는 전혀 다릅니다. 우리는

2. 행복한 가정이 되려면?

(1) 첫 사랑을 '회복'해야 합니다

에베소 교회는 다 있었지만 첫 사랑을 상실함으로 주님에게서 책망을 받았습니다. 첫 사랑의 특징은 첫째, 순수하고, 둘째, 열정적이고, 셋째, 희생적이고 넷째는 많은 대화를 합니다.

(2) 첫 사랑의 회복

첫 사랑의 회복은 주님을 왕으로 모시고 믿음과 또 부부가 동일한 가치관과 동일한 목적을 가지고 공동체가 될 때 이루어집니다. 교회나 가정은 '동사(同事)하지 않으면 동사(同死)합니다'

행 16:31절에 "주 예수를 믿으라. 그리하면 너와 네 집이 구원을 얻으리라"고 했습니다. 성경에 구원이란 개념은 아주 폭 넓게 사용되고 있습니다. 병에서 치유함을 받을 때도 구원이라고 했고, 죄의 용서함을 받을 때도 구원이라고 했고, 하나님과의 바른 관계가 회복될 때에도 구원이라고 했습니다. 새 생명을 얻는 것도 구원이라고 했고, 천국에 가는 것도 구원이라고 했습니다.

간단히 요약하면 새 생명을 가질 때 가정은 회복되고, 행복은 찾아오고, 모든 것이 가동하기 시작합니다.

(3) 하나님의 축복이 있는 가정

그러나 가장 중요한 것은 하나님의 축복 없이는 어떤 가정도 행복할 수 없다는 점입니다. 시 127:1절에 "여호와께서 집을 세우지 아니하시면 세우는 자의 수고가 헛되며 여호와께서 성을 지키지 아니하시면 파수꾼의 경성함이 헛사로다"

물론 예수를 믿을 때 받게 되는 이 땅에서의 새 생명은 이 땅에서 누리는 영생을 말합니다. 같은 생명이지만 새 생명과 영생은 차이가 있습니다. 천국에서 누리는 생명은 육체가 부활해서 가지는 영체, 다시 말해서 부활한 몸으로 누리는 생명이기 때문에 그것은 이 땅에서 누리는 새 생명과는 차이가 있습니다. 이 땅에서 누리는 새 생명은 누에가 번데기가 되어 고치 속에 갇혔다가 부화, 나비가 되는 것과 같은 단계를 거쳐야 합니다. 그러므로 신자들에게는 죽음이란 천국에 들어가는 '현관문'입니다. 중요한 것은 이 땅에서 예수를 믿고 새 생명을 얻은 자는 영체로 누리는 부활의 생명을 자동적으로 얻게 된다는 점입니다. 그런 축복이 여러분 모두에게 있기를 축원합니다.

3. 예수님을 왕으로 모신 가정

위에서도 말한 대로 지금 대부분의 가정이 흔들리고 있습니다. 이미 깨어진 가정도 있습니다. 물론 예수를 믿지 않아도 행복하다고 생각하는 사람들도 있습니다. 그러나 진정한 행복은 아닙니다. 왜냐하면 그 가정은 참 행복을 누리지 못하고 있고, 죽은 후에는 행한 대로 심판대 앞에 서야 하기 때문입니다. 그러므로 새 가정이 되어야 합니다. 새 가정이란 예수님을 믿고, 그를 왕으로 섬기며 살아가는 하나님의 가정을 말합니다. 믿음의 공동체입니다.

예를 들면 아브라함의 가정과 같은 그런 믿음의 가정입니다. 그것은 새 생명을 얻을 때만 이루어집니다. 바라기는 이번 기회에 흔들리던 가정은 영원한 항구인 예수님 안에 정박을 해서 모든 풍파를 극복하기를 바라고, 형식적으로 예수 믿던 사람도 이번 기회에 변하여 새 사람이 되고(새 사람이 된 증거는 새 생명을 소유할 때이다), 새 가정을 이룩해서 하나님의 가정들이 다 되기를 축원합니다.

삼박자 감사

(살전5:16-18)

　지금 이 세상에는 '감사불감증'이란 병이 조류독감보다도 더 무섭게 번지고 있습니다. 이 병을 고치지 않는 한, 인간은 어느 누구도 행복할 수가 없습니다. 그래서 오늘 추수감사주일에는 '삼박자 감사'란 제목으로 말씀을 드리면서 감사가 다시 회복되기를 축원합니다.

　우리의 삶은 음악처럼 박자가 있습니다. 물론 사람마다 박자가 다릅니다만 문제는 박자가 틀리는 그런 삶을 사는 사람들이 있는가 하면 항상 박자를 맞추듯이 절도 있는 삶을 사는 사람들이 있습니다. 바라기는 우리의 삶이 박자가 있는 그런 절도 있는 삶이되기를 축원합니다. 오늘 본문을 보면 감사에는 삼박자가 있다는 것을 볼 수 있습니다.

1. 감사의 첫 박자는 '기쁨'에서 시작됩니다.

　이 박자가 틀리면 다른 것도 틀립니다. 그래서 살전 5:16절에서 "항상 기뻐하라"고 했습니다. 기쁨에서 인생을 시작하고, 하루의 삶도 기쁨에서 시작하라는 것입니다. 중요한 것은 시작입니다.

　(예화) 첫 단추가 잘못되었을 때

　그러나 실제로 우리의 삶을 살펴보면 항상 기뻐하는 것은 거의 불가능합니다. 그런데 왜 바울은 항상 기뻐하라고 했을까요? 그것은 가능하기 때문입니다.

그러면 어떻게 할 때에 항상 기뻐 할 수 있을까요? 두 가지 방법이 있습니다.

(1) 작은 일에도 기뻐하는 법을 배워야

우리는 작은 일에도 기뻐하는 법을 배워야 합니다. 호흡이 있는 것을 감사하고, 살아 있는 것을 감사하고, 건강한 것을 감사하고, 굶지 않은 것을 감사하고…. 이런 식으로 아주 작은 것에서도 기뻐할 수 있으면 항상 기뻐할 수 있고, 그때에 참 감사가 나옵니다. 그러나 우리는 큰 것만 보입니다. 남과 다른 것을 가질 때 감사합니다. 그것도 잠깐뿐입니다. 금방 잊고 맙니다. 바로 이 건망증이 항상 기뻐하는 것을 못하게 만듭니다.

여기서 중요한 것은 기뻐하는 것도 배워야 한다는 점입니다. 우리 한국 사람들은 기쁨의 표현을 천하게 여기고 죄악시합니다. 유교적인 전통 때문입니다. 그러나 그것은 기독교적인 삶이 아닙니다. 우리는 기쁨을 항상 표현해서 다른 사람들에게 전달되도록 해야 합니다. 왜냐하면 기쁨은 전염성을 가지고 있기 때문입니다.

(2) 영적으로 기쁨을 찾아야

영적인 것에서 기쁨을 찾으면 항상 기뻐할 수 있습니다. 세상 것에, 물질적인 것에 기쁨을 추구하면 잠정적이고, 때때로 기뻐할 수밖에 없습니다. 왜냐하면 세상 것은 다 일시적이고 잠정적이기 때문입니다. 세상 것은 오기도 하지만 또 떠나기도 합니다. 그러므로 우리는 항상 위의 것을 바라볼 수 있어야 합니다.

영적인 기쁨은 구원받았다는 것에서 시작하여 지금도 우리와 동행하는 하나님으로 인해 기뻐하는 것입니다. 천국이 있음을 인해서 기뻐하는 것입니다. 주안에서 승리할 것을 믿고 기뻐하는 것입니다. 그러므로 영적인 기쁨을 항상 찾을 수 있기를 축원합니다.

2. 감사의 두 번째 박자는 '쉬지 않고 기도'하는데 있습니다.

왜냐하면 기도할 때는 감사가 보이지만 기도 안 하는 사람에게는 감사할 것이 안 보이고 찾아도 없습니다. 기도할 때 우리는 눈을 감습니다. 그러면 세상 것이 아닌 영적인 감사할 조건이 보이고, 감사가 입으로 나옵니다. 문제는 쉬지 않고, 기도하지 못하는 것이 문제입니다 쉬지 않고, 기도하는 것은

(1) 중보기도

중보기도를 하면 실제로 24시간 기도가 계속 됩니다. 우리 교회에 중보기도 팀이 있습니다. 이들은 우리 교회의 소망입니다. 여름철에 좀 쉬라고 하지만 이들은 쉬지 않고 항상 기도합니다. 권사회에서는 교대로 기도팀을 조직해서 기도합니다. 중요한 것은 다 중보기도를 하는 것입니다. 솔직히 나 혼자서는 24시간 계속해서 쉬지 않고 기도하는 것이 불가능합니다. 그러나 성도가 서로 연결하여 기도하면 가능합니다.

중보기도는 자신만을 위해서 하는 기도보다 능력이 있고 힘이 있습니다.

(2) 항상 기도하는 마음으로

기도하는 형식이 아니더라도 기도하는 마음으로 일하고, 기도하는 마음으로 활동하고, 기도하는 마음으로 잠을 자면 실제로 쉬지 않고 기도할 수 있습니다. 사무엘 선지자는 기도하기를 쉬는 죄를 범하지 않겠다고 언급했는데 그것은 매일같이 세 번씩, 즉 아침 점심 저녁에 기도하는 것을 쉬지 않고, 기도하는 것으로 말한 것입니다. 유대인들의 기도는 우리의 식기도처럼 잠깐하는 기도가 아닙니다. 한 시간씩 주의 전에 나와서 하는 기도입니다. 그러나 사무엘은 일할 때에도 기도하는 마음

으로 했고, 침실에서도 기도하는 마음으로 잤습니다. 그래서 실제로 쉬지 않고 기도했던 것입니다.

(3) 쉬지 않고 기도하는 것

쉬지 않고 기도한다는 것은 일을 시작하기 전에 기도하고, 일을 하면서 하나님께 물어가면서 하고, 일이 끝난 뒤에 하나님께 보고하는 삶을 말합니다.

(예화) 윗사람에게 사랑을 받는 사람은 항상 일을 시작하기 전에 의논하고, 일을 하면서 계속 대화하고, 일이 끝난 뒤에 그 결과를 보고하는 사람입니다. 하나님께도 마찬가지입니다.

3. 감사의 세 번째 박자는 '범사에 감사'하는 것입니다.

지금 우리가 사는 세상의 문제점은 감사불감증이란 병입니다. 최근에는 bird flu(조류독감)입니다. 그러나 더 무서운 것은 감사불감증입니다.

물론 우리는 다 감사합니다. 문제는 범사에 하지 못하는데 있습니다. 범사란 everything, 즉 '모든 일'에 감사하는 것을 말합니다. 형편이 좋아지든 나빠지든 무엇을 성취하든 못하든 항상 감사한다는 뜻입니다. 우리가 흔히 불평하고, 원망할만한 일이 있을 때에도 감사하는 것을 말합니다. 문제는 어떻게 사물을 보느냐에 따라 감사할 수도 있고, 불평할 수도 있습니다.

(1) 범사에 감사하려면

범사에 감사하려면 첫째로 롬 8:28절의 말씀처럼 모든 것이 합력하여 선을 이룬다고 믿을 때 할 수 있습니다.

(예화) 1981년 아내의 한국일보 신춘 문예당선

(예화) 나의 감사의 시

주여 당신은 내가 바라던 지식을 허락지 않으셨으나
당신은 내게 지식의 근본이신 하나님을 알게 하셨나이다

주여 당신은 내가 바라던 부를 허락지 않으셨으나
그러나 당신은 내게 금보다 귀한 믿음을 주셨나이다.

주여 당신은 내가 바라던 명예를 허락지 않으셨으나
당신은 내게 하나님의 아들이 되게 하셨나이다

오, 주여 당신은 내가 바라던 것을 하나도 허락지 않으셨으나
나는 누구보다도 많이 받았나이다.

(2) 밝은 면을 보고 긍정적으로

범사에 감사하는 비결은 어두운 면을 보지 않고, 밝은 면을 보고, 모든 것을 긍정적으로 생각할 때에 범사에 감사할 수 있습니다.

이 세상은 어디나 어두운 곳이 있습니다. 개인에게도 가정에도 교회에도 사회에도 어디나 다 있습니다. 그럴 때 어두운 것을 보면서 그것이 전부인 것처럼 생각지 말아야 합니다. 밝은 면을 보아야 합니다.

(3) 하나님 편의 영원 속에서 결과를 볼 때

범사에 감사하는 비결은 현재의 결과를 보지 말고, 하나님의 편에서 영원 속에서의 결과를 볼 때 우리는 범사에 감사할 수 있습니다. 감사를 못하는 가장 큰 문제는 우리의 근시안적인 사고와 생활에 문제가 있습니다.

(예화) 아기를 낳을 때, 해산의 고통이 일어날 때 산모는 신음하고, 괴로워합니다. 그러나 그 후에 만나게 될 아가를 생각하면 감사할 수 있습니다.

(예화) 공부하는 것을 좋아하는 사람은 많지 않습니다. 그러나 그럼에도 불구하고 모든 사람들이 다 공부하는 것은 먼 훗날 그것이 자기에게 돈을 벌게 하고, 직장을 갖게 하고, 마침내 명예와 행복을 가져다준다고 믿기 때문입니다.

(4) 하나님만으로 기뻐할 때

하나님만으로 기뻐하고 즐거워 할 때 우리는 범사에 감사할 수 있습니다.

합 3:17-18절의 인용 :

"비록 무화가나무가 무성치 못하며, 포도나무에 열매가 없으며, 감람나무에 소출이 없으며 밭에 식물이 없으며, 우리에 양이 없으며, 외양간에 소가 없을지라도 나는 여호와를 인하여 즐거워하며 나의 구원의 하나님을 인하여 기뻐하리로다."

맺는말

바라기는 오늘 추수감사절에 삼박자 감사를 회복할 수 있기를 축원합니다. 범사에 감사하면 기적이 일어나기 때문입니다. 지금 이 시대는 기적을 보기가 어렵습니다. 그러나 범사에 감사하면 지금도 기적이 일어나는 것을 체험하게 될 것입니다. 저와 여러분 모두에게 추수감사절을 맞아 이런 기적이 일어나기를 축원합니다.

부활의 주님을 만나려면

(요20:11-18)

세 가지 내용으로 말씀을 드리면서 은혜를 나누려고 합니다.

첫째는 주님이 십자가에 못 박히셨을 때에 제자들의 마음 상태는 어
떠했는지,

둘째는 부활의 주님을 만나는 네 가지 비결,

셋째는 부활의 주님을 만난 사람이 해야 할 사명 세 가지를 함께 살
펴보면서 부활의 의미를 깨닫고 은혜 받는 역사가 나타나기
를 축원합니다.

1. 주님이 십자가에 못 박히셨을 때 제자들의 마음상태는?

(1) 모두가 환멸감과 의구심이었습니다.

십자가 사건을 도무지 이해할 수 없었기 때문입니다. 아니 메시아 되
신 예수님이 그렇게 허무하게 죽을 수가 없고, 무너질 수가 없었기 때
문이었습니다. 이들의 문제는 이해되는 것만 믿었습니다. 이해되지 않
는 것은 믿지 않습니다.

(2) 현재 신앙이 아닌 과거 시제의 신앙이었습니다.

마 16:16절 "주는 그리스도시오 살아 계신 하나님의 아들이시니이
다." 요 6:69절, "우리가 주는 하나님의 거룩하신 자신 줄 믿고 알았습
나이다." 전부가 과거의 시제로 믿은 것입니다. 주님이 십자가에 못 박

히자 모든 것이 과거시제로 변했습니다.

지금의 우리는 어떻습니까? 물론 2000여 년 전에 일어났던 사건으로 믿습니다. 그러나 문제는 현재의 시제로 받아들여야 합니다. 믿음이란 과거의 사건을 믿어도 현재의 시제로 받아들여야 합니다. 다시 말하면 믿음은 명사가 아니라 동사이고, 과거가 아닌 현재입니다. 그러므로 믿음에는 힘이 있고, 능력이 있어서 믿음이 가는 곳마다 놀라운 기적이 일어납니다.

(3) 의심하는 믿음입니다.

도마는 의심하며 "나는 믿지 않겠노라"고 했습니다. 불신자가 안 믿는 것이 아니라 예수님의 제자가 의심한 것입니다. 그러면 도마는 어떤 제자였기에 믿지 않겠다고 했습니까?

요 11:16절에 보면 한때는 "우리도 주와 함께 죽으러 가자"고 했고 후에 다락방에서 예수님께서 "내가 가는 곳에 그 길을 너희가 알리라"(요14:4)고 주님이 선언했을 때에는, "주여 어디로 가시는지 우리가 알지 못하거늘 그 길을 어찌 알겠나이까?"라고 응대했던 제자들입니다. 요 20:25절에 보면 주님이 부활하셨다는 소식을 들었을 때에 도마는 "내가 그 손의 못 자국을 보며 내 손가락을 그 못 자국에 넣으며 그 옆구리에 넣어 보지 않고는 믿지 아니하겠노라"고까지 의심했습니다. 그러나 도마는 아주 분명한 사람이란 점이 좋은 점입니다. 믿지 못할 것은 못 믿겠다고 정직하게 대답한 것입니다. 그러나 우리는 의심하면서도 말도 못한 채 어정쩡한 상태에 있는 것이 문제입니다. 겉으로는 믿는 척하면서 속으로는 의심하고 불신합니다.

(4) 두 제자들의 마음은 낙심과 절망

엠마오로 가는 두 제자들의 마음은 낙심과 절망하는 마음 이었습니다.

"그는 하나님과 모든 백성 앞에서 말과 일에 능하신 선지자여늘 우리 대제사장들과 관원들이 사형 판결에 넘겨주어 십자가에 못 박았느니라. 우리는 이 사람이 이스라엘을 구속할 자라고 바랐노라"(눅24:19-21). 그 런데 그 메시아인 예수님이 무능하게 십자가에서 죽었으니 너무나 허무 하고 낙심천만이었던 것입니다.

⑸ 막달라 마리아와 또 다른 마리아

그러나 사랑을 가진 막달라 마리아와 또 다른 마리아만은 끝까지 주 님을 따랐습니다. 제자들의 경우를 보면 믿음도 죽고 소망도 죽었지만 그러나 막달라 마리아와 다른 마리아의 주님께 대한 사랑은 살아남아 있었습니다. 오직 사랑만이 영원합니다. 이것이 바로 우리들이 가져야 할 마음의 자세입니다.

2. 부활의 주님을 만나려면?

⑴ 변하지 않는 믿음

그냥 믿음만으로는 안 됩니다. 왜냐하면 믿음은 종류도 많지만 또 변 하기 때문입니다. 부부간에도 서로 믿다가 사랑이 식어지면 서로 의심 하고 다투고, 심지어 이혼까지 합니다. 친구 간에도 서로 믿다가 의심 이 들어가면 나중에 서로 다투고 싸웁니다.

따라서 믿음도 변하는 것과 변하지 않는 것이 있습니다. 변하지 않는 믿음을 살아 있는 참 믿음, 혹은 구원하는 믿음, 행함이 있는 믿음이라 고 말합니다. 믿음도 사랑이 함께 있어야 변하지 않습니다. 그러면 우 리가 어떻게 주님을 사랑합니까? 중요한 것은 우리가 주님을 사랑하기 전에 주님이 이미 우리를 사랑하셨다는 점입니다. 그러므로 주님의 사 랑에 응답만 하면 됩니다. 내가 주님을 사랑하는 믿음은 변하지만 주님께서 나를 사랑하는 것은 영원히 변함이 없기 때문입니다.

(2) 성경말씀에 항상 주목해야

다음은 성경말씀에 항상 주목해야 합니다. 주님을 만나는 집은 바로 성경 말씀이기 때문입니다. 그래서 루터는 성경을 예수님이 누워있는 말구유라고 한 것입니다. 항상 말씀에 귀를 기울이고, 묵상할 때에 우리들은 부활의 주님을 만날 수 있습니다.

(3) 육체대로 주님을 알아서는 안 됩니다.

예수님께서 내가 곧 하늘에서 내려온 생명의 떡이라고 했을 때 사람들은 아니 요셉의 아들 예수가 아닌가? 우리가 그의 부모도 알고, 가족도 아는데 어떻게 하늘에서 내려왔다고 하느냐 하면서 의심했습니다. 그래서 바울은 고후 5:16절에서 '그러므로 우리가 이제부터는 아무 사람도 육체대로 알지 아니하노라. 비록 우리가 그리스도도 육체대로 알았으나 이제부터는 이같이 알지 아니하노라"고 했습니다.

(4) 주님의 무덤까지 내려가는 담대한 마음이 있어야 합니다.

여러분 유대인들의 무덤에 가보신 적이 있습니까? 저는 지금도 나사로의 무덤에 갔다 온 기억을 잊을 수가 없습니다. 얼마나 무섭고, 캄캄한지 모릅니다. 섬뜩했습니다. 그러므로 여자들 둘이서 간다는 것은 쉽지 않습니다. 그러나 사랑이 있으면 두려움도 사라집니다. 그것은 사랑이 있을 때에만 가능합니다. 사실 여자는 참 약하지만 어머니는 강한 것은 바로 이 사랑 때문입니다. 사랑은 분명히 죽음보다 강합니다.

3. 부활의 주님을 만난 자들이 해야 할 사명은?

(1) 참 믿음이 있을 때

먼저 참 믿음이 있을 때 놀라운 반응이 있습니다. 변화가 있습니다. 방향이 달라집니다. 무엇보다도 먼저 슬픔에만 잠기지 않게 합니다. 어찌하여 울며 누구를 찾느냐? 우리는 때때로 슬픔을 당하면 거기서 헤어나지를 못합니다. 그러나 부활의 주님은 우리를 거기서 나오게 하시고, 새로운 곳으로 가게 하십니다. 새로운 일을 맡기십니다. 오히려 다른 사람들을 위로하게 하시고, 복음을 전하게 하시고, 기쁨을 전하게 하십니다.

(2) 보고 들은 것을 간증해야

자기가 본 것과 들은 것을 간증해야 합니다. 요 20:18절에 보면 막달라 마리아는 제자들에게 가서 자기의 본 것을 말했습니다. 그러면 마리아가 본 것은 무엇입니까?

첫째로 두 천사의 모습을 보았습니다. 천사들은 하나님의 사자들입니다. 과연 오늘날도 천사가 존재한다고 믿습니까? 요즈음 많은 사람들에게 읽히는 책 가운데 Don Fearleiley가 쓴 「Angels among us」이란 책이 있습니다. 실제로 일어난 천사들을 만난 사건들을 기록한 책입니다. 물론 구약시대처럼 천사들을 자주 접할 수는 없습니다. 그러나 지금도 천사들은 우리 가까이에 있습니다. 우리를 보호하는 일, 우리들에게 하나님의 음성을 들려주는 일, 우리를 인도하는 일들을 합니다. 오늘 본문에 보니까 천사가 하는 일은? 비탄에 잠긴 마리아를 위로하기 위해서였습니다.

천사는 어떻게 나타났는가? '번개 같은'이라고 한 것은 빠르다는 뜻이요, 빛나는 모습이란 뜻입니다. '눈 같은', 하나님의 거룩함과 순수성을 말해주는 표현입니다. 천사는 하나님을 찬양하는 일을 합니다. 천사는 하나님의 심부름을 합니다. 천사는 지금도 우리들을 지켜줍니다.

성경에 보면 천사장의 이름 가운데 둘이 나옵니다. 하나는 가브리엘인데 가브리엘은 하나님의 뜻을 전달하는 일을 하고, 미가엘은 하나님을 대신해서 싸우는 일을 합니다.

두 번째 놀라운 광경은 마리아는 예수님 자신을 직접 본 것입니다. 물론 처음에는 동산지기인 줄로 착각했습니다. 그것은 마리아는 눈물로 가득 차 있었고, 수줍음으로 머리를 숙이고 있었다고 했기 때문입니다. 게다가 시신이 있었던 곳만을 보고 있었기 때문에 나중에야 주님이 자신의 이름을 부를 때에야 비로소 바로 볼 수 있었던 것입니다.

(3) 부활의 주님을 본 사람의 사명

부활의 주님을 본 사람은 사명이 주어집니다. '나를 만지지 말라". 주님에게 매여달리지 말라는 뜻입니다. 그것은 주님께 대한 사랑을 표현하고, 주님의 육신에 매여달리고 싶었기 때문입니다.

그러면 왜 주님을 만지지 말라고 했을까요?

(가) 주님을 육체대로 아는 것을 버리게 하기 위해서입니다. 이제는 영적인 관계만을 가져야 하기 때문입니다(고후6:16).

(나) 사명에 전념하고, 세상적인 일에 시간낭비를 하지 않도록 하기 위해서입니다.

(다) 주님의 복음을 전하는 것이 급하기 때문입니다. 그래서 심지어 "여행을 위하여 주머니나 두 벌 옷이나 신이나 지팡이를 가지지 말라'고 했습니다. 준비한다고 시간을 낭비할 여유가 없다는 뜻입니다.

맺는말

저와 여러분들은 막달라 마리아와 또 다른 마리아처럼 부활의 주님을 만날 수 있기를 축원합니다. 부활의 주님을 만나지 않는 한 우리의 삶에는 참 기쁨도 없고, 새로운 변화가 일어나지 않습니다. 새로운 생명을 소유할 수도 없습니다. 그러므로 바로 이 시간에 저와 여러분들에게 믿음과 사랑으로 부활의 주님을 만나 새로운 사명이 생겨지고, 새로운 세계가 전개될 수 있기를 축원합니다.

부활의 능력으로

(고전15:16-22)

우리 주님은 2000여 년 전 주일 새벽에 어두움과 사망을 이기시고, 부활하셨습니다. 부활의 문제는 기독교의 기초요, 핵심이요, 어떻게 보면 전부라고 할 수 있는 문제입니다. 우리가 다른 것은 다 잊어버려도 이 부활의 교리만은 잊어버리지 말고 다시 살아나시며"라고 고백하는 것은 부활의 교리가 바로 우리의 생명이기 때문입니다.

1. 예수님의 부활에는 과학적 증거가 있습니다.

부활교리가 중요한 것은 기독교는 예수님의 부활하심으로 형성된 종교라는 사실입니다. 그래서 다른 종교는 다 그 창시자의 무덤을 크고 아름답게 장식하고 그것을 자랑합니다. 그러나 예수님의 무덤은 텅 비어 있습니다. 아무런 장식도 없습니다. 주님은 부활하셨기 때문에 그 무덤은 아무런 의미가 없기 때문입니다. 다만 그가 부활했다는 증거일 뿐입니다.

그런데 오늘의 본문에서도 이 세상에는 부활을 부인하는 사람들이 있다(12절)고 했습니다. 사실 기독교 안과 밖에는 우리의 육체 부활을 부인하는 사람들이 많이 있습니다. 자연인의 입장에서 보면 이 의심은 이해가 되는 일입니다. 왜냐하면 이 세상에는 부활을 인정할 어떤 확실한 구체적 증거도 우리 주변에서 볼 수 없기 때문입니다.

그래서 여러 가지의 반대설이 나오고 있습니다. 기절설, 도적설, 이 거설 등입니다. 그러나 주님의 부활은 그의 빈 무덤뿐만 아니라 부활의 주님을 본 수많은 증인들이 있고, 가장 중요한 것은 그처럼 비겁하였던 베드로를 비롯한 제자들의 변화된 삶에서 그 증거를 볼 수 있습니다.

심지어 예수님의 부활에 관한 과학적인 증거도 있습니다. 미국의 우주과학자인 Wehrnher von Braun은 자기가 부활을 믿는 근본적 이유를 이렇게 증거 했습니다. "과학은 지금까지 존재한 그 무엇도 흔적 없이 사라지는 것을 발견한 적이 없습니다. 자연에는 결코 사멸이란 것이 없습니다. 다만 다른 형태로의 변화가 있을 뿐입니다. 따라서 하나님께서는 이 원리를 사용하여 그의 창조의 꽃이라고 할 수 있는 인간에게 적용하고 있다고 나는 믿는다"라고 했습니다.

그렇습니다. 요 11:25절의 말씀처럼 "나는 부활이요 생명이니 나를 믿는 자는 죽어도 살겠고 살아서 믿는 자는 영원히 죽지 아니하리니 이 것을 네가 믿느냐?" 이 말씀대로 우리는 죽은 뒤에 다시 부활 할 줄로 믿습니다.

여러 해 전에 애굽에서 밀봉된 미라가 발견되었습니다. 3000년 전 모세 때의 것으로 추정되는 시체였습니다. 그 시체와 함께 돌처럼 바짝 마른 두어 개의 콩이 있었습니다. 영국의 박물관에 보내어져서 1844년 6월 4일에 심었습니다. 한 달 뒤에 싹이 나서 나중에 열매를 맺었다는 기록을 보았습니다. 우리 인간도 3000년 된 콩이 다시 싹이 나듯이 비록 먼지가 되고 흙이 되어도 다시 하나님의 권능에 의해서 부활할 것을 믿으시기 바랍니다.

부활은 기독교의 뿌리요, 시작이요, 끝입니다. 어떻게 보면 기독교의 전부이기도 합니다. 그러므로 우리는 이 부활신앙을 가져야 합니다. 왜냐하면 부활 신앙이 없으면 우리는 실제적 무신론자이기 때문입니다.

교회의 직분이 무엇이든 간에 부활신앙이 없으면 그 사람은 실제적 무신론자입니다. 물론 우리 가운데는 부활을 이론적으로 부인하는 사람들은 없습니다. 그러나 실제적으로 우리는 마치 부활이 없는 사람처럼 살고 있다는 것을 부인 할 수 있습니까?

2. 육체부활을 부인할 때의 결과(13-15절)

우리가 자신의 육체 부활하는 것을 부인하는 것은 먼저 주님의 부활을 부인하는 것이 됩니다. 따라서 자신의 육체부활을 부인하는 것은 주님의 부활을 부인하는 실제적 무신론입니다. 그러나 하나님께서 죽은 자를 다시 살리실 수 없다는 주장은 전혀 말이 되지 않습니다. 왜냐하면 하나님께서 이미 주님을 죽은 자 가운데서 일으키셨기 때문입니다. 성경에 부활을 본 사람들의 이름이 나열되어 있습니다. 열네 부류의 사람들에게 나타난 구체적 증거가 성경에 제시되어 있습니다. 먼저 막달라 마리아에게서 시작하여 나중에 스데반, 심지어 바울과 사도 요한에게 이르기까지 많은 사람들에게 나타나셨습니다. 한두 사람에게라면 환상으로 보았다고 할 수 있습니다. 많은 사람에게라도 한 두 번이라면 그것도 환상일 수 있습니다. 그러나 그렇게 많은 사람들에게 그것도 수차례에 걸쳐서 나타났다는 것은 예수님의 부활은 바로 역사적 사건이란 것을 말해줍니다.

만약 예수님이 부활하지 않았다면 모든 설교는 헛된 것입니다. 헛되다는 말은 '텅 비게 합니다.'라는 뜻입니다. '의미가 없다'는 말입니다. 모든 설교의 핵심은 주님의 부활입니다. 모든 믿음의 핵심도 부활신앙입니다. 따라서 만약 주님의 부활이 없었다면 지난 2000년 동안의 모든 설교는 다 헛된 것이 되고 맙니다.

신앙은 크게 세 가지로 나눌 수 있습니다. 창조신앙, 부활신앙, 재림

신앙, 그러나 부활신앙은 그 중심이고 핵심입니다. 따라서 부활을 부인하면 모든 설교가 다 거짓이요 헛것이 된다는 말입니다.

그리스도의 부활을 부인하는 것은 우리가 다 거짓 증인이라는 뜻이됩니다. 좀 노골적으로 말하면 사기꾼이 되는 것입니다. 왜냐하면 거짓을 빌미로 헌금을 거두고 봉사를 강요하고 있기 때문입니다. 그러나 예수님의 부활은 역사적인 진실이요 사실입니다

그러면 우리의 육체부활을 부인하는 그 결과는 무엇입니까?(16-19절)

(1) 그리스도께서 부활하지 않았다면

만약 그리스도께서 부활하지 않았다면 죽은 모든 신자들은 다 '망하였으리니'라고 했습니다.

(2) 부활이 없다면

만약 부활이 없다면 우리가 가장 불쌍한 사람이 되고 말 것입니다. 19절에 "우리가 더욱 불쌍한 자리라"고 했습니다. 왜냐하면

첫째 우리는 부활이 없었는데도 있다고 믿는 거짓된 신앙을 가진 자들이기 때문이며

둘째 하나님은 우리를 사랑하지 않는 것이고, 그의 권능은 다 거짓이기 때문이며

셋째 성도가 하는 헌금이나 봉사나 희생이 다 의미가 없기 때문이며

넷째 우리가 의를 위해서 살고, 사랑하면서 사는 것이 다 무의미하기 때문입니다.

그러므로 예수님의 부활은 우리의 믿음의 전부요 그것이 없이는 아무 것도 성립이 안 되는 것입니다.

3. 부활의 능력은 무엇인가?

우리 예수님은 이천 년 전 바로 오늘 이 새벽에 사망의 권세를 이기

시고 부활하셨습니다. 이 부활은 능력으로 나타납니다. 그러면 부활의 능력이 구체적으로 어떻게 나타납니까?

(1) 부활을 믿는 자마다 중생하게 합니다

주님의 부활을 믿는 자마다 '중생하게' 합니다. 다른 말로 하면 현재적으로 영적인 부활이 일어납니다. 주님의 재림 때에는 실제적 부활이 일어납니다. 이처럼 주님의 부활은 능력이 있습니다. 주님을 믿게 되고, 고백하게 되고 영접하게 되고 거듭나게 합니다.

(2) 놀라운 변화

부활의 신앙을 가지면 '놀라운 변화'를 가져옵니다. 바울의 경우가 가장 좋은 예입니다.

(3) 삶의 의미 발견

부활의 신앙을 가지면 '삶의 의미'를 발견하게 됩니다. 저의 경우가 그 예입니다. 저는 본래 허무주의자였습니다. 6.25때 의미 없이 고생하는 것을 비관하여 자살하려고도 했습니다. 그러나 예수를 믿고 거기에 의미가 있다는 것을 깨닫고 비록 부족한 자이지만 주님을 위해서 일생을 바치기로 서원했던 것입니다.

(4) 하나님의 사명자

부활의 신앙을 가지게 될 때에 '하나님의 사명자'가 되어 하나님께 쓰임 받게 됩니다.

맺는말

이제 우리가 참으로 부활 신앙을 가지고 있다면 재림 신앙을 가지고 하나님 앞에서의 생활을 해야 합니다. 가는 곳마다 빛과 소금이 되어 삶의 참 의미에 대한 증거자로 살 수 있기를 축원합니다.

"사망아 너의 이기는 것이 어디 있느냐? 사망아 너의 쏘는 것이 어디 있느냐? 사망의 쏘는 것은 죄요, 죄의 권능은 율법이라. 우리 주 예수 그리스도로 말미암아 우리에게 이김을 주시는 하나님께 감사하노라"(고 전15:55-57). 그러므로 날마다 담대하고, 기쁨으로 부활의 증인된 삶을 살 수 있기를 축원합니다.

모세의 실패에서 배우자

(출2:11-22)

위대한 모세도 실패를 했다는 점을 우리는 기억해야 합니다. 우리는 때때로 나 혼자만 실패자라고 생각하지 마시기 바랍니다. 여기서 모세의 실패에 대하여 다음과 같이 분석해 봅니다.

(1) 모세는 왜 실패했는가?

(2) 모세는 어떻게 그 실패를 성공으로 만들었는가?

1. 모세는 왜 실패했습니까?

（1）감정의 노예가 되었기 때문입니다.

모세는 민족애가 있었으나 그것은 감정적 민족주의였습니다. 다시 말해서 그것이 어떤 결과를 가져올 것이라는 깊은 생각을 하지 않고, 자기 생각대로 행하였기 때문에 결국 애굽인을 죽이는 살인자가 되고 만 것입니다. 인간에게는 누구에게나 지·정·의가 있습니다. 정만 따라 살면 우리는 큰일을 못합니다. 지를 중심으로 살면 결국 역사의 참여자가 아닌 방관자가 되기 쉽습니다. 그러므로 지정의의 전인격 안에서 생각하고 결정해야 합니다.

（2）하나님을 보지 않고 사람들만 본 실수

하나님은 보지 않고, 주변의 사람들만 보았기 때문입니다. 이처럼 우리가 무엇을 보느냐는 대단히 중요합니다. 주변만 보면 결국 인본주가 되고 맙니다. 그러나 우리 성도들은 신본주의자들이 되어야 하는데 그러려면 항상 위를 보고 하나님 눈치 보며 살아야지 사람 눈치 보고 살면 안 됩니다. 왜냐하면 우리는 주님의 손 안에 있는 존재들이기 때문입니다.

(3) 모세가 실패했던 것은 기도하지 않았기 때문입니다.

아담이 실패한 것도 기도하지 않았기 때문이고, 엘리 제사장이 실패한 것도 기도하지 않았기 때문이고, 이스라엘 백성들이 아이 성에서 실패한 것도 기도하지 않았기 때문이고, 예수님의 제자들이 주님을 배신하게 된 것도 기도하지 않았기 때문입니다. 그러므로 기도하지 않으면 확실한 것은 항상 실패한다는 점을 잊지 않기를 바랍니다.

2. 모세는 어떻게 그의 실패를 성공으로 만들어 냈는가?

한 마디로 해서 '실패를 역동적 에너지로 승화'시켰기 때문입니다. 사실 실패는 과정이기 때문에 별것이 아닙니다. 오히려 가장 위대한 선생입니다. 문제는 거기서 상심하고, 또 배우지 않고, 포기하거나 다시 도전하지 않기 때문에 큰 문제가 됩니다.

(1) 심리적 부작용을 극소화

모세는 그가 실패했을 때, 그 '심리적 부작용을 극소화'할 수 있었습니다. 그는 먼저 실패의 현장을 피하는 방법을 취했고 나중에 후회 없이, 인생의 밑바닥에까지 내려갔습니다. 여기서 그는 승리의 보증수표인 겸손의 사람이 되었습니다. 실패는 그 자체보다 심리적 영향이 더 무섭습니다. 마음의 상처가 너무도 크기 때문입니다. 심지어 어떤 사람은 자살까지 합니다. 아니 위대한 성공자들은 다 실패의 과정을 통과한 사람들입니다.

(2) 실패를 과정으로 받아들이는 자세

모세는 그의 실패를 결론으로 생각지 않고 다만 과정으로 받아들였다. 그래서 그의 실패는 역동적 에너지로 승화된 것입니다.

(예화) 레이커스(LA의 농구팀)의 필 잭슨 감독의 승리의 비결은 하프 타임의 사용과 삼각전법의 개발에 있습니다.

(3) 이미 되어 있는 것은 그대로 받아들인다.

이미 되어 있는 것은 time machine이 없는 한 어쩔 수 없는 것입니다. 그것을 슬퍼하고 후회하는 것은 시간의 낭비일 뿐입니다. 그러나 우리는 한탄하고, 후회하고, 그랬을 걸, 저랬을 걸 하고 괴로워합니다.

(예화) 골프에서 가장 어려운 것은 보기(bogy)를 했을 때의 자책감이라고 합니다. 그것을 잊어야 합니다. 그렇습니다. 이미 일어난 것은 돌이킬 수 없는 것이기 때문에 그냥 잊어야 합니다.

(4) 모세는 실패를 연결시키는 연결고리를 끊었습니다.

지진이 있은 후에는 여진이 있고, 파도가 있은 후에는 또 다른 파도가 밀려옵니다. 그것이 더 위험하다고 합니다. 실패가 문제가 되는 것은 그 꼬리가 깁니다. 그 연결고리는 또 다른 실패를 가지고 옵니다

어떻게 그 연결고리를 끊는가? 회개의 기도와 더욱 주님을 의지하는 믿음뿐입니다.

(5) 하나님을 만남은 승리의 길

결론적으로 모세는 하나님을 만남으로 실패자에서 위대한 승리자가 되었습니다. 인간에게 가장 중요한 것은 만남입니다. 바른 만남을 통해서 행복해지고, 성공하게 되고, 승리자가 됩니다. 우리가 하나님을 만난 것을 감사해야 합니다. 기뻐하시기 바랍니다.

요 15:16절. "너희가 나를 택한 것이 아니요 내가 너희를 택하여 세

왔나니." 그러므로 우리는 반드시 승리자가 될 것을 믿기 바랍니다. 사람들의 평가나 나의 판단이 중요한 것이 아니고, 하나님의 결론이 중요한 것입니다. 하나님의 심판이 중요한 것입니다. 그러므로 하나님이 우리를 택하여 세웠나니 그가 함께 하실 것이고. 그가 인도하실 것이고, 그가 축복하여 우리는 반드시 승리하게 될 것입니다. 그것을 믿고 그것을 확신하시기 바랍니다. 만사는 믿는 대로 됩니다. 아멘.

바른 관계의 회복

(시23:1-6: 여의도 순복음교회 부흥회 셋째 날)

　인간은 관계적 존재이기 때문에 ① 부모와의 관계 속에서 태어나서 ② 가족과 사회와의 관계 속에서 살다가 ③ 자녀와 사회와의 관계 속에서 가야 하는 관계적 존재입니다. 따라서 세상에는 모든 것이 관계없는 것이 없습니다. 다만 사람마다 관계의 범위가 다 다를 뿐입니다 어떤 사람은 자기만 생각하며 자기만을 위하여 살다가 죽는 '소라적 관계'가 있고, 또 어떤 사람은 자기뿐만 아니라 가족과 교회와 사회를 위해서 사는 '섬김의 관계'가 있고, 또 어떤 사람은 인류를 가슴에 품고 그들을 사랑하며 희생하는 '꼭 필요한 관계'도 있습니다. 따라서 '사람의 그릇이란' 그가 어떤 범위에서 어떤 관심을 가지고 살았는가에 따라 결정됩니다. 바라기는 저와 여러분들이 하나님께 크게 쓰임 받는 인생이 되기를 축원합니다.

1. 현대의 특징이 무엇일까요?

　저는 현대의 특징은 한 마디로 말해서 '부족함'에 있다고 봅니다. 오늘 본문에서는 부족함이 '없으리로다.'라고 했으나 실제로는 부족함이 많은 것이 현대의 특징입니다. 지구 전체 77억의 인구 중에서 10억 이상이 절대 빈곤층에 속해 있습니다. 식량부족, 자원부족, 에너지 부족이 심각합니다.

(예화) 모잠비크에서 본 것 : 우리의 6.25때와 같은 수준. 하루에 두
　　　끼, 맨발로 살다가 발가락이 네 개인 사람이 많음.
(예화) 엘리옷(d. 1965의 '황무지(Waste Land')에서 말한 것: "가득 찬
　　　세상이요 텅 빈 세상"(미움, 거짓, 음란, 다툼, 우상숭배, 탐욕 등이
　　　가득 찬 세상이고 사랑, 믿음, 소망, 정직,
정결 등이 텅 빈 나라)

2. 왜 부족함이 많을까요?

왜 성경에는 부족함이 없으리로다고 했는데 현실은 정반대일까요?

(1) 소수의 부자들이 부를 독점함 때문

첫째로 소수의 나라와 소수의 사람들의 '부의 독점함'으로 인해서입니
다. 최근 우리나라가 쓰고 있는 중동산 두바이유의 석유 값이 많이 오
르고 있습니다. 지금 세계의 석유의 반 정도를 미국이 사용하고 있습니
다. 식량도 미국과 캐나다가 세계 식량 시장을 지배하고 있습니다. 그
렇기 때문에 다른 나라에 사는 사람들은 항상 부족한 것입니다. 그러므
로 부의 분배와 제도가 바로 되어야 합니다.

(2) 인간들의 근시적 접근 때문

둘째로 인간들의 '근시적 접근' 때문입니다. 우선 눈에 보이는 것을
위해서 개발한다는 핑계로 환경을 파괴하여 사막이 확장되고, 또 토지
가 산성화되고 있기 때문입니다. 일종의 빨리빨리 철학입니다. 세계적
밀림지역인 브라질에서는 매일 밀림을 불 지르고 있습니다. 그 케이스
가 매일 30건이 넘어 결국은 언젠가는 밀림 지역이 없어질 형편입니다.
북한이 산에 옥수수를 심는다고 산의 모든 나무들을 다 없애서 산은 벌
거숭이가 되고, 여름이면 홍수가 나고, 그렇다고 옥수수도 제대로 심지
못하여 식량난까지 심해지고 있습니다. 다 근시안적인 접근 때문입니다

(3) 거짓 종교 때문

셋째로 거짓 종교로 인해서(엔 슈알라 : '우리의 가난은 알라의 뜻입니다') 사람들의 사고방식이 세뇌당하고 있기 때문입니다. 물론 역사를 섭리하는 것은 하나님이십니다. 그러나 하나님은 인간을 통해서 역사하십니다. 그러므로 모든 것을 운명으로 돌리는 것은 하나님의 뜻이 아니고, 사탄의 역사입니다.

(4) 잘 관리하지 못한 때문

넷째로 우리 인간이 잘 관리하라고 하나님이 주신 지구를 병들게 만들고 있기 때문입니다. 창 1:28절의 말씀처럼 생육하고 번성하여 땅에 충만하라 땅을 관리하라고 했는데 착취하고 정복하고 있기 때문입니다

(5) 바른 인간 관계가 깨어졌기 때문

다섯째로 가장 근본적인 원인은 모든 바른 관계가 깨어졌기 때문입니다. 인간은 두 가지의 관계 속에서 삽니다. 첫째는 위로는 하나님과의 종적 관계이고, 둘째 아래로는 사람들과의 횡적 관계 속에서 사는 것입니다. 이 두 가지 관계가 바로 될 때 더하기(plus)가 됩니다. 십자가는 더하기의 표시입니다. 그러나 많은 사람들은 대인관계만을 생각합니다. 그것은 빼기(minus)입니다. 성경의 요약은 십계명인데 그 내용을 보면 1~4계명은 하나님과의 바른 관계를 가지는 비결이고, 5~10계명은 사람들과의 관계를 바로 갖는 비결입니다. 이 관계를 바로 할 때 인간은 행복해지고 성공하고, 하나님의 축복을 받습니다.

3. 왜 부족함이 없는 것이 축복인가요?

성경에 보면(요10:10절) "인자의 온 목적은 양으로 생명을 얻게 하고, (더 풍성히 얻게 하려는 것)"이라고 했습니다. 그런데 본문에서는 '부족함이 없으리로다.'라고 했습니다. '더 풍성'이란 말은 믿기 이전과의 비교적

표현입니다. 죄로 인해 하나님이 주신 것을 다 상실한 것을 예수 그리스도를 통해서 '다시 회복'하게 된다는 뜻입니다. 사실 무조건적인 풍성함은 저주가 될 수도 있습니다. 돈 관리하는 법은 안 가르치고 유산만 많이 물려주는 것은 자식에게 저주가 되기 때문입니다

현대의 병중에 가장 무서운 병이 '비만증'입니다. 만병의 원이이 되기 때문입니다. 왜 비만증이 옵니까? 근본 원인은 칼로리의 과다로 인해서 온 것입니다. 먹는 본능의 쾌락 때문에, 필요 이상으로 너무 많이 먹습니다. 또 에너지의 사용이 부족해서 생겨지는 현상입니다. 에너지만큼 일을 해야지요.

그러면 왜 본문에서는 부족함이 없다는 것이 축복으로 묘사되었을까요? 우리 생각으로는 풍성케 하리로다 했으면 더 좋을 것 같은데. 교회에서 예산을 짤 때 가장 원하는 것은 수입과 지출이 제로가 되는 것입니다. 즉 수입과 지출이 맞는 것, 수지가 맞는 것입니다. 남으면 일을 적게 한 것이고, 재정이 모자라면 교인들이 경제적 사정이 나빠졌거나 아니면 믿음이 부족해서 십일조 생활을 안 하기 때문입니다. 그러므로 최고의 복은 부족함이 없는데 있습니다.

4. 부족함이 없으려면

한마디로 해서 '바른 관계가 회복' 되어야 합니다.

"여호와는 나의 목자시니 내가 부족함이 없으리로다" 다시 말해서 여호와를 나의 목자로 삼고 있는 한 부족함이 없으리로다 했습니다. 무슨 말입니까?

첫째는 하나님과의 관계가 바로 회복되어야 부족함이 없을 것이라고 했습니다. 즉 목자와 양의 관계로 회복되어야 합니다. 둘째는 이웃과의 바른 관계가 회복되어야 합니다. 먼저 부모와의 관계, 다음은 부부간의

관계, 친구들과의 관계가 회복되어야 합니다. 지금 우리 사회의 가장 큰 문제는 모든 관계가 뒤틀리고, 잘못된 데 있습니다.

　그런데 부족함을 해결하는 그 해답이 1절에 나옵니다. 오늘 본문 1절은 이렇게 번역할 수 있습니다. '여호와를 목자로 삼고 있는 한 나는 내가 필요한 모든 것을 다 가지고 있습니다.'(As long as the Lord is my shepherd, I have everything I need). 또는 이렇게도 번역이 가능합니다. Because the Lord is my shepherd, I have everything I need. 다시 말하면 본문은 관계개념입니다. 하나님과 우리의 관계가 목자와 양의 관계가 유지되고 있는 한 우리는 우리가 필요로 하는 모든 것을 다 가진다는 말씀입니다.

　인간에게 가장 중요한 것 중의 하나가 바로 '관계'라는 말입니다. 이 관계를 바로 가질 때 우리는 성공합니다. 그래서 십계명도 1~4계명까지는 하나님과의 관계를 바로 가지는 비결을, 5~10계명은 사람들과의 관계를 바로 가지는 비결을 말씀하고 있습니다. 그래서 바르트는 태초에 말씀이 계시니라는 말 대신에 태초에 관계가 계시니라고 했습니다. 문제는 하나님께서 우리에게 부족함이 없도록 창조하셨는데 우리의 욕심과 죄악으로 인해 모든 것이 뒤틀리고 부족하게 되었다는 말씀입니다

　(예화) 여러 해 전에 히브리 대학으로부터 초청을 받아서 6개월 객원교수로 예루살렘에 가 있은 적이 있습니다. 그때 감람산에 아파트를 얻고 아내와 함께 지냈습니다. 그동안 여러 곳을 방문하면서 구경할 수 있는 기회가 있었습니다. 시편 23편의 배경이 되는 사망의 음침한 골짜기를 가보았습니다. 대낮인데도 깎아지른 듯한 절벽이 있고, 그 틈에서 양들이 풀을 뜯고 있었습니다. 멀리 보니 목자가 망을 보고 있었습니다. 재미있는 사실은 우리들의 정체성을 양이라고 표현한 점입니다. 양이란

말은 성경에 750번이나 많이 나옵니다. 그런데 이 양들에게
는 네 가지의 특징이 있었습니다.

(1) 양은 무지함

양은 '무지'합니다. 독초를 구별 못합니다. 썩은 물도 구별 못합니다.
자기의 정체성은 물론 어떤 양은 주인도 구별 못할 때가 있습니다.

(2) 양은 무능함

양은 '무능'합니다. 양은 자기를 방어하는 무기가 없습니다. 모든 동
물은 다 자기를 방어하는 무기가 있습니다. 이빨, 발톱, 뿔 같은 무기를
가지고 있거나 아니면 냄새나, 보호색을 가지고 있거나 아니면 빠른 발,
독, 꾀 등이 있으나 양은 목자 없이는 스스로를 보호하며 살 수 없게 되
어 있습니다. 또 양은 넘어지면 몸이 둔해서 혼자 일어나지를 못합니다.
그래서 목자가 가서 일으켜 주어야 합니다. 양에게 제일 무서운 동물은
이리떼와 뱀입니다. 누가 이 양을 지켜줍니까? 바로 목자입니다

(3) 방향 감각 없음

양은 '방향 감각'이 없습니다. 자기 집을 찾아가지 못합니다. 그래서
누군가가 인도해 주어야 합니다. 그래서 양은 목자 없이는 혼자 살 수
없는 동물인데 우리도 마찬가지입니다. 목자 되신 주님 없이는 항상 부
족하고, 맹수들의 밥이 되고, 물에 빠지고, 돌에 걸려 넘어지는 것입니
다. 그래서 성경은 여호와를 목자로 삼고 있는 한 부족함이 없다고 한
것입니다

(4) 식곤증이 심함

양은 '식곤증'이 심해서 풀을 뜯어먹고는 그늘진 곳에서 잠을 자면 해
가 비칠 때에도 그냥 잡니다. 마치 아이 피곤해 하는 듯 쿨쿨 잡니다.
그때는 염소를 풀어서 깨우고 그늘진 곳으로 몰고 가게 합니다. 양은

운동 부족으로 뚱뚱하여 잘 걷지를 못합니다.

5. 부족함이 없으리로다 하신 말씀

부족함이 없으리로다. 내가 필요한 모든 것을 가졌다고 했는데 그 구체적 내용은 무엇일까요? 오늘 본문에 보면 크게 다섯 가지로 말씀하고 있습니다.

첫째로 '인도'해 주십니다. 2절에 보면 우리를 안식하게 하시고, 우리를 인도해 주신다고 했습니다. 양은 방향 감각이 없기 때문에 길을 잘 잊어버립니다. 심지어 제집(우리)도 찾지 못합니다. 목자가 앞에 가서 인도하는 이유도 바로 여기에 있습니다. 본문에는 목자로 삼는다는 말은 그의 인도하심을 받는다는 뜻입니다. 우리나라와는 달리 팔레스틴에 가면 사막이 많습니다. 여기서 푸른 초장과 쉴만한 물가를 찾는다는 것은 정말 어렵습니다. 그래서 양에게는 절대적으로 목자가 필요합니다.

제가 군에 있을 때에 부대의 환자들을 위해서 양을 먹이는 임무를 맡은 적이 있었습니다. 그런데 그때에 발견한 것은 양은 방향감각이 전혀 없다는 것이었습니다. 인간은 자기의 이익만을 추구하기 쉽습니다. 그러나 대부분 자기의 이익추구는 사실은 해가 되는 경우가 더 많습니다. 그러므로 주님은 "먼저 그의 나라와 그의 의를 구하라"(마6:33)고 했습니다. 그의 나라를 구하는 것이 무엇입니까? 그것은 천국의 시민권을 구하는 것을 말합니다. 왜 그렇습니까? 제가 미국에서 목회하면서 보니까 시민권을 얻기 위해서 가정교사까지 두는 것을 보았습니다. 왜 그럴까요? 미국 시민이 되면 시민으로서 누리는 혜택이 있기 때문입니다.

둘째로 '소성'케 해주십니다. 3절에 보면 우리의 영혼을 소생시켜주신
다고 했습니다. 이 세상은 광야이기 때문에 피곤해지기 쉽고
짜증이 날 때가 많습니다. 더구나 해외에 살아 보면 소수민족
으로 가지는 애환이 많습니다. 그래서 이민교회에서는 짜증내
는 일이 많고, 그래서 잘 싸웁니다. 영혼들이 메말랐기 때문입
니다. 그런데 국내에 와서 목회를 해보니 여기도 별 차이가 없
는 것을 발견했습니다. 그런데 주님을 목자로 삼으면 우리의
병든 몸도 고쳐주시고, 또 피곤해진 우리의 영혼을 소생시켜주
십니다. WHO에서 건강을 4가지로 정의했습니다.

① physical wellbing state, 육체적인 건강상태,

② mental wellbing state, 정신적인 건강상태,

③ social wellbing state, 사회적인 건강상태,

④ spiritual wellbing state, 영적인 건강상태가 좋은 것이
라고 했습니다. 우리는 건강이라고 하면 육체적인 것만 생
각합니다. 아닙니다. 정신적인 것과 사회적인 것과 가장 중
요한 것은 영적으로도 건강해야 참 건강입니다. 재미있는
것은 건강을 wellbing이란 말로 표현한 점입니다.
wellbing의 반대말은 ill-being입니다. 지금 보면 모든 것
이 병들었습니다. 그것을 누가 회복시켜줍니까? 우리의 목
자가 되신 야훼께서 회복시켜준다고 했습니다.

셋째로 '보호'하여 주십니다. 4절에 보면 우리가 사망의 음침한 곳에
있을지라도 우리와 함께 하시며 보호하여 주신다고 했습니다.
고대 팔레스틴에는 이리가 들에서 양을 습격하는 경우가 많습
니다. 더 심한 경우는 사자나 곰이 습격하여 목자가 거의 손을
쓸 수가 없을 때도 있습니다. 그런데 삼상 17:34-35절에 보면

다윗은 양떼들을 지킬 때 곰이나 사자를 물리치고 보호했다고 했습니다. 지금 우리의 목자는 다윗보다 더 위대하시고, 능력이 많으신 야훼이십니다. 그러면 하나님께서 어떻게 우리를 보호합니까? 시편 17:8절에 보면 "나를 눈동자같이 지키시고, 주의 날개 그늘 아래 감추사."라고 했습니다.

(예화) 눈을 보호하기 위해서 겉눈썹, 속눈썹, 눈꺼풀, 눈물샘 주머니, 눈동자, 손과 발로 보호.

세상에서는 아내가 함께 하고, 남편이 함께 하고, 자식이 함께 하는 것이 큰 위로가 됩니다. 그러나 그들은 언제나 함께 하지는 않습니다. 감옥에 갈 때도 함께 못하고, 대수술을 받을 때도 함께 하지 못합니다. 여러해 전에 제가 코 수술을 받은 적이 있었는데 누워서 여러 개의 문을 통과하는데 얼마나 무서운지요. 더구나 우리가 죽을 때는 언제나 혼자 가야 합니다. 그러나 중요한 것은 주님이 언제나 우리와 함께하십니다. 마 28:20절에서는 "볼지어다. 내가 세상 끝 날까지 항상 너희와 함께 있으리라"고 약속했습니다. 그냥 함께하시는 것이 아닙니다. 지팡이와 막대기로 안위해 주십니다. 여기서 지팡이는 모세에게 들려주셨던 능력의 지팡이를 의미하고, 막대기는 잘못 했을 때 징계하는 나무막대기를 말합니다. 우리는 어려운 일을 당할 때나 심지어 잘못을 범할 때에도 주님은 지팡이와 막대기로 우리들을 안위해 주십니다. 그래서 마침내 승리케 하여 주십니다.

넷째로 목자 되신 하나님께서는 '내 잔이 넘치게' 채워주십니다. 5절에 보면 우리들에게 상을 베풀어주시고, 잔이 넘치게 채워주시고 부어주신다고 했습니다. 이 잔치의 비유는 신약성경에 보면 많이 나옵니다. 천국에 갈 때에도 '어린양의 혼인잔치'로 비유하고 있습니다.

그것도 놀라운 것은 원수의 목전에서 잔치를 베풀어 주신다고 했습니다. 그 구체적 예가 누가복음 16:19절 이하에 나옵니다. 그 부자와 나사로의 이야기는 이런 것입니다. 나사로는 이 세상에서 살 때에 부자의 상에서 떨어지는 부스러기로 먹고 살았다고 하였습니다. 그러나 죽은 뒤에는 그 신분이 뒤집어졌습니다. 나사로는 천사들에게 들어 올림을 받아 아브라함의 품에 안겼고, 부자는 음부에서 고통을 받았다고 했습니다. 왜 하필이면 원수의 목전에서 상을 베풀어 주는 것일까요? 그것은 이 땅에서의 한을 풀어주기 위해서입니다.

우리 한국 사람들은 한이 많은 민족입니다. 외국의 침략을 많이 받았고, 권력자들에게서 눌림을 많이 받았기 때문입니다. 그래서 한 타령이 많습니다. 우리나라의 판소리가 한의 음악입니다. 심지어 우리의 민요에도 그런 것을 볼 수 있습니다.

(예화) 한국의 민요인 아리랑, 아리랑이 우리 민족 최초의 찬송가인 것을 아십니까?

아리랑('올'이란 말은 수많은 생명을 낳는 모체, 근원의 하나님을 뜻합니다. 씨알 등. 그런데 하나님은 보통 알이 아니라 큰 알, 그래서 한(관형사)＋알＝한알님＝하나님), 히브리어로 하나님을 엘(El), 아람어로는 알라(allah)도 바로 이 알이란 말에서 파생한 것입니다. '이랑'이란 말은 with(함께)란 말입니다. 고개란 말은 동방의 산악지대인(파미르 고원)을 넘어 알타이 산맥을 넘어갔다는 뜻입니다. 그러므로 아리랑은 "하나님과 함께, 하나님과 함께 하나님이요, 하나님과 함께 고개를 넘어 간다"고 해석할 수가 있습니다. 이것을 보면 하나님 중심사상, 신본주의 정신을 볼 수 있습니다. "십리도 못가서 발병난다"는 말은 악담이나 저주가 아니라 발병이 나서라도 떠나가지 못하고 나의 품으로 되돌아오라는 회귀의 소원이요 사랑의 표현입니다. 성경에 보면 에벨의 혈통으로 셈족 중에서 특별히 선택을 받은 셈족의 종가가 바로 욕단인데 그는 하나님을 아는 백성이었습니다. 그가 빛의 근원이신 하나님을 공경하기 위해서 해를 따라 알이랑 고개를 넘어 이동하다가 백두산과 그 변두리를 근거지로 배달나라('붉'의 땅)에 배달겨레의 조상이 되었습니다.

6. 영원토록 주시는 하나님의 사랑

끝으로 중요한 것은 이런 하나님의 축복은 평생에 '계속해서 따라오면서 주신다'는 것입니다. 언제까지? 하나님의 나라에 갈 때까지 영원토록 주신다는 것입니다. 6절에 보면 "선하심과 인자하심이 정녕 나를 따르리니"라고 했습니다.

영국 사람들의 전통적인 축복의 개념은 마차를 타고 다닐 때 마차에 두 종이 항상 따르며 시중을 드는 것이라고 합니다. 그런데 우리에게도 두 종을 하나님께서 보내주셔서 우리들을 시중들게 하신다고 했습니다. 하나의 종의 이름은 '선하심'이란 종이고, 다른 한 종의 이름은 '인자하심' 즉 사랑이란 종입니다. 그러므로 우리의 목자 되신 주님은 항상 우리들을 선하신 곳과 인자하신 곳으로 인도해주십니다. 참 복이 무엇입니까? 하나님의 선하심과 인자하심이 항상 따라 오는 것입니다. 이런 귀한 축복이 죽는 날까지 따라오기를 축원합니다.

맺는말

오늘 우리는 하나님과의 관계를 바른 관계로 회복시킴을 통해서 나 자신과의 관계가 회복되고, 가족과의 관계가 회복되고, 이웃과의 관계가 회복되고, 부족함이 없는 삶을 살게 되는 비결을 살펴보았습니다. 그 이상 더 필요한 것이 있습니까? 없습니다. 그러므로 중요한 것은 회복의 은총을 받아야 합니다. 하나님과의 관계가 목자와 양의 관계로 회복만 되면 만사 오케이의 복을 받을 줄로 믿습니다. 그래서 정말 꼭 필요한 사람이 되시기를 축원합니다.

복을 주리라

(민수기 6:22-27절)

오늘 해찬들 30주년이 되는 이 날은 아주 중요한 의미를 가지는 해입니다. 성경을 보면 큰일은 30이 되는 해가 되었을 때에 시작한 것을 볼 수 있습니다.

요셉이 애굽의 총리가 된 것이 나이 삼십이 되었을 때였고(창41:46),

다윗이 왕이 된 것도 나이 삼십이 되었을 때였고(삼하5:4),

예수님이 그의 공생애를 시작한 것도 나이 삼십이 되었을 때입니다. 다시 말하면 30이 될 때에는 개인도 회사도 이제는 무엇인가 큰일을 시작할 때라는 말입니다. 제가 바라기는 해찬들이 30주년이 되는 이 해에 하나님의 놀라운 축복을 받아서 큰일을 시작하는 해가 되기를 축원합니다.

1. 복을 받으려면?

인간은 누구나 복 받기를 원합니다. 문에 쓴 구절들(壽福, 立春, 大吉), 여자의 옷 무늬, 목걸이, 토정비결, 사주팔자, 길일을 찾아 이사 가는 것 등은 다 복에 대한 소원 때문입니다. 그러면 어떻게 해야 복을 받습니까?

(1) 복 받을 그릇 준비를

먼저 복 받을 그릇을 준비해야 받습니다. 비가 아무리 많이 와도 그

릇을 엎어놓으면 아무것도 받을 수 없는 것과 같이 하나님의 축복도 그
렇습니다.

그러면 어떻게 그릇을 준비하는가?

(2) 부정적 면에서

1) 먼저 고정관념을 버려야 합니다.

　(예화) Taxi에 대한 개념은 땅에 다니는 것으로 생각합니다만 그러
　　　　나 바다(베니스)와 하늘(Newport) 어디에나 다닙니다.

2) 다음은 부정적 사고를 버려야 합니다.

부정적 사고를 하면 항상 소극적이고 방어적이 되기 때문에 진취적으
로 나아갈 수가 없습니다.

3) 끝으로 불의를 버려야 합니다.

그릇이 더러우면 아무리 좋은 그릇이라도 개 밥그릇밖에 안 됩니다.
그릇은 깨끗해야 좋은 것을 담을 수 있듯이 사람의 마음도 깨끗해야 하
나님께 쓰임 받을 수 있습니다.

(3) 긍정적 면에서

1) 지혜가 있어야 합니다.

지혜가 무엇입니까? 옳고 그른 것을 판단하는 '분별력'을 말합니다.
그러나 좀 더 근본적으로 말하면 '예수 그리스도가 지혜'입니다.

2) 믿음과 기도의 사람이 되어야 합니다.

　(예화) 왜 다윗이 그렇게 성공할 수 있었는가? 그것은 그가 기도와
　　　　믿음의 사람이었기 때문입니다.

3) 개미처럼 성실한 사람이 되어야 합니다.

　(예화) Kruger National Park에서 본 개미의 아파트 Sedona의
　　　　인디안 아파트(13세기, 5층 아파트, 20개의 방). 나는 나의 나이에

비해 많은 일을 했습니다. 왜냐하면 하루를 이틀로 살았기 때문에 남보다 많은 일을 할 수 있었습니다. 한 번 따라 합니다. "남과 같이 해서는 남보다 나을 수 없습니다." 예, 바로 그것입니다.

2. 어떤 복을 받는가?

(1) 보호받는 축복을 받습니다(24절).

"여호와는 네게 복을 주시고 너를 지키시기를 원하며"

지금 이 세상은 항상 위험이 도사리고 있습니다. 그래서 보험제도란 것이 있어서 이것을 이용하여 보험회사가 돈을 법니다.

(2) 은혜의 축복을 받습니다(25절).

"여호와는 그 얼굴을 네게 비추사 은혜 베푸시기를 원하며"

이 세상의 모든 것은 하나님의 은혜를 받아야 됩니다. 구원받는 것도 하나님의 은혜를 받아야 되고, 부자가 되는 것도 하나님의 은혜를 받아야 되고, 이 세상에서 성공하는 것도 하나님의 은혜를 받아야 합니다.

(3) 평강의 축복을 받습니다(26절).

"여호와는 그 얼굴을 네게로 향하여 드사 평강 주시기를 원하며"

사람이 아무리 돈이 많아도 먼저는 마음의 평강이 있어야 하고, 가정의 평강이 있어야 하고, 직장에 평강이 있어야 하고, 그가 사는 나라에 평강이 있어야 행복합니다.

이제 설교를 마치려고 합니다. 금년 들어 해찬들이 30주년이 되는 해를 맞았습니다. 성경적으로 보면 30주년은 바로 큰 역사를 이룰 해입니다. 그런 역사가 벽산 그룹에 이루어지기를 주님의 이름으로 축원합니다.

보게 하시는 하나님

(시119:9-12 '말씀을 가까이 하면')

특별 새벽기도 순서

1. 주제 : 시119:18절 '내 눈을 열어서'
2. 주제 찬송 : 172장
3. 제목 : '보게 하시는 하나님'

1. 나약한 인간을 위하여

사람은 다 나약해서 죄의 유혹에 넘어가고 쓰러지기 쉽다는 것을 기억하시기 바랍니다. 여기 있는 종이처럼(종이를 두 손으로 찢으면서) 약한 것이 인간입니다.

(1) 말씀 안에 사는 삶

그러기 위해서는 하나님의 말씀을 기억해서 그 말씀 안에서 살아야 합니다. 말씀을 가까이 해야 합니다. 사람은 무엇을 가까이 하느냐에 따라 인생의 운명이 결정됩니다. 그래서 '맹모삼천지교(孟母三遷之敎)'라는 말이 있습니다.

(예화) 아버지의 생선 냄새(생선장사를 해서 나는 직업의 냄새) 하나님 말
    씀을 가까이 하면 우리의 행실을 깨끗하게 하여주십니다(9절).
    왜냐하면 하나님의 말씀은 요한복음 17:17절의 말씀처럼 우

리들을 깨끗하게 하여주는 비눗물과 같은 일을 하기 때문입니다. "진리로 거룩하게 하옵소서. 아버지의 말씀은 진리니이다"

(2) 지켜주시는 하나님

범죄치 않도록 우리들을 지켜주시기 때문입니다(11절). 찬송가 399장의 말씀처럼 '우리들을 말씀 위에 굳게 서게' 하여줍니다.

(3) 하나님을 볼 수 있음

하나님을 볼 수가 있습니다. 마 5:8절에 "마음이 청결한 자는 복이 있나니 저희가 하나님을 볼 것임이요"라고 했습니다. 새해에 우리가 하나님을 보는 것은 대단히 중요합니다. 모든 문제가 해결되고, 모든 축복을 받을 수 있기 때문입니다.

2. 어떻게 해야 합니까?

(1) 주의 말씀을 따라 삼갈('주목해서 본다'는 뜻) 것입니다.

주의 말씀을 주목해서 보아야 합니다. 왜냐하면 사탄은 틈을 주면 그 틈으로 들어와 우리의 마음의 안방을 점령하기 때문입니다. 그러려면 하나님의 말씀을 항상 묵상하는 삶을 살아야 합니다.

(2) 전심으로 주를 찾아야 합니다.

골프 치는 프로들을 보면 매번 칠 때마다 루틴으로 하는 것이 있습니다. 먼저 손을 흔들어 보고(waggle), 다음에는 클럽을 잡고 한두 번 백스윙과 어드레스를 합니다. 다시 말하면 우리는 매번 말씀의 중심이 되는 주님을 찾아서 거기서 출발해야 합니다.

(3) 말씀에서 떠나지 말아야 합니다.

그 후에는 주의 계명, 즉 말씀에서 떠나지 말아야 합니다. 마음에 항상 어디서나 간직해야 합니다. 생선은 냉장고에 간직하고, 돈은 은행이나 금고에 간직하고, 아이들은 가정에 간직하고, 말씀은 우리의 가슴에 간직해야 합니다.

그러려면 금년 한 해를 위해 구체적인 결심을 해야 합니다. 매일 성경, 3장씩, 주일에는 5장씩 읽으면 우리는 매년 성경을 일독할 수 있습니다. 매 책을 읽을 때 제가 쓴 「성경 이야기」란 책을 꼭 읽고, 매권의 책을 읽으시면 좀 환하게 보일 것입니다.

(4) 주님이 주신 사명을 기억해야 합니다.

인간은 하나님이 주신 사명을 감당할 때에 행복이 있고, 보람을 느낍니다. 따라서 우리는 항상 사명자로서의 삶을 살아야 합니다.

맺는말

하나님의 말씀을 가까이 하면 복을 받습니다.

그러므로 새벽마다 하나님의 말씀을 묵상하고, 말씀을 가까이 하시기를 바랍니다. 특별히 새해에는 말씀 중심의 삶이 되어 하나님께는 영광, 자신에게는 행복과 보람, 남들에게는 유익을 주는 한 해가 되기를 축원합니다.

벗을 것과 입을 것은?

(골3:5-11)

　　인간의 3대 필수품은 의식주 즉 첫째는 입는 것, 둘째는 먹는 것, 셋째는 잠자는 집. 이 세 가지입니다.

　　오늘 본문을 보면 바울은 우리의 신앙생활을 놀랍게도 벗고 입는 것에 비유해서 말씀하고 있습니다. 이것을 보면 바울은 참으로 위대한 교사였습니다. 그냥 신앙의 생활에 대해서 말하면 알아듣기 힘드니까 이런 비유를 사용하고 있기 때문입니다.

1. 옛 사람을 십자가에 못 박은 사람들

　　신자는 이미 옛 사람을 주님과 함께 십자가에 못 박은 사람들입니다. 그러므로 지체의 악한 욕망, 즉 음란, 부정(더러움), 사욕(악한 욕망), 탐욕을 버리라는 것입니다. 여기서 주목할 것은 "탐욕은 우상숭배니라"고 한 말입니다. 참 안타까운 것은 예수를 믿고 나서도 옛 사람(육신의 정욕대로 사는 경향성)을 버리지 못하는 사람들이 있습니다. 이것을 바울은 육을 따라 사는 사람이라고 했습니다. 무서운 것은 6절에서 "이것들을 인하여 하나님의 진노가 임하느니라"고 심판을 경고한 말씀입니다.

2. 우리의 부끄러운 과거와 새로운 현재(7-8)

　　본문에 보면 바울은 7절의 '전에'라는 말과 8절의 '이제는'이란 말로 두 가지를 대조하고 있습니다. 7절에서 바울은 부끄러운 과거를 "그 가

운데 살 때", "그 가운데서 행하였으나"라고 말했습니다. 그때를 영어성
경에 보면 'used to'란 단어를 사용하고 있는데 그것은 '과거의 관습'을
표현한 말입니다. 8절에는 '이제는(nunni de=But now)'라고 했는데 여
기서 중요한 것은 우리 말 성경에는 없지만 원문에 보면 '그러나'라고
하는 말이 나온다는 점입니다. 과거의 나쁜 습관은 버려야 합니다. 그
것은 옛 사람, 즉 예수 믿기 이전의 사람들이 하던 짓거리입니다. 그러
나 이제는 예수님과 함께 옛 사람은 십자가에 못 박았기 때문에 더 이
상 거기에 머무를 필요가 없습니다. 머물러서도 안 됩니다.

3. 과거의 부끄러운 생활은 어떤 것입니까?

첫째, 분 냄입니다. 화를 잘 내는 것은 옛 사람의 행위입니다. 저는
　　　화를 잘 내는 나쁜 버릇이 있는데 그것은 아직도 옛 사람, 즉
　　　구습을 완전히 버리지 못했다는 뜻입니다.

둘째, 악의(미움을 말합니다)를 버리라는 것입니다.

셋째, 훼방(저도 어렸을 때 남의 호박에 말뚝 박은 일도 있습니다). 이런 것은
　　　다 예수님을 몰랐을 때의 나쁜 습관입니다.

넷째, 입의 부끄러운 말을 버리라는 것입니다. 저도 입의 실수가 많
　　　은 사람이지만 와이당 같은 소리, 음담패설을 하지 말아야 합
　　　니다.

4. 새 사람을 입었으니

10절에 "새 사람을 입었으니" 다시 말해서 그리스도와 함께 새롭게
창조된 새 피조물이 되었기 때문에 우리들은 깨끗한 삶을 살아야 합니
다. 그러면 무엇이 새 사람 된 삶의 원리인가?

(1) 먹든지 마시든지 무엇을 하든지

고전 10:31절 "그런즉 너희가 먹든지 마시든지 무엇을 하든지 다 하

나님의 영광을 위하여 하라'고 한 것처럼 하나님의 영광 중심으로 살아야 합니다.

(2) 모든 사람을 기쁘게 하고

고전 10:33절의 말씀처럼 세 가지 원리로 살면 됩니다. "나와 같이 모든 일에 모든 사람을 '기쁘게 하여' 나의 유익을 구치 아니하고 '많은 사람의 유익을 구하여' 저희로 '구원을 얻게' 하라."

(3) 교회의 유익과 교회의 덕을 세우도록

고전 10:23-24절 "모든 것이 가하나 모든 것이 유익한 것이 아니요, 모든 것이 가하나 모든 것이 덕을 세우는 것이 아니니"라고 하신 말씀처럼 교회의 유익과 교회의 덕을 세우도록 하는 것이 하나님을 기뻐하시게 하는 일입니다.

맺는말

우리는 이미 예수님의 피로 목욕을 한 사람들입니다. 이제는 깨끗함을 입은 사람입니다. 그런데 옛날에 입었던 더러운 옷을 그냥 입으면 다시 더러워집니다. 그러므로 우리는 새 옷을 입어야 합니다. '새 옷'이란 바로 예수님을 말합니다. '새 옷'은 바로 예수님이 주신 '의의 세마포' 옷입니다. 이 옷을 입고 옛 사람의 습관은 버리고, 하나님의 영광을 나타내며 교회의 유익을 위해서 사는 저와 여러분이 되시기를 축원합니다.

말씀의 힘

(시119:25-28)

세상에는 여러 가지 힘이 있습니다.

첫째는 돈이 힘이 됩니다.

둘째는 지식이 힘이 됩니다.

셋째는 권력이 힘이 됩니다.

넷째는 신용이 힘이 됩니다.

다섯째로 그러나 가장 큰 힘은 야훼 하나님이 힘이 됩니다. 시편 18:1 절에 "나의 힘이 되신 야훼여, 내가 주를 사랑하나이다."라고 했습니다.

오늘은 '말씀의 힘'이란 제목으로 말씀을 드리겠습니다.

주의 말씀은 크게 세 가지의 힘이 있다고 했습니다.

(1) 25절에 주의 말씀대로 나를 소성케 해준다는 것입니다.

주의 말씀의 첫 번째 힘은 우리를 소성케 해준다는 것입니다. 우리가 음식을 제 때에 먹지 못하면 그만 탈진할 수가 있습니다. 따라서 영양 가가 있는 음식을 제 때에 먹으면 힘이 회복됩니다. 이처럼 하나님의 말씀은 우리의 심령을 소성케 해줍니다. 그런 역사가 일어나기를 축원 합니다.

(2) 27절에 "나로 주의 법도의 길을 깨닫게 하소서"라고 했습니다.

주의 말씀은 우리를 깨닫게 해주십니다. 무엇을 깨닫게 해줍니까?

첫째, 하나님의 뜻을 깨닫게 해주십니다. 그래서 하나님을 기쁘게 해
　　　드리고, 하나님께 영광을 돌리고, 하나님의 뜻을 이 땅에 이루
　　　게 하여주십니다.

둘째, 구원의 길을 깨닫게 해주십니다. 인간은 하나님께 나아가는 방
　　　법도 모르고, 구원받는 방법도 모릅니다. 율법을 잘 지키면 구
　　　원을 받는다고 착각합니다. 할례를 받으면 구원을 받는다고 착
　　　각합니다. 선하고, 의로우면 된다고 착각합니다. 그러나 예수
　　　님만이 길이요 진리요 생명이십니다. 다른 이로서는 구원을 얻
　　　을 만한 다른 이름을 우리에게 주신 일이 없기 때문입니다.

셋째, 축복의 길을 깨닫게 하여주십니다. 그러므로 깨닫는 은혜가 있
　　　기를 축원합니다.

(3) 28절에 "주의 말씀대로 나를 세우소서"라고 했습니다.

우리는 집을 세우고, 가정을 세우고, 나라를 세우고, 회사를 세우고,
이 세우는 일이 인간의 할 일입니다. 그러나 우리는 세운다고 하면서
허는 일을 합니다. 이것이 어리석은 인생의 하는 일입니다. 그러나 참
으로 세우게 하는 것은 하나님의 말씀이 있어야 합니다. 모래로 집을
지으면 바람이 불고, 비가 오면 금방 무너집니다. 그러나 시멘트가 들
어가면 벽돌이 되고, 집이 되고, 성이 됩니다. 그것이 바로 말씀입니다.
그러므로 새해에는 말씀으로 소성케 되기를 축원합니다. 말씀으로 깨닫
기를 바랍니다. 말씀으로 세우는 일이 일어나기를 축원합니다.

맺는말

금년의 새해는 성공하는 한 해가 되기를 축원합니다.

먼저 탈진하지 말고, 순간, 순간이 소성케 되고, 깨달음의 은혜를 통
해서 하나님의 뜻과 그의 축복을 깨달을 수 있기를 바랍니다. 가장 중

요한 것은 세우는 축복이 있어야 합니다. 자신을 말씀 위에 세우고, 가정을 세우고, 직장을 세우고, 교회를 세우고, **나라를** 세우는 축복이 넘치기를 축원합니다.

맥추절의 현대적 의미

(출34:21-24)

오늘은 맥추절입니다. 구약성경을 보면 하나님께서 3가지 절기에는 반드시 하나님 앞에 나오라고 명령했습니다. 오늘은 맥추감사절의 현대적 의미를 중심으로 함께 은혜를 나누려고 합니다. 맥추절은 칠칠절(출23:16), 초실절(출34:22), 오순절이라고도 불렀습니다.

현대의 가장 큰 비극은 감사를 잊고 사는 것입니다. 요즘은 바이러스에 의한 독감이 많이 유행하고 있습니다. 독감의 종류도 많고, 한번 걸리면 얼마나 오랫동안 고통을 줍니다. 그러나 이것보다 더 무서운 바이러스가 있습니다. 그것은 불평, 불만의 바이러스입니다. 바로 이 불평과 불만의 바이러스에 걸리면 누구나 예외 없이 다 불행에 빠지게 됩니다. 그래서 사회는 점점 각박해져 갑니다.

그래서 우리의 영적 상태를 진단해 보면서 요즈음 유행하는 불만 바이러스를 치유하기 위해서 맥추감사절의 현대적 의미를 살펴보면서 우리의 불만 바이러스에서 치유함을 받아 날마다 감사하는 생활을 할 수 있기를 축원합니다. 오늘은 다섯 가지를 살펴보려고 합니다.

(1) 왜 감사해야 하는가?

(2) 감사란 무엇인가?

(3) 감사의 결과는 무엇인가?

(4) 어떻게 감사할 것인가?

(5) 맥추절의 현대적 의미는 무엇인가?

1. 우리는 왜 감사해야 하는가?

감사해야 할 수많은 이유가 있지만 가장 중요한 것은

(1) 하나님이 우리를 구원하여 주셨기 때문

첫째로 하나님이 우리를 구원하여 주셨기 때문입니다. 이것을 구약에서는 출애굽 사건을 구원의 역사로 말씀하고 있습니다. 사실 구약에서 가장 큰 구원의 사건은 바로 이 출애굽 사건입니다. 신약의 십자가 사건의 모형이요, 그림자요, 예표입니다. 놀라운 것은 민수기 11:4절을 보면 출애굽 당시에 강제 노동에 시달리던 이방인들의 일부도 함께 출애굽에 참여한 것을 볼 수 있습니다.

그래서 사도행전에 보면 "주 예수를 믿으라 그리하면 너와 네 집이 구원을 얻으리라"고 했습니다. 구원은 하나님과의 언약에 기초하기 때문에 가족과 그에게 속한 모든 사람들에게 임하는 것입니다.

왜 우리는 감사해야 하는가? 한마디로 해서 죄의 종이던 우리들을 의의 종으로 삼아주셨기 때문입니다(롬6:17-18). 나 하나뿐 아니라 우리의 온 가족에게 구원하여주셨기 때문입니다.

(2) 감사가 바로 하나님의 뜻이기 때문

둘째 이유는 감사가 바로 하나님의 뜻이기 때문입니다(살전5:18).

"범사에 감사하라. 이는 그리스도 예수 안에서 너희를 향하신 하나님의 뜻이니라."고 했기 때문입니다. 그래서 우리들은 받았기 때문에 감사하기도 하지만 심지어 역경과 환난 속에서도 감사합니다.

(예화) 미국에서 '홀리데이 인'(Holyday Inn)이라면 모를 사람이 없습니다. 값도 싸지만 시설도 좋은 편입니다. 중요한 휴양지에

가면 어디나 홀리데이 인이 있습니다. 홀리데이 인의 주인인 윌리스 존슨은 제재소에서 일하는 노동자였습니다. 그런데 나이 40이 되었을 때에 소장이 너는 해고다 하는 통고를 받았습니다. 낙담이 되고, 무엇을 해야 할지도 모르고 불황기였기 때문에 아무것도 할 수 없을 때였습니다. 그래서 존슨은 건축 기술을 이용해서 헐리데이 인을 여기저기에 지어 돈을 벌기 시작하였습니다. 마침내 5년 만에 수백만 불의 재산을 가진 백만장자가 되었습니다.

(예화) 저는 이런 기도를 한 적이 있습니다. 하나님 왜 저는 좋은 교회, 목회자를 대접할 줄 알고, 순종을 잘하는 교회에서 목회하도록 하지 않고 항상 문제가 있는 교회로 보내주십니까? 그런데 제게 주신 응답은 네 자신이 문제가 많은 목사가 아니냐? 그러니 너에게는 문제가 많은 교회가 맞느니라. 모든 것이 다 갖추어진 좋은 교회가 있지만 그런 교회에는 네가 자격 미달이기 때문에 안 된다라는 응답이었습니다. 혹 여러분들 교회가 마음에 맞지 않다고 생각하는 분들이 있습니까? 교회가 부족하고 모자라기에 저와 여러분들이 이 교회에 교인이 될 수 있고 목사가 될 수 있는 것을 기억하시면서 오히려 저와 함께 감사할 수 있기 바랍니다.

(3) 그리스도 안에서 승리

우리가 하나님께 감사하는 것은 그리스도 안에서 승리와 이김을 주시기 때문입니다.

고전 15:57절에 "우리 주 예수 그리스도로 말미암아 우리에게 이김을 주시는 하나님께 감사하노니" 죽음에 대해서 이기게 하시고, 세상에 대해서 이기게 하시고, 자신을 이기게 하신 것을 감사하는 것입니다.

(4) 하나님은 자비하심

또 우리가 하나님께 감사하는 것은 하나님은 자비하셔서 우리에게 너무도 많은 것을 주셨고, 또 앞으로 더 많은 것을 주실 것을 믿기 때문입니다.

은혜를 주시고 죄를 용서하여 주셨고, 양식을 주시고, 은사를 주시고, 자녀를 주시고, 직업을 주시고, 심지어 병을 고쳐주셨고, 등등.

2. 감사란 무엇입니까?

오늘 우리는 감사를 해야 하는데 그러면 감사란 무엇인가? 감사를 영어로 thank라고 하는데 이 말은 think란 말에서 유래되었다고 합니다. 다시 말하면 '감사란 깊이 생각하는 데서 시작합니다.' 아멘. 하나님께서 내게 주신 것이 무엇인가? 어떻게 하나님은 나를 인도하고 계시는가? 죽을 수밖에 없는 나를 구원하신 것은 무엇 때문인가? 하면서 받은 복을 생각하고 또 앞으로 주실 것을 생각해 보는 데서 감사가 생기는 것입니다. 그래서 하나님의 은혜를 깨닫고, 그의 사랑을 깨달아 보답할 마음이 생겨집니다. 이것이 바로 감사입니다. 이 감사는 성도들이 가져야 할 최고의 미덕입니다.

그러나 감사는 여기서 끝나는 것이 아닙니다. 내게 베풀어준 것들을 생각하면서 그 고마움을 '표현할 때' 이것이 바로 감사입니다. 다시 말하면 표현이 없는 감사는 참 감사가 아닙니다. 감사는 먼저 입으로 표현하고, 다음은 행동으로 표현하고, 물질로 표현하고 섬김으로 표현하는 것입니다. 오늘 우리가 준비한 추수감사 헌금은 바로 감사의 표현입니다. 빈손으로 나오지 않기를 바랍니다.

3. 감사의 결과는 무엇인가?

감사하면 가장 중요한 것이 기적이 일어납니다. 왜 감사할 때에 기적
이 일어날까요? 그것은 '감사는 생명을 충만케 해주는 묘약이기 때문입
니다'. 생명의 풍요로움을 느끼게 해주기 때문입니다. 감사는 우리들의
마음에 여유를 주고, 축복을 받을 그릇을 만들어주기 때문입니다.

스펄존은 이런 시를 썼습니다. "별빛을 주신 하나님께 감사하라. 그리
하면 달빛을 주실 것이요 달빛을 주신 하나님께 감사하라. 그리하면 햇
빛을 주실 것이요 햇빛을 주신 하나님께 감사하라 그리하면 햇빛이 필
요 없는 천국을 주실 것이다"라고.

성경에 보면 감사함으로 일어난 수많은 기적들이 기록되어 있습니다.

(1) 요나의 경우

큰 물고기 속에 들어갔을 때에 감사함으로 고기 뱃속에서 살아나는
기적을 체험했습니다.

(2) 하박국의 경우

포로로 잡혀 갔다가 돌아오니 남은 것이 하나도 없었습니다. 무화가
나무가 무성치 못하며 포도나무에 열매가 없으며 감람나무에 소출이 없
으며 밭에 식물이 없으며 우리에 양이 없으며 외양간에 소가 없었습니
다. 그러나 그럼에도 불구하고 하박국 선지자가 불평하지 않고 감사했
을 때 하나님은 그에게 사슴 발과 같이 높은 곳에 다니는 귀한 축복과
사명을 감당케 했습니다.

(3) 옥중에 바울의 경우

두아디라에서 전도하여 귀신을 쫓아냈으나 점치는 여자로 돈 벌던 주
님이 고발하여 감옥에 들어갔습니다. 그러나 바울이 감사하고 찬송할
때에 지진이 일어나면서 차꼬는 풀리고, 쇠고랑은 끊어지고 간수는 회

개하고 옥문은 열리고, 법관들은 빌립보교회를 시작하는 기적을 일으켰습니다.

4. 감사는 구체적으로 어떻게 해야 하는가?

다른 말로 말하면 감사하는 자의 삶은 어떤 것인가?

(1) 하나님을 찬양하면서 모든 것을 긍정적으로

먼저 위에 계신 하나님을 찬양하면서 모든 것을 긍정적으로 생각하고 삽니다. 왜 긍정적으로 생각합니까? 그것은 하나님은 전능하신 분이시고 우리들을 사랑하시는 것을 믿기 때문입니다. 성경의 생활관은 철저한 긍정주의입니다. 그래서 고후 1:18절에 보면 "하나님은 미쁘시니라…. 예하고 아니라 함이 없노라"고 했습니다.

(예화) 어떤 왕이 꿈을 꾸었습니다. 꿈 내용은 이빨이 하나하나씩 다 빠져나가는 꿈이었습니다. 유명한 해몽자들을 불러서 해석하게 하였습니다. 어떤 해몽자가 해석하기를 친척 하나하나씩 죽고 나중에는 임금하나만 남는다고 해석을 했습니다. 화가 난 임금은 그 해몽자를 죽였습니다. 그러나 나중에 온 해몽자는 집안의 모든 사람보다 더 장수할 길조라고 해몽을 했습니다. 알고 보면 꼭 같은 내용이지만 그러나 한 사람은 부정적으로 해석을 하였고, 다른 한 사람은 긍정적으로 해석을 한 것만 다른 것입니다. 우리가 부정적으로 생각하느냐 아니면 긍정적으로 생각하느냐에 따라 우리의 운명이 변합니다. 성경의 생활관은 철저한 긍정임을 기억하시기 바랍니다.

(2) 참 감사

참 감사는 하나님께 대한 찬양과 기도를 쉬지 않는 것입니다. 기도는 하나님과의 영적인 대화입니다. 사랑은 항상 대화를 요구합니다. 그것이 바로 사랑의 표현이기 때문입니다. 그러므로 쉬지 않고 기도합니다. 무엇이 찬양입니까? 곡조 있는 기도가 바로 찬양입니다. 이 찬양과 기도는 하나님께 대한 우리의 믿음을 나타내는 것입니다. 그래서 우리들은 항상 찬양과 기도를 쉬지 말아야 합니다.

(3) 감사는 남에게 주며 섬기는 삶

감사는 남에게 주며 섬기는 삶을 살아가는 것입니다. 누가복음에 보면 삭개오가 그랬습니다. 소유의 절반을 가난한 자에게 주겠다고 했습니다. 토색한 것이 있으면 사배나 갚겠다고 했습니다. 그때에 주님은 오늘 구원이 이 집에 이르렀다고 했습니다.

다음은 막달라 마리아가 그랬습니다. 죄인인 자신을 구원해주신 주님께 감사의 표현으로 옥합을 깨뜨리고 향유를 부었을 때에 주님은 그녀에게 부활의 주님을 최초로 뵈올 수 있는 축복의 기적을 베풀어주신 것입니다.

남에게 베풀며 살아가는 사람들을 보면 부모에게서 많은 사랑을 받으며 산 사람들입니다. 그러나 부모의 사랑을 받지 못한 사람들은 베풀 줄을 모를 때가 참 많습니다. 왜냐하면 사랑이란 돈처럼 돌고 도는 것이기 때문입니다. 이제 우리도 감사함으로 기적을 만들어갈 수 있기를 축원합니다.

(4) 참 감사는 예물로 하나님께 감사합니다.

고후 9:11-12절에 보면 너그럽게 연보함은 저희는 우리로 말미암아 하나님께 감사하게 하는 것이라고 했습니다. 사실 세상에서 돈을 번다는 것은 얼마나 어렵고 힘이 듭니까? 그러나 그런 수고를 통해서 번 돈을 주여 감사합니다 하고 바치는 것이 바로 감사의 참된 표현입니다.

5. 맥추감사절의 현대적 의미는 무엇인가?

그것은 감사를 잊고 사는 현대인들에게 본래의 자리인 감사의 생활로 들어가게 하고, 참 기쁨과 행복을 회복하여줍니다.

맺는말

기독교는 감사의 종교입니다. 감사는 성도의 표징입니다. 반대로 불만과 불평은 불신자의 표징입니다. 문제는 우리의 은혜를 잊는 건망증이 우리로 하여금 감사를 잊게 하는 장애물이 되고 있습니다. 바라기는 이번 맥추감사주일을 통해서 불평과 원망의 바이러스 병이 치유되고, 감사가 회복되어져서 참으로 기쁨으로 살아가는 우리의 삶이되시기를 축원합니다.

말씀을 가까이 하면

(시119:9-12)

1. 나약해서 죄의 유혹에 넘어가고 쓰러지기 쉽다

사람은 다 나약해서 죄의 유혹에 넘어가고 쓰러지기 쉽다는 것을 기억하시기 바랍니다. 여기 있는 종이처럼 약한 것이 인간입니다.

(1) 말씀 안에서 살아야 합니다

그러기 위해서는 하나님의 말씀을 기억해서 그 말씀 안에서 살아야 합니다. 사람은 무엇을 가까이 하느냐에 따라 인생의 운명이 결정됩니다. 그래서 '맹모삼천지교'란 말이 있습니다.

(예화) 아버지의 생선 냄새(생선도매 장사를 해서 몸에 밴 냄새) 하나님의 말씀을 가까이하면 우리의 행실을 깨끗하게 하여주십니다(9절). 왜냐하면 하나님의 말씀은 요한복음 17:17절의 말씀처럼 우리들을 깨끗하게 하여 주는 일을 하기 때문입니다.

"진리로 거룩하게 하옵소서 아버지의 말씀은 진리니이다".

(2) 범죄치 않도록 우리들을 지켜주시기 때문입니다(11절).

찬송가 399장의 말씀처럼 우리들을 말씀 위에 굳게 서게 하여줍니다.

(3) 하나님을 볼 수가 있습니다.

마 5:8절에 "마음이 청결한 자는 복이 있나니 저희가 하나님을 볼 것이요"라고 했습니다. 새해를 맞아 우리가 하나님을 보는 것은 대단히 중요합니다. 하나님을 만나고 하나님을 보면 모든 문제가 해결되고, 모든 축복을 다 받을 수 있기 때문입니다.

2. 이제 우리는 어떻게 해야 합니까?

(1) 주의 말씀을 따라 삼갈('주목해서 본다'는 뜻) 것입니다.

주의 말씀을 주목해서 보아야 합니다. 왜냐하면 사탄은 틈을 주면 그 틈으로 들어와 우리의 마음의 안방을 점령하기 때문입니다. 그러려면 하나님의 말씀을 항상 묵상하는 삶을 살아야 합니다.

(2) 전심으로 주를 찾아야 합니다.

골프 치는 프로들을 보면 매번 칠 때마다 루틴으로 하는 것이 있습니다. 손을 흔들어보고(waggle), 다음에는 클럽을 잡고 한두 번 백스윙과 그 후에 어드레스를 합니다. 다시 말하면 우리는 매번 말씀의 중심이 되는 주님을 찾아서 거기서 출발해야 합니다.

(3) 그 후에는 주의 계명, 즉 말씀에서 떠나지 말아야 합니다.

마음에 항상 어디서나 간직해야 합니다. 생선은 냉장고에 간직하고, 돈은 은행이나 금고에 간직하고, 아이들은 가정에 간직하고, 말씀은 우리의 가슴에 간직해야 합니다.

그러려면 금년 한 해를 위해 구체적인 결심을 해야 합니다. 매일 성경, 3장씩, 주일에는 5장씩 읽으면 우리는 매년 성경을 일독할 수 있습니다. 매 책을 읽을 때 제가 쓴 「성경 이야기」란 책을 꼭 읽고, 매권의 책을 읽으시면 성경의 뜻이 좀 환하게 보일 것입니다.

(4) 주님이 주신 사명을 기억해야 합니다.

인간은 하나님이 주신 사명을 감당할 때에 행복이 있고, 보람을 느낍니다. 따라서 우리는 항상 사명자로서의 삶을 살아야 합니다.

맺는말

하나님의 말씀을 가까이 하면 모든 사람이 다 복을 받습니다. 그러므로 새벽마다 하나님의 말씀을 묵상하고, 말씀을 가까이 하시기를 바랍니다.

특별히 새해에는 말씀 중심의 삶이 되어 하나님께는 영광, 자신에게는 행복과 보람, 남들에게는 유익을 주는 한 해가 되기를 축원합니다.

만물의 마지막이 가까웠으니 그러므로

(벧전4:7-11)

여러분, 어떻게 할 때 하나님의 축복을 풍성히 받는 한 해가 될까요?

1. 너희가 이 시기를 알거니와

롬 13:11절에 보면 "또한 너희가 이 시기를 알거니와"라고 시기에 관한 말씀이 나옵니다. 사람이 동물들과 다른 것은 시기를 안다는 것입니다. 그러면 과연 지금은 어떤 때, 어떤 시기입니까?

본문은 말씀에서 그 해답을 줍니다.

"만물의 마지막이 가까웠으니", 이것은 주님의 재림의 때가 가까웠다는 것입니다. 행 1:6절에 보면 제자들이 주님에게 질문했습니다. 예수께 묻자와 가로되 주께서 이스라엘 나라를 회복하심이 이때니이까? 이때 주님은 이렇게 대답했습니다. "때와 기한은 아버지께서 자기의 권한에 두셨으니 너희의 알 바 아니요". 다시 말하면 주님의 재림의 시기는 아무도 모른다는 것입니다. 그래서 마 25:13절, "그런즉 깨어 있으라. 너희는 그 날과 그 시를 알지 못하느니라"고 했습니다. 오직 하나님만이 아시는 사항이라고 했습니다.

그러나 하나님은 재림 직전에 여러 가지의 징조를 통해서 우리로 하여금 깨닫게 하고, 알 수 있도록 하신다는 것입니다. 그러므로 우리는 영적으로 깨어 있어야 합니다. 영적으로 깨어 있다는 말은 기도한다는 뜻입니다. 그래서 우리 교회는 오늘 이 예배가 끝난 뒤 제가 3시까지 기도할 것이고 이어서 여러분들이 릴레이식으로 기도하게 될 것입니다. 우리는 그 동안 몇 번에 걸친 기도의 기적을 체험했고 보았습니다. 그러므로 새해에는 기도로 시작하여 기도로 끝나도록 성도들이 주님 안에서 일심 단합할 수 있기를 부탁드립니다.

마태복음 24장에 보면 말세에 대한 4가지의 징조를 말씀하고 있습니다.

첫째는 많은 사람이 예수님의 이름으로 올 것이라고 했습니다.

둘째는 민족이 민족을 나라가 나라를 대적하여 일어나겠다고 했습니다.

셋째는 처처에 기근과 지진이 있으리라고 했습니다.

넷째는 불법이 성하므로 많은 사람의 사랑이 식어지리라"고 했습니다. 그런데 지금 이 징조가 이루어지고 있습니다. 그러므로 우리는 재림하실 주님을 맞을 준비를 해야 하겠습니다.

2. 이 말세에 살고 있는 우리는 어떻게 해야 합니까?

본문에 보면 하나님의 뜻이 기록되어 있습니다. '만물의 마지막이 가까웠으니 그러므로" 다섯 가지를 주님은 부탁하였습니다.

(1) 먼저 정신을 차리라고 했습니다.

왜냐하면 지금 우리가 살고 있는 시대는 정보화의 시대요, 후산업화의 시대이기 때문에 모든 것이 급변하고 있어서 한 눈 팔고 있으면 나도 모르게 시대에 뒤떨어지고, 마침내 시대의 미아가 되고, 사탄의 궤계에 빠지게 될 것이기 때문입니다.

그러므로 우리는 그냥 얼렁뚱땅하면서 살 수가 없습니다. 심각해야 할 시기이기 때문입니다. 파수꾼처럼 모든 일에 민감해야 할 시기이기 때문입니다. 특별히 금년은 한국에서 전쟁이 일어날 수 있는 가장 위험한 시기이기 때문입니다. 이유는 북한이 세계에서 가장 가난한 나라로서 국가적인 파산을 앞두고 있고, 반대로 한국은 가장 심각한 부패로 국가적 방향감을 상실하고 있기 때문입니다.

중국의 조선족 작가가 쓴 「한국은 없다」는 책에 보면 6.25와 같은 전쟁이 일어났을 때에 한국을 반대하는 세력을 도와서 싸우겠다는 말이 기록되어 있습니다. 지금 중국과 소련에 약 3천 명의 탈북자들이 있지만 이들이 21세기의 집시처럼 방황하고 있을 뿐 자유의 국가인 한국에도 가지 못하고 있는 처지입니다.

그래서 내년에는 교회적으로 세 가지의 목표를 두고 가려고 합니다.

첫째는 성경 말씀대로 믿자는 것입니다. 세상의 표준을 따라가다가는 하나님을 잃고 신앙은 형식적으로 되고 말기 때문입니다.

둘째는 주님의 지상명령에 순종하는 것입니다. 하나님의 영광을 나타낼 뿐 아니라 우리 개인이 살고, 교회가 사는 길은 선교밖에는 없기 때문입니다.

셋째는 개혁주의 신앙으로 무장을 하는 것입니다. 이 방향으로 가면 우리는 내적인 성숙과 함께 21세기를 주도해 가는 모범적인 교회가 될 수 있을 것입니다. 그러면 본문이 주는 두 번째 교훈은 무엇입니까?

(2) 근신하여 기도하라고 했습니다.

교회적으로는 물론 개인적으로도 금년도에는 기도 많이 하는 한 해가 될 수 있기를 축원합니다. 우리가 기도하는 것은 크게 두 가지의 이유가 있기 때문입니다.

첫째는 시험에 들지 않기 위해서입니다. 사탄마귀의 유혹이 어느 때

보다 심하기 때문입니다. 사탄은 몇 가지의 술책으로 우리들을 유혹할 것입니다. ① 교만이요, ② 낙심이요, ③ 의심이요, ④ 비교의식이요, ⑤ 오늘 할 일을 내일로 연기하는 것이요, ⑥ 건망증이요, ⑦ 게으름이요, ⑧ 불신이기 때문입니다. 이것을 이길 수 있는 것은 기도밖에는 없습니다.

두 번째 기도하는 목적은 뜻을 이루기 위해서입니다. 내 뜻이 아니라 하나님의 뜻을 이루기 위해서입니다. 그래서 주님은 말씀하셨습니다. "구하라 주실 것이요 찾으라 그러면 찾을 것이요, 문을 두드리라 그러면 너희에게 열릴 것이니 구하는 이마다 얻을 것이요 찾는 이가 찾을 것이요 두드리는 이에게 열릴 것이니라. 너희 중에 누가 아들이 떡을 달라고 하면 돌을 주며 생선을 달라고 하면 뱀을 줄 사람이 있겠느냐? 너희가 악한 자라도 좋은 것으로 자식에게 줄줄 알거든 하물며 하늘에 계신 너희 아버지께서 구하는 자에게 좋은 것으로 주시지 않겠느냐?" 믿고 구하시기 바랍니다. 의심하지 말고, 구하시기 바랍니다.

(3) 열심으로 서로 사랑하라고 했습니다.

놀라운 것은 사랑은 허다한 죄를 덮습니다. 다른 사람의 결함이 눈에 보입니까? 아직 사랑이 부족하기 때문입니다. 부부간에도 사랑할 때에는 결함이 눈에 보이지 않습니다. 심지어 얼굴에 있는 점도 그렇게 매력이 있게 보입니다. 키가 크면 늠름해서 좋고, 작으면 아담해서 좋고, 뚱뚱하면 든든해서 좋고, 날씬하면 예뻐서 좋게 보이는 것입니다. 교인들 가운데서도 남을 비판을 많이 하는 분들이 있는데 이것은 사람이 부족하기 때문입니다. 자신과 일체로 생각하지 않기 때문입니다. 남으로 보기 때문입니다.

(4) 다음은 서로 대접하기를 원망 없이 하라고 했습니다.

당시에는 말씀을 전하는 주의 종들이 순회를 했고, 핍박 때문에 한 곳에 머물 수가 없었습니다. 또 가난한 사람들이 많기 때문에 도와주지 않으면 안 되는 형편이었습니다. 그러나 현재 북한에는 수많은 사람이 굶어 죽어가고 있습니다. 오늘 낮에 디트로이트에 있는 의사이신 박세록 장로님과 통화를 했습니다. 지난달 평양을 방문하고 왔는데 안 가본 것만 못하다고 하면서 그곳의 사정을 설명해 주었습니다. 많은 사람들은 정치적인 이유에서 이념적인 이유에서 이들에 대해서 무관심하지만 우리는 그렇게 할 수가 없습니다. 가장 작은 자 하나에게 한 것이 바로 주님에게 한 것이기 때문입니다. 그래서 금년에는 북한 돕기 운동을 전개하려고 합니다.

예수님은 산상설교에서 황금률을 말씀했는데 이것이 기독교의 핵심입니다. 마 7:12절에 "그러므로 무엇이든지 남에게 대접을 받고자 하는 대로 너희도 남을 대접하라. 이것이 율법이요 선지자니라"

유교의 공자는 은율을 가르쳤습니다. 유대교의 힐렐도 은율을 가르쳤습니다. "네가 싫은 것은 남에게 하지 말라." 물론 이 은율은 소극적인 면도 있지만 더 큰 문제는 기회주의자들의 철학이란 점입니다. 그러므로 새해에는 우리가 받고 싶은 것을 남들에게 먼저 주는 한 해가 되기를 바랍니다. 사랑을 받고 싶으면 먼저 남을 사랑하고, 인정을 받고 싶으면 먼저 남을 인정하고, 인사 받고 싶으면 먼저 남에게 인사 하고, 이처럼 우리가 받고 싶은 것을 주는 한 해가 되면 우리는 참으로 보람 있는 한 해가 될 줄로 믿습니다.

(5) 은사를 받은 대로 선한 청지기 같이 서로 봉사하라고 했습니다.

청지기란 주인의 집과 재산을 관리하는 종을 말합니다. 우리는 관리

자란 뜻입니다.

우리는 다 청지기, 즉 하나님의 관리자입니다. 시간의 관리자요, 재물의 관리자요, 역사의 관리자요, 가정의 관리자요, 교회의 관리자요, 몸의 관리자입니다. 결코 주인이 아닙니다. 그러므로 내 마음대로 하려고 하지 말고, 우리를 이 땅에 보내신 분이신 하나님의 뜻대로 모든 것을 해 나가는 충성된 청지기들이 되기를 축원합니다.

하나님은 우리에게 생명을 주셨고, 시간을 주셨고, 재능을 주셨고, 기회를 주셨고, 환경을 주셔서 주신 것을 활용하기를 원하고 있습니다. 그리고 나서 나중에 계산하시는 분이십니다. 네가 작은 일에 충성하였으니 착하고 충성된 종아, 내가 큰 것으로 네게 맡기리라. 충성하지 않고, 게으른 종들에게는 이 악하고 게으른 종아, 이 무익한 종은 바깥 어두운대로 내어 쫓으라고 하실 것입니다.

3. 새해에 성공적인 삶을 살기 위한 비결은?

(1) 기도하여 시험에 들지 않고, 능력을 받읍시다.

(2) 말씀을 가까이 하여 은혜 받고, 하나님의 뜻을 깨달읍시다.

(3) 우리들에게 주신 사명들을 선한 청지기처럼 충성합시다.

(4) 자녀를 위해 기도하고, 가정을 주님 모시는 가정으로 만듭시다.

(5) 주님의 지상명령을 이루기 위해서 기도로 돕고, 물질로 돕고, 파송으로 이루어 갑시다.

(6) 개인적으로는 밝을 때에 찬송하고, 어두울 때에 기도하고 모일 때에 전도합시다.

이렇게 하여 소망에 찬 한 해가 되어 후손들에게 아름다운 영적 기업을 물려주는 복된 한 해가 되기를 주님의 이름으로 축원합니다.

로마로 가니라

(행28:7-15)

당시 로마는 세계의 중심지이고, 바울 선교의 종착역인 스페인 바로 앞 정거장입니다. 그러므로 바울은 처음부터 로마에 방문하기를 원했습니다.

우리는 로마 교회가 언제 시작되었는지 분명하게는 모릅니다. 그러나 행 2:10절에 보면 베드로가 요한 마가의 다락방에서 120문도들과 함께 기도할 때에 성령을 받은 사람들의 지역 이름이 나오는데 그 중에 하나가 '로마로부터 온 나그네'라고 하였습니다.

아마도 오순절의 성령 체험을 한 사람들이 로마로 돌아가서 세웠을 것으로 믿고 있습니다. 물론 천주교에서는 베드로가 초대 교황으로 시작하여 오늘에 이르렀다고 주장합니다만 성경적 근거도 없고, 역사적 고증도 없습니다.

따라서 바울이 "로마로 가니라"는 말씀은 역사적으로도 그렇고, 선교적인 면에서 대단히 중요한 구절입니다. 그런데 왜 바울이 로마로 가기를 원했을까요?

1. 로마 방문의 목적

바울의 소원은 로마를 방문해서 그의 마지막 소원인 세상의 끝인 스페인에 복음을 전하는 것이었습니다. 로마서 1:10-12절에 바울의 로마

방문의 목적이 잘 기록되어 있습니다. "어떠하든지 이제 하나님의 뜻 안에서 너희에게로 나아갈 좋은 길 얻기를 구하노라. 내가 너희 보기를 심히 원하는 것은 무슨 신령한 은사를 너희에게 나눠 주어 너희를 견고케 하려 함이니, 이는 곧 내가 너희 가운데서 너희와 나의 믿음을 인하여 피차 안위함을 얻으려 함이라."

(1) 신령한 은사를 나누어 주기 위해

신령한 은사를 나누어 주기 위해서라고 하였는데 바울이 말한 신령한 은사는 무엇입니까?

첫째는 복음입니다. 복음은 바로 예수 그리스도요 그의 말씀입니다. 이 복음은 우리들로 하여금 구원에 이르게 한다고 했습니다.

둘째는 이신칭의의 원리입니다. 우리가 하나님 앞에서 의롭다 함을 받는 것은 율법으로 되는 것도 아니고, 선행을 행함으로 되는 것도 아니고, 힘써서 되는 것도 아니고, 오직 믿음으로 말미암아 의롭다 함을 받는다는 것이 바로 신령한 은사인 것입니다.

(2) 안위함을 얻기 위해

피차 안위함을 얻기 위해서라고 하였습니다. 바울은 로마의 성도들과 함께 친교를 통한 위로와 선교를 위한 그들의 협력을 원했던 것입니다. 교회의 5대 사명이 무엇입니까?

첫째는 예배입니다.

둘째는 교육입니다.

셋째는 전도와 선교입니다.

넷째는 구제입니다.

다섯째는 친교입니다. 다시 말하면 친교는 교회의 중요한 사명입니다. 로마시대에 혼자서 몰래 믿을 수 있는데 왜 위험을 무릅쓰고 만났습니까? 그것은 믿는다는 것은 혼자 마음으로 믿고 천국 가는 개인 게임이 아니라 믿으면 믿음의 공동체의 일원이 되고, 주님의 한 몸을 이루기 때문에 서로 교제하고, 서로 협력하고, 주님의 뜻을 이 땅에 이루어 가는 것입니다. 그래서 교회에서의 친교는 대단히 중요한 의미를 가집니다.

제가 '목회는 먹회다'라는 주장을 하는 것은 먹는 것은 교제의 한 형태이기 때문입니다.

(3) 바울의 로마방문의 계획

로마서 15:22-33절에 또 다른 바울의 로마방문의 계획이 기록되어 있습니다. 24절에 "이는 지나가는 길에 너희를 보고 먼저 너희와 교제하여 약간 만족을 받은 후에 너희의 그리로 보내줌을 바람이라"고 했습니다. 28절에는 좀 더 구체적인 목적이 나옵니다. "그러므로 내가 이 일을 마치고, 이 열매를 저희에게 확증한 후에 너희를 지나(잠깐 들렀다가) 서바나로 가리라". 다시 말하면 로마는 종착역이 아니고, 종착역인 스페인으로 가는 정거장이란 것입니다.

그러면 여기서 바울이 말하는 열매는 어떤 열매입니까? 그것은 이방 세계에 복음을 전파하는 것을 말합니다. 그러나 바울은 좀 더 깊은 의미로 말씀하고 있습니다. 그것은 바로 성도들의 영적 성숙을 말합니다. 바울은 바로 성도들의 영적 성숙을 원했던 것입니다.

2. 로마 방문의 이유

바울이 로마를 방문할 때 그는 다른 곳에서와 마찬가지로 선교사로서 사도로서 방문하기를 원했습니다. 그러나 하나님의 섭리는 항상 신비합니다. 바울이 전혀 상상도 못했던 방법으로 로마를 방문케 했던 것입니다. 그것은 죄수의 몸으로 방문케 했습니다. 왜 하나님께서는 바울이 죄수의 몸으로 방문하기를 원했을까요?

(1) 안전을 위해서

당시 바울을 죽이려는 요즈음의 용어를 빌리면 테러리스트들이 많이 있었습니다. 바울이 로마에 절대로 갈 수 없는 환경이었습니다. 그러나 그가 죄수의 몸으로 가게 됨으로 인해서 당시 총독이 어디를 갈 때와 마찬가지의 군대들을 거느리고 가게 되었습니다. 더욱 놀라운 것은 함께 가는 백부장이 바울을 종처럼 도와주고 협력하여 주었습니다. 그래서 바울은 안전하게 로마까지 갈 수 있었습니다. 이 얼마나 놀라운 하나님의 계획이었습니까?

(2) 경제적 이유 때문

둘째로 바울이 죄수의 몸으로 가게 된 것은 경제적 이유 때문이었습니다. 사실 바울은 여러 번 로마로 가려고 계획을 세웠지만 할 수 없었던 이유의 하나는 경제적 문제도 포함되어 있습니다. 그때 로마로 가려면 배 삯을 지불해야 하는데 그것은 바울이 감당할 수 없는 정도였습니다. 그런데 로마의 죄수로 가게 되니 국고 돈으로 가게 되었습니다. 바울은 죄인이었으므로 개인적으로는 돈 한 푼 없이 무료로 가게 된 것입니다. 옛날 유학생들이 미국에 무료로 가는 방법은 고아들이 양자, 양녀로 비행기를 타고 갈 때 아이들을 돌보는 방법이 있었습니다. 저도 그 방법으로 미국에 가려고 했지만 쉽지 않아 하지를 못했습니다. 그러나 바울의 경우는 고아들을 데리고 가는 것이 아니라 총독처럼 군대를 거느리고 갔던 것입니다. 얼마나 경제적입니까?

(3) 하나님의 복음전파를 위해서

셋째로 바울이 죄수의 몸으로 로마에 가게 됨으로 인해서 많은 사람들과의 만남을 가질 수 있었습니다. 바울은 입을 열면 복음이 나오고,

하나님의 음성을 들려주었습니다. 그는 만나는 사람들이 누구든지 항상 하나님의 복음을 전파했습니다. 그런데 바울이 배에 내려서 총독이나 왕이나 그 친척들이나 많은 사람들을 만날 수 있는 기회가 주어졌습니다. 택한 백성들을 구원할 수 있었습니다.

(4) 하나님의 방법을 보여주기 위해서

넷째는 죄수의 몸으로 로마로 감으로 인해서 아주 효과적인 방문이 되었습니다. 따라서 인간의 계획이나 방법은 그것이 아무리 멋지게 보여도 큰 효과가 없습니다. 그러나 하나님의 방법은 아주 시시하게 보이고, 별것 아니게 보여도 항상 효과적입니다.

3. 바울은 로마에 가서 무엇을 하였는가?

우리는 바울이 로마에서 한 일을 다 알 수는 없습니다. 그러나 사도행전 28:30-31절에 아주 짧게 말씀하고 있는 것을 통해서 우리들은 짐작할 수 있습니다.

(1) 2년간 가택연금 당하고

2년 동안 자기 집에 연금되어 있었습니다. 30절에 보면 "바울이 온 이태를 자기 셋집에 유하며"라고 했습니다. 물론 셋집은 바울이 돈을 지불한 것은 아니었습니다. 전하는 바에 의하면 바울은 2년 동안 로마에 연금되어 있은 후에 그의 네 번째 설교를 했다는 것입니다. 물론 사도행전은 중간에서 끝났기 때문에 바울의 네 번째 설교의 기록은 없지만 그러나 그는 놀라운 선교를 하다가 빌립보서에서 볼 수 있듯이 그는 체포된 것으로 생각됩니다.

(2) "자기에게 오는 사람을 다 영접하고"(30절).

물론 바울에게 오는 사람들은 그에게서 생생한 복음의 말씀을 듣기 위해서였습니다. 로마서 16장을 보면 로마교회에는 수많은 바울의 친구들이 있었고, 협력자들이 있었습니다. 그들을 연금기간 동안에 만나서 신령한 은사를 나누어 주었을 것입니다.

(3) "하나님의 나라를 전파하며"(31절).

솔직히 우리들은 자유로운 곳에서도 복음을 전파하지 못하는데 바울은 악조건 속에서 하나님의 나라를 전파하였습니다.

(4) 그리스도에 관해 가르치되 금하는 사람이 없었더라

"주 예수 그리스도에 관한 것을 가르치되 금하는 사람이 없었더라"(31절)고 했습니다. 지금 우리들은 작은 전도나 선교를 해도 장애물이 많아서 거치는 게 많은데 바울은 거침없이 선교를 하였다고 했습니다. 그것은 성령이 함께 하였기 때문입니다.

맺는말

바울이 로마로 가기를 원했던 것은 그곳 성도들을 견고케 해주고, 그 당시 땅의 끝인 스페인에 복음을 전하여 땅 끝까지 복음을 전하라는 지상 명령을 실천하기 위해서였습니다. 그러나 바울이 로마로 간 것은 그가 원하는 방법대로 간 것이 아니라 하나님의 방법대로 죄수의 몸으로 갔습니다. 그 결과 바울은 역사에 남는 위대한 전 세계 선교를 하여 하나님께 영광을 돌렸습니다. 그러므로 우리도 하나님이 인도하심의 길을 따라 하나님의 뜻을 이 땅에 이룩하는 상도가 되시기를 축원합니다.

대접받고자 하는 대로 대접하라

(마7:12)

기독교에는 두 개의 기둥이 있습니다. 하나는 종적 기둥으로 경건 혹은 신앙입니다. 다른 하나는 횡적 기둥으로 윤리, 혹은 신앙생활입니다. 오늘은 횡적 기둥인 기독교 윤리, 즉 어떻게 살아야 할 것인가를 중심으로 2007년의 삶을 시작하면서 함께 은혜를 나누려고 합니다.

본문에 보면 "율법이요 선지자"니 라고 한 것은 바로 성경의 핵심이란 뜻입니다. 이 말씀을 아이삭 왓트는 황금률이라고 불렀습니다. 그 후로는 이 구절을 다 황금률이라고 부르게 되었습니다.

1. 은율과 황금율의 차이점은?

재미있는 사실은 황금률과 함께 은율이란 것이 있습니다. 그런데 이 은율은 부정적 교훈의 형태로 되어 있습니다. 그러나 자기 위주입니다. 반대로 황금률은 타인위주로 되어 있습니다.

한번은 어떤 사람이 샴마이란 랍비를 찾아서 내가 한쪽 발을 들고 있는 동안 유대교가 무엇인지 한 마디로 말해주면 믿겠다고 했습니다. 그러자 샴마이는 화를 내며 그 이방인을 쫓아냈다고 합니다. 그러나 주전 20년경에 살았던 힐렐은 "자신이 당하고 싶지 않은 일을 남에게 강요하지 말라"고 대답했습니다. 그래서 그 이방인은 감동을 받아 믿게 되었다고 합니다. 이 두 가지의 태도에서 우리는 당시 유대교의 두 종파간의 차이점을 볼 수 있습니다. 공자님도 비슷한 말을 했습니다.

황금률은 긍정적인 교훈이란 점에서 은율(남이 싫어하는 것은 하지 말라)의 말씀과는 그 의도와 방향이 정반대로 다릅니다. 사실 은율은 황금률보다 실천하기가 훨씬 쉽습니다. 은율은 때로는 기회주의자의 핑계가 될 때도 있습니다. 그러나 황금률은 기독교의 핵심이요, 우리 생활에 큰 변화를 가져다준다는 점에서 큰 차이가 있습니다.

2. 사회에서 어떻게 황금률을 활용할까?

우리는 세상에서 황금률대로 사업을 해서 성공한 수많은 사람들을 알고 있습니다. 그 중에 하나가 James Cash Pemmey입니다. 그는 1971년 95세에 죽을 때 미국에만 1600개의 백화점 체인을 개설할 만큼 거부가 된 사람입니다. 그는 본래 롱몬트에서 소매상을 시작했으나 실패했습니다. 그러나 황금률의 정신으로 사업을 하면서 서서히 거부가 되었던 것입니다.

(1) 좋은 친구가 되어 주기

사람은 누구나 '좋은 친구'를 얻고 싶어 합니다. 사실 좋은 친구를 얻으면 사업에서도 성공하고, 행복한 관계를 유지할 수 있습니다. 그러므로 내 자신이 먼저 다른 사람의 친구가 되어주면 그 친구를 얻을 수 있습니다.

(2) 필요한 사람으로 인정받기

다른 사람이 나를 필요한 존재로 '인정'해 줄 때 우리는 행복을 느낍니다. 그러므로 다른 사람을 필요한 존재로 인정해주십시오. 인간은 누구나 인정받기를 원하기 때문입니다.

(3) 남이 내게 친절하게 대할 때

남이 나에게 '친절하게' 대할 때 우리는 기분이 좋습니다. 그러므로 남들에게 친절하게 대하면 됩니다. 가족처럼, 대하면 그것이 바로 친절입니다.

(4) 관심을 가져주기

우리는 남들이 나에게 '관심'을 가지는 것을 원합니다. 그러므로 우리가 먼저 남들에게 관심을 가지는 것입니다. 관심은 그 사람의 이름을 기억하는 데서 시작합니다. 관심은 인사하는 데서 옵니다. 그러므로 이런 관심을 가져보면 큰 변화가 오는 것을 볼 수 있습니다.

(5) 흉보다 칭찬 받기

남들이 나를 흉보는 것보다는 '칭찬'하는 것을 좋아합니다. 그러므로 내가 먼저 남들을 칭찬해 보십시오. 솔직히 어떤 때는 칭찬할 것이 없을 때가 있습니다. 그런 때는 격려를 해주면 됩니다. 세상에 격려가 필요 없을 만큼 완전한 사람은 없기 때문입니다.

(6) 이름 기억해 주기

우리는 남들이 내 이름을 '기억하고, 불러 주는 것'을 좋아 합니다. 그러므로 내가 먼저 남들의 이름을 기억하고, 불러주시기 바랍니다. 한국 교회에서는 교인들이 이름을 가장 많이 기억하는 분이 새문안 교회의 강신명 목사님이었습니다. 들리는 말로는 천여 명의 이름을 기억했다고 합니다.

(7) 미소로 대하기

남들이 내게 '미소'를 지을 때 참 기분이 좋습니다. 그러므로 내가 먼저 남들에게 미소를 보냅시다. 밑천 드는 것도 아니지만 상대방을 행복하게 만들어 줍니다. 미국의 대통령 가운데 아이젠하워는 백만 불의 미소를 가진 분으로 알려져 있습니다. 군인 출신이지만 그는 미소로 미국 전체를 사로잡았던 것입니다.

(8) 먼저 인사하기

우리는 남들이 내게 인사를 할 때 기분이 좋습니다. 그러므로 내가 먼저 인사합시다. 유교식으로 어른은 인사를 받는 위치라는 생각을 버리시기 바랍니다. 먼저 인사하는 사람이 승리합니다.

(9) 뇌물 아닌 선물 주기

우리는 남에게서 무엇을 '받을 때' 기분이 좋습니다. 그러므로 우리는 항상 남에게 무엇을 주는 사람이 되기 바랍니다. 너무 많은 것을 주면 그 대가를 바란다고 생각하기 때문에 우리는 부담이 되지 않는 한도 내에서 주는 습관을 가지는 것이 좋습니다. 최근에 문제가 되고 있는 것이 촌지 문제와 뇌물 문제입니다. 그러므로 그런 나쁜 인상을 주지 않고 기쁨을 주는 정도로 주는 사람이 되기를 바랍니다.

3. 황금률을 실천하려면 어떻게 해야 하나?

은율은 실천하기가 그렇게 어렵지 않습니다. 그러나 황금률은 쉽지 않습니다. 그러나 기독교의 본질이 바로 이 황금률에 있기 때문에 우리는 황금률을 훈련할 필요가 있습니다.

(1) 가능한 근본 문제부터 먼저 해결

먼저 '근본적인 것부터 시작'하면 됩니다. 주님이 우리에게 요구하는 것은 불가능한 것을 가능하게 하라는 것이 결코 아닙니다. 가능하기 때문에 말씀하신 것입니다. 가장 중요한 것은(나 중심의 사고방식을 고쳐야) 합니다. 주님 중심의 사고방식을 가지는 것입니다. 그러면 황금률은 불가능한 것이 아니라 가능한 것이 됩니다. 중요한 것은 내가 '거듭나야' 하고. 황금률은 거듭난 사람의 윤리이지 세상 사람들에게 주신 말씀이 아니란 것입니다.

(2) 지나친 소유욕을 버리기

황금률을 실천하려면 내가 가진 것을 내 것으로 생각하지 말아야 합니다. 나는 잠깐 보관하고 있는 '보관자'라고 생각하면 실천할 수가 있습니다. 내 것으로 생각하기 때문에 아까워서 못 주는 것입니다.

(예화) 임마누엘 칸트의 아버지 이야기(폴란드의 숲에서 강도를 만났다. 네가 가진 것을 다 내놓으라. 다 주었지만 나중에 보니 손에 금화가 남아 있었습니다. 그래서 다시 강도에게 가서 의도적이지는 않지만 아까 거짓말을 했다고 하면서 금화를 내놓았다). 강도는 감동이 되어 조금 전에 빼앗은 것을 다 내 놓았다고 합니다.

(3) 황금률을 실천할 때 기도하면 항상 이루어집니다.

(예화) 한번은 어떤 교인이 사사건건 깐죽대는 시누이 때문에 고민이된다고 상담을 했습니다. 그래서 목사는 기도하면 된다고 했습니다. 얼마 후에 그 성도가 또 찾아와서 기도해도 해결이 안된다고 했습니다. 어떻게 기도했느냐고 물으니 시누이의 못 된 마음을 고쳐달라고 기도했다고 했습니다. 왜 그 기도가 응답이 안 되었는지 아십니까? 자기는 변화하지 않고 상대방만 변화되게 해달라고 기도했기 때문입니다. 나는 안 죽고 상대방만 죽으라고 하니 하나님께서 응답을 할 리가 없습니다. 그러므로 기도할 때는 나부터 변화되게 해달라고 기도해야 합니다.

(예화) 1992년도에 미국에서 흑인 폭동이 일어나 한국 상점들이 약 2천 개가 불에 탄 사건이 있었습니다. 오현우 씨가 이 문제를 가지고 「한국이 미국에서 당할 수밖에 없는 이유」라는 책을 발간했습니다. 그는 미국의 volunteer정신이 미국의 기초라고 했습니다. 매년 4천 만이 자원봉사자로 일하고 있는데 미국의 인구비례로 보면 1/7이 자원봉사자입니다. 그런데 한국 사람들은 자원봉사자의 숫자가 너무 미미합니다. 흑인 동네에서 돈을 벌고, 살기는 백인 동네에서 살고, 옛날 백인들이

흑인들을 착취했을 때처럼 하고 있습니다. 그래서 흑인들의 증오심이 극에 달해 있습니다. 그러므로 흑인들이 한국상점을 중심으로 습격하는 것은 당연합니다.

맺는말

우리 중에 마 7:12절의 황금률을 모르는 사람은 아무도 없습니다. 그러나 황금률을 다 실천하는 사람은 없습니다. 그러므로 금년의 새해를 위해 우리 모두가 결심하고 기도해서 황금률의 실천을 통해서 행복해지고, 성공하는 모든 분들이 다 되시기를 축원합니다.

너희 상을 빼앗지 못하게 하라

(골2:16-23)

상급이란 간단히 말하면 일종의 사회적 인정, 국가적 인정을 말합니다. 그래서 우리나라에서는 1900년부터 국민훈장이란 것을 통해서 국민들을 격려하고 사기를 진작시킵니다. 물론 훈장도 지금은 11등급으로 나누어져 있습니다. 무궁화 대훈장, 건국훈장, 국민훈장, 무공훈자 등등이 있습니다. 그러나 그것을 값으로 따지면 몇 만원도 안 됩니다. 지금 우리가 러시아나 과거 공산권 국가에 가면 돈을 조금만 주어도 많은 훈장들을 살 수 있습니다. 그럼에도 불구하고 이런 훈장을 받는 것은 그 사회에서는 하나의 영광이요 기쁨인 것입니다. 그러나 상급은 이 땅에서만 있는 것은 아닙니다. 천국에 가면 거기서도 상급이 있습니다. 오늘은 골 2:18절의 "너희 상을 빼앗지 못하게 하라"는 말씀을 중심으로 함께 은혜를 나누려고 합니다.

1. 상급이란 무엇이며 천국의 상급에는 어떤 것이 있는가?

먼저 성경에서 말하는 상급이란 종말론적 의미를 가집니다. 왜냐하면 고후 5:10절에 "우리가 다 반드시 그리스도의 심판대 앞에 드러나 각각 선악 간에 그 몸으로 행한 것을 따라 받으려 함이라"고 했습니다.

(1) 가장 큰 상급은 순교자에게 주시는 상급입니다.

그래서 계 2:10절에 "죽도록 충성하라. 그리하면 생명의 면류관을 네게 주리라"고 했습니다. 그러나 순교는 누구나 하는 것은 아닙니다. 하고 싶다고 하고 싫다고 안 하는 것이 아니란 말입니다. 순교는 하나님께서 특별히 영광받기 위하여 선택한 사람만이 할 수 있습니다.

(예화) 제게도 두 번 순교할 수 있는 기회가 있었습니다. 한 번은 중국과의 외교관계가 있기 전 중국에 선교 갔다가 공안원에 억류되었다가 쫓겨난 적이 있었고, 또 한 번은 재작년에 이라크의 바그다드에 한인 교회를 세우게 되어 설립설교를 하도록 초청을 받았습니다. 그러나 불행하게도 제게는 그곳에 갈 수 있는 재력이 없어서 가지를 못했습니다. 그런데 제 대신 간 사람들이 테러 집단에게 사로잡혀 열흘간 있다가 많은 몸값을 지불하고 풀린 적이 있었습니다. 제가 갔다면 고 김선일 씨보다 일 년 전에 순교했을 것입니다. 이 처럼 순교란 누구나 하는 것은 아닙니다. 하나님께서 택한 사람만이 할 수 있습니다.

(2) 전도와 선교로 생명을 구원하는 일에 참여한 자에게 주는 상급

두 번째 상급은 전도와 선교를 통해서 생명을 구원하는 일에 참여한 자에게 주시는 상급입니다. 시세말로 전도상이 두 번째 큰 상입니다. 그러므로 전도하고, 선교하는 일에 직접 참여하든지, 아니면 선교 비를 통해서 보내는 일을 하든지 최소한 기도회원이 되어 선교하는 일을 돕든지 할 수 있기를 축원합니다. 또 교회에서 중보기도를 통해서 교회와 민족을 위해서 기도하는 분들도 상급이 큽니다.

(3) 사람을 길러 천국 일꾼으로 만드는 사람에게 주는 상급

세 번째 상급은 사람을 키우고, 길러서 천국 일꾼으로 만드는 사람들에게 주시는 상급이 있습니다. 이것은 주로 주일학교 교사들이나 전도

사나 교육부에 일하는 목회자들에게 해당하는 상입니다.

(4) 교회 봉사자들에게 내리는 상급

네 번째 상급은 교회에서 봉사하는 자들에게 주시는 상급입니다. 봉사는 큰 것만 상이 아닙니다. 교회나 화장실 청소를 하는 분들, 꽃꽂이나 주변에 나무를 심는 분들, 부엌에서 음식을 만들기도 하고 설거지를 하며 봉사는 분들, 운전을 하며 학생들이나 노인들을 위해 봉사하는 분들, 차량위원으로 봉사하는 분들은 다 천국의 상급이 있을 줄로 믿기 바랍니다.

(5) 그밖에 다른 상급

약 1:12절에 "시험을 참는 자에게" 상급이 있다고 했고, 히 11:6절에서는 부지런히 하나님을 찾는 자에게도 상급이 있겠다고 했습니다. 또 "믿음이 없이는 기쁘시게 못하나니 하나님께 나아가는 자는 반드시 그가 계신 것과 또한 그가 자기를 찾는 자들에게 상 주심을 믿어야 할지니라"고 했습니다. 그러므로 우리는 천국에서의 상급을 바라보는 성도가 되어야 합니다.

2. 상급을 받으려면 어떻게 해야 하는가?

먼저 부정적인 면에서부터 말씀드리겠습니다.

(1) 아무나 네 면류관을 빼앗지 못하게 하라

첫째로 계 3:11절에 보면 "아무나 네 면류관을 빼앗지 못하게 하라"는 말씀이 나옵니다. 본문에 나오는 "너희 상을 빼앗지 못하게 하라"는 말씀과 같은 뜻입니다. 딤전 4:14절에서도 "받은 것을 조심 없이 말며"라고 경고하고 있습니다. 성경에 보면 큰 상급을 받았으나 그것을 귀한 줄 모르고 함부로 하다가 빼앗긴 사람들이 있습니다. 요이 8절에 "너희는 삼가 우리의 일한 것을 잃지 말고 오직 온전한 상을 얻으라"고 한 것은 상급은 상실할 수 있기 때문입니다.

예를 들어 보겠습니다.

에서 : 팥죽 한 그릇에 장자 권을 야곱에게 팔게 됨

르우벤 : 야곱의 장자로서 창 35:22절 "르우벤이 가서 그 서모 빌하
　　　　와 통간하매 이스라엘이 이를 들었더라." 그래서 그는 이 장
　　　　자 직을 유다에게 빼앗김.

사울 왕 : 이스라엘의 초대 왕으로 왕위를 아들 요나단에게 넘길 수
　　　　　도 있는 위치였지만 그만 교만해지고, 우상숭배에 빠져 다
　　　　　윗에게 그 왕위를 빼앗김.

가룟 유다 : 예수님을 은 30세겔에 팔아 영원한 배신자가 됨.

(2) 남들에게 거치는 돌이 되지 않게 조심

둘째로 고전 8:9절의 "너희 자유 함이 약한 자들에게 "거치는 것이
되지 않도록 조심하라"는 말씀을 기억할 수 있기를 바랍니다. 왜냐하면
교회는 하나의 기관처럼 서로 연관되어 있기 때문에 자칫하면 남들에게
거치는 돌이 되기 쉽습니다. 바울은 남들에게 거치는 돌이 되지 않기
위해서 자신의 자유를 제한했다고 했습니다. 이것을 바울은 고전 9:25
절에서 "이기기를 다투는 자마다 모든 일에 절제하나니"라고 했습니다.

다음은 긍정적인 면에서 말씀드리겠습니다.

먼저 천국의 상급을 받는 삶을 살아야 합니다. 조금 전에도 천국의
상급의 종류를 말씀드리면서 상급을 얻는 데는 다섯 가지 부류가 있다
는 것을 말씀 드렸습니다.

(1) 첫째로 푯대를 향하여 좇아가야 합니다.

빌 3:14절에 "푯대를 향하여 그리스도 예수 안에서 하나님이 위해서
부르신 부름의 상을 위하여 좇아가노라." 간단히 말하면 고전 9:24절의

말씀처럼 '달음질'하는 삶을 살라는 것입니다. 저는 하루를 이틀로 살면서 남들이 못한 많은 일을 했습니다. 능력은 부족하지만 남의 두 배의 시간을 사용하니 더 큰 일을 할 수 있었던 것입니다.

(2) 둘째로 고전 4:1-2절에서 말씀했습니다.

"사람이 마땅히 우리를 그리스도의 일꾼이요 하나님의 비밀을 맡은 자로 여길지어다. 그리고 맡은 자들에게 구할 것은 충성이니라." 그러면 충성이 무엇입니까? 한문으로 말하면 가운데 마음으로(忠), 말씀을 이루는 것(誠)입니다. 원문의 뜻은 faithful이란 뜻입니다. 끝까지 믿음을 지키면서 성실한 삶을 사는 것을 말합니다.

맺는말

우리에게는 직분에 따라 여러 가지의 상급이 있습니다. 이것을 아무에게도 빼앗기지 않도록 절제하며 죽도록 충성하는 저와 여러분이 다 되시기를 축원합니다.

때가 있나니

(전3:1-8)

전도서 3장에 보면 30번이나 '때가 있다'는 말씀이 반복해서 나옵니다.

오늘은 3:1절 마지막에 나오는 "때가 있나니"라는 말씀을 중심으로 은혜를 나누려고 합니다.

1. 모든 것은 다 때가 있습니다(1절)

우리에게는 누구에게나 어렸을 때 철없이 놀던 때가 다 있을 것입니다. 그러다가 우리 자신이 자녀를 낳고, 부모가 된 후에야 후회한 것이 많이 있을 것입니다.

우리들이 철이란 말을 사용할 때에는 두 가지의 뜻이 있습니다. 하나는 '꽃은 철따라 핀다'고 했을 때처럼 단순히 '계절'을 의미합니다. 그러나 '철이 없다'고 했을 때는 '사리를 분별하는 지혜가 없다'는 뜻입니다. 그런 면에서 우리는 이제는 정말 철이 들어야 합니다. 자칫하면 '철 들자 망령난다'는 말처럼 될 수도 있습니다.

최근에 제가 쓴 시를 하나 소개하겠습니다. 제목은 '오늘이 있기에'라는 시입니다.

오늘이 있기에

어제가 있기에 오늘이 있고,
내일이 있기에
오늘에 소망이 있는 것을 알았습니다.
어제와 오늘과 내일이 있기에,
영원이 있는 것도 알았습니다.

내게 주어진 오늘로 인해서,
일할 수 있는 것을 알고 난 후에는,
어제가 있는 것을 몰라 부모에게 불효하고,
하나님께 불평, 원망했던 것을 회개합니다.

내일이 있기에 나는 오늘 최선을 다하고,
오늘이 있기에 나는 사랑하면서 삽니다.

그러면 모든 것에 때가 있다는 말은 무슨 뜻입니까? 그것은 하나님의
때, 작정된 때가 있다는 뜻입니다. 모든 일에는

(1) 시작의 때가 있고,

(2) 성장의 때가 있고,

(3) 성취의 때가 있고,

(4) 소멸의 때가 있다는 뜻입니다.

어떤 중국 여자가 남편에게 새 코트를 사달라고 부탁을 했습니다. 짠
돌이인 남편이 물었습니다. '그러면 헌 코트는 어떻게 할 거야?' '그것으
로 베개커버를 만들 겁니다.' '그러면 헌 커버는 뭣에 쓸 거야?' '그것으
로는 새 행주를 만들 겁니다.' '그럼 헌 행주는 어떻게 할 거야?' '그것으
로는 걸레를 만들 겁니다.' '그럼 헌 걸레로는 무얼 할 거야?' '그것으로

는 잘게 썰어서 시멘트와 혼합해서 봄에 우리 집 여기저기 구멍을 메울 겁니다.' 그러자 짠돌이인 남편은 말했습니다. 어서 가서 새 코트를 사시오 하면서 돈을 주었다고 합니다.

여러분 하나님에게는 휴지통이 필요 없다는 것을 아십니까? 그것은 하나님께는 매사에 목적을 가지고 계시기 때문입니다. 그러므로 우리도 '버려진 영역에서 기회와 때'를 찾을 수 있기를 바랍니다. 그러면 버릴 것이 없습니다.

2. 성공은 하나님의 때를 따라서 살 때 이루어집니다.

그런데 그때는 바로 기회입니다.

스탠리 스타인이란 이름의 나병환자가 있었습니다. 그는 나환자 수용소에 있었는데 몇 번 자살을 하려고 했지만 실패를 하고 그래서 기왕이면 적극적 사고방식을 가지고 살기로 했습니다. 내게 남은 것이 무엇이 있을까? 두 가지가 있다는 것을 발견했습니다. 하나는 생명이고, 다른 하나는 정상적인 정신이었습니다. 그래서 그는 그가 나환자 수용소에 있으면서 책을 쓰기로 결심했습니다. 도서관에 가서 작가가 되는 책을 빌려서 읽기 시작했습니다. 그것을 본 의사가 '스탠리 그것은 당신에게는 필요 없는 책인데' 하고 지나갔습니다. 그러나 스탠리는 아랑곳하지 않고, 나환자의 생활상을 하나씩 쓰기로 했습니다. 나환자인 나보다 더 나환자의 생활상을 아는 사람은 없다고 생각했던 것입니다. 마침내 책이 완성되었습니다. 제목은 「이제는 외롭지 않다」란 유명한 책이 되었습니다.

하나님의 때는 모든 사람들에게 주어져 있습니다. 그러나 그것은 적극적 사고방식을 가질 때만 보입니다. 적극적 사고방식은 믿음의 아들입니다. 그러므로 새해에는 하나님이 주신 기회, 하나님의 때를 이용할 줄 아는 우리들이 다 되어 성공자가 되시기를 축원합니다.

3. 때를 따라 사는 지혜가 무엇입니까?

(1) '날 계수하는 지혜'입니다(시90:12)

시편 90편은 모세의 시로 유명한 말씀입니다. 10절 이하를 보면 "우리의 연수가 칠십이요 강건하면 팔십이라도 그 연수의 자랑은 수고와 슬픔뿐이요 신속히 가니 우리가 날아가나이다. 누가 주의 노의 능력을 알며 누가 주를 두려워하여야 할 대로 주의 진노를 알까? 우리에게 우리 날 계수함을 가르치사 지혜의 마음을 얻게 하소서"(10-12)라고 했습니다.

여러분 우리가 사는 인생을 분석하면 평균 80년간 산다고 해도 일하는 시간은 얼마 되지 않습니다. 어떤 사람이 그것을 통계로 내어 보았습니다.

잠자는데 20년

일하는데 20년

먹는데 6년

노는데 7년

옷 입는데 5년

전화하는데 1년

담배 피우는데 2년 반(신자들은 차 마시는데 2년 반)

침대에 누워 있는데 2년 반

다른 사람을 기다리는데 3년

신발 신는데 5개월

교회에 오고 가고 예배드리는데 2년 반을 보낸다고 합니다.

이렇게 인생이란 빨리 지나갑니다. 그래서 저는 인생이란 "엄벙덤벙 20년, 이것저것 20년, 아차아차 20년"이라고 표현합니다. 화살처럼 빨리 지나가는 인생이기에 바울은 엡 5:16절에서 "세월을 아끼라. 때가 악하니라"고 말씀한 것입니다. 여기서 세월을 아낀다는 말은 세월을 최대한 이용하라는 뜻입니다. 그러므로 우리는 흘러가는 세월을 잡아야 합니다. 가만히 있을 때는 기회는 절대로 그냥 오지 않습니다.

(2) '역사의식'을 가지는 것을 말합니다.

여러분 우리들은 다 역사적 존재입니다. 따라서 우리는 역사의식을 가지고 있어야 합니다. 그렇지 않으면 엄벙덤벙하고 살게 됩니다. 역사를 보면 역사의식이란 말은 15세기 때부터 일어난 계몽주의 사상에서 비롯되었습니다. 이 때 사람들은 인간은 이성적 존재이기 때문에 모든 것은 다 발전합니다고 생각했습니다. 과연 그런 것일까요? 근세사에서 가장 유명한 사람은 칸트 철학의 완성자인 헤겔이란 사람입니다. 그가 유명해 진 것은 그의 변증법 때문이었습니다. 그는 모든 사물의 과정을 '정(正)-반(反)-합(合)'의 과정으로 진행된다고 주장했습니다. 바로 이 철학위에 현대의 사생아인 마르크스의 공산주의가 탄생했습니다. 그러나 제가 태어나기 바로 전해에 죽은 오스왈드 슈펭글러는 그의 〔The Decline of the West〕(서구의 몰락)에서 문명은 마치 유기체와 같아서 '발생-성장-노쇠-사멸'의 4과정을 밟게 된다고 하면서 서양 문화의 몰락을 예언했습니다. 그에게 영향을 받은 사람이 바로 영국의 아놀드 토인비입니다. 그도 슈펭글러와 마찬가지로 역사의식을 위기의식으로 생각하고 그의 유명한12권의 〔A Sthdy of History〕란 책을 썼습니다. 그는 서구의 문명은 어디로 갈 것인가의 관점에서 연구했습니다. 중요한 것은 그도 역사를 하나의 유기체로 보았다는 점입니다. 그는 역사란 문명이고, 그 문명은 '발생-성장-해체'의 세 과정으로 진행합니다고 했습니다. 토인비의 유명한 말은 역사는 'Challenge and

Response'(도전과 응전)의 상호작용에 의해서 이루어가고, 그것은 다수에 의해서 진행되는 것이 아니라 창조적 소수(Creative-minority)에 의해서 이루어간다고 보았다는 점입니다.

여러분 우리는 역사의식을 가져야 합니다. 이 역사의식을 가지는 사람이 바로 창조적 소유입니다. 그저 잘 먹고, 잘 입고, 즐겁게 사는 것이 인생의 전부는 아니기 때문입니다.

(3) '하루하루를 값있게 사는 것'을 말합니다.

그것은 바로 하나님의 뜻을 이루는데 삶의 목적을 두는 것을 말합니다. 인생은 하루하루가 모여서 이루어지기 때문에 우리는 날마다 시작과 진행과 마감이 있는 것을 잊지 말아야 합니다. 참으로 보람 있고, 가치 있는 삶은 어떤 삶입니까? 그것은 바로 청지기 의식을 가지고 사는 사명자로서의 삶입니다. 다시 말하면 우리는 마 25장에 있는 달란트의 비유에서 볼 수 있듯이 다 청지기일 뿐 결코 역사의 주인이 아닙니다. 주인은 예수님이십니다. 그러므로 하루하루의 가치 있는 삶이란 청지기의 삶입니다. 그런 새해가 되기를 축원합니다.

(4) 날마다 '종말론적 의식을 가지고 사는 삶'을 말합니다.

종말론이란 영어로 Eschatology라고 하는데 이 말은 헬라어의 Eschtos란 말에서 유래된 말입니다. 이 말은 마지막이란 뜻과 새로운 시작이란 두 가지의 뜻을 가지고 있습니다. 사실 그리스도 안에서의 삶이 바로 종말론적 삶입니다.

지금까지 우리들은 나를 중심으로 한 이기적 생활을 하여 왔습니다. 그러나 이제는 그리스도 안에서 새로운 피조물이 되었기 때문에 이제는 그리스도 중심의 삶을 살아야 합니다. 그것이 바로 종말론적 삶입니다. 바라기는 나 개인은 물론 교회와 국가가 다 그리스도 중심으로 방향을 바꿀 수 있기를 바랍니다. 나의 왕국이 아니라 그리스도의 왕국을 이루기 위해서 힘쓰는 해가 되기를 축원합니다.

맺는말

이 세상에는 세 가지 종류의 사람들이 있습니다.

첫째는 기회가 왔을 때 그것을 꼭 잡아서 성공하고 축복받은 동방박사들과 같은 사람들이 있습니다.

둘째는 기회가 왔을 때 그것을 놓치고 후회하며 한탄하는 여관집 주인과 같은 사람들이 있습니다.

끝으로 기회가 왔을 때 그것을 놓칠 뿐만 아니라 악용해서 심판을 받은 천추의 한이 되는 헤롯 왕과 같은 사람들이 있습니다.

바라기는 모두가 동방박사들처럼 기회를 꼭 잡고, 잘 활용해서 성공할 뿐 아니라, 행복한 한 해가 되기를 축원합니다.

기적을 일으키는 감사

(합3:16-19)

구약의 하박국서를 중심으로 감사가 어떤 기적을 일으키는가를 살펴보면서 매일을 성공적으로 살아가는 비결을 발견할 수 있기를 바랍니다. 본래 하박국이란 말의 뜻은 '씨름하는 자'라는 말입니다. 하박국 선지자는 신앙의 갈등 속에서 승리한 선지자입니다. 이름 그대로 당면한 문제를 놓고 씨름하여 야곱처럼 승리를 한 사람입니다.

처음 우리들이 믿었을 때에 누구에게나 기쁨이 있었고, 찬송이 있었습니다. 그러나 얼마 지나고 나면 마음에 갈등이 생깁니다. 이럴 때 우리가 놀라면 안 됩니다. 이것은 우리의 믿음이 보다 성장하는 증거이기 때문입니다. 이것은 꼭 한번 거쳐야 하는 과정입니다. 하박국 선지자의 갈등이 바로 이런 신앙의 과정을 의미합니다.

하박국 선지자는 현실을 보면서 불평을 했던 선지자입니다. 어떻게 보면 참 이상합니다. 선지자가 하나님께 불평을 했다는 것이 이해가 잘 안 될 것입니다. 하박국 선지자의 불평은 크게 두 가지였습니다.

첫 번째 불평의 질문은 1:1-4절에 나옵니다.

'내가 그렇게 부르짖어도 주께서 듣지 아니하시니 어느 때까지이니까?' '왜 공의로운 하나님께서 악을 행하는 이스라엘을 징계하지 않고 그냥 내 버려두십니까' 하는 신앙적 갈등과 고민이 있었습니다. 1장

5-11절에서 그는 응답을 받았습니다. 응답의 내용은 사납고 성급한 갈대아 사람들, 즉 바벨론을 하나님께서 준비하셨다는 것입니다. 여기서 하나님은 하박국 선지자에게 현실을 볼 때에 '불의가 선보다 득세하는 것처럼 보이나 하나님은 여전히 모든 역사를 주관하신다'는 것을 깨닫게 해주었습니다.

두 번째 질문은 1:12-2:1절에 "어찌하여 궤휼한 자들을 방관하시며 악인이 자기보다 의로운 사람을 삼키되 잠잠하시나이까?" 다시 말하면 이스라엘을 징계하시되 하필이면 왜 바벨론같이 더 악한 나라를 통하여 하나님을 믿는 선민을 침략하고 치도록 방관하십니까? 하는 불평의 질문이었습니다. 그 응답을 2장 2-20절에서 받았습니다. "정한 때가 있나니 정녕 응하리라. 그러나 의인은 그 믿음으로 말미암아 살리라." 이 구절은 후에 바울을 통해서 로마서 1:17절에서 "오직 의인은 믿음으로 말미암아 살리라"는 유명한 말씀의 배경이 되었습니다. 여기서 하나님은 하박국 선지자에게 '하나님의 거룩하심과 의로우심을 보여주면서 이를 해결하는 비결이 믿음이라'는 것을 가르쳐주신 것입니다.

그 결과 마침내 하박국 선지자는 3장에 와서 감사의 기도로 그의 예언을 끝냅니다. 얼마나 놀라운 말씀인지 모르겠습니다. 그래서 오늘은 이 말씀을 중심으로 오늘의 가장 큰 영적인 병인 '감사불감증'을 중심으로 말씀을 드리려고 합니다. 딤후 3:2절에 말세의 징조로서 "감사치 아니하며"라고 했습니다. 지금 세상을 보면 감사하는 일이 별로 없습니다. 그것은 바로 말세가 왔다는 징조입니다.

1. 현대의 비극은 감사불감증에서 시작합니다.

감사치 않는 데서 모든 불행이 시작됩니다. 데이빗 소퍼 박사가 감옥에 있는 사람들과 수도원에 있는 사람의 공통점과 차이점을 연구했습니다. 둘 다 갇혀 있고, 먹고 싶은 것 먹지 못하는 것은 같은데 큰 차이점은 감옥에 있는 사람은 하루가 불평에서 시작하여 불평으로 계속하고, 불평으로 끝나는데 비해 수도원에 있는 사람은 감사로 시작해서 감사가 계속되고, 감사로 끝난다는 점이라고 했습니다.

현대는 옛 날에 비해 참으로 풍성한 시대입니다만 이 시대를 지배하는 병이 있습니다. 그것은 바로 삼불(三不)입니다. 그래서 이 시대를 '삼불 시대'라고 할 수 있습니다. '불감, 불신, 불화'의 시대라는 뜻입니다. 서로 불신합니다. 정부와 국민도 서로 불신하고, 이웃끼리도 서로 불신하고, 심지어 교인들끼리도 서로 불신합니다. 부끄러운 것은 목사와 교인들도 서로 불신합니다. 다음은 가는 곳마다 불화가 있습니다. 가정에도 불화, 직장에도 불화, 심지어는 교회에도 불화, 사회에도 불화가 있습니다. 그러나 오늘 말씀드리려고 하는 것은 '불감증'입니다. 좀 더 정확하게는 감사불감증입니다.

대부분의 사람들은 있을 때만 감사하고 없을 때에는 감사하지 않는 문제가 있습니다. 그러나 신앙인은 하박국 선지자처럼 '비록 없을지라도' 감사하는 사람들입니다. 신자와 불신자의 차이점은 감사하며 사는가? 불평과 원망하면서 사는가?에 달려 있습니다. 아무리 신자라도 불평하면서 산다면 형식적인 신자라는 것을 잊지 말아야 합니다.

하나님은 절대로 모든 것을 한꺼번에 다 주시지 않습니다. 밥을 달라고 하면 씨앗을 주셔서 심어 수확을 하게 합니다. 필요한 물건을 달라고 하면 완제품을 주시지 않고, 만들 수 있는 자재와 기술을 주십니다. 또 필요한 만큼만 주시는데 나머지는 믿음으로 채우고, 감사로 채우도록 만드셨습니다. 그래서 풍성케 해주시는 것입니다.

17절과 18절에서 하박국 선지자는 이렇게 고백합니다.

"비록 무화과나무가 풍성치 못하며 포도나무에 열매가 없으며 감람나무에 소출이 없으며 밭에 식물이 없으며 우리에 양이 없으며 외양간에 소가 없을지라도 나는 여호와를 인하여 즐거워하며 나의 구원의 하나님을 인하여 기뻐하리로다." 한 마디로 말해서 하박국 선지자는 '록 없을지라도' 감사했습니다.

그러면 언제 비록 없을지라도 감사할 수 있습니까?

첫째로 하나님은 모든 것을 합력하여 선을 이루신다는 확신이 있을 때에 감사할 수 있습니다. 롬 8:28절에 "우리가 알거니와 하나님을 사랑하는 자, 곧 그 뜻대로 부르심을 입은 자들에게는 모든 것이 합력하여 선을 이루느니라."고 했습니다. 지금 보기에는 고생이 되고 해가 되어도 나중에 보면 그것이 다 약이 되고 도움이 된 것을 발견하게 됩니다. 다시 말하면 하나님의 절대적인 은총을 믿을 때 우리는 감사할 수 있습니다. 저의 아내의 경우가 그러했습니다. 미국에서 제가 공부할 때에 돈이 모자라 아내가 양로원에 가서 밤에 11시부터 새벽 7시까지 2년 동안 일을 해서 저의 등록금을 도와주었습니다. 그러나 저의 집사람이 한국에 돌아와 한국일보에서 1981년 신춘문예에 당선되어 소설가로 성공하게 된 것입니다. 그때 하루 밤에 쓴 「양로원」이란 단편소설이 당선된 것입니다. 이처럼 하나님의 하시는 일은 오묘합니다. 그러므로 우리는 하나님께서 더 좋은 것을 주실 때까지 기다려야 합니다.

둘째는 하나님 한 분만으로 만족할 수 있을 때에 우리는 감사할 수 있습니다. 본문에는 18절에 "나는 여호와로 인하여 즐거워하며 나의 구원의 하나님을 인하여 즐거워하며 나의 구원의 하나님을 인하여 기뻐하리로다."라고 했습니다.

2. 감사의 중요한 점은 감사는 기적을 일으킨다는 것입니다.

기적은 신앙의 열매입니다. 기적은 감사의 자녀입니다. 감사할 때에

기적이 일어납니다. 그러므로 우리는 잃었던 감사의 자세를 다시 회복
할 수 있기를 축원합니다. 처음 이 교회 건물에 들어와서 감사하며 눈
물을 흘렸던 그 감사가 다시 회복되어야 하나님이 우리에게 복을 주십
니다. 보너스로 새 성전까지 주셨는데 우리가 감사하지 않는다면 우리
는 참으로 구제불능의 사람입니다. 부부간의 사랑도 처음 그저 보기만
해도 행복하고, 그저 함께만 있어도 기뻤던 시절을 잊지 않을 때에 부
부간에 행복이 유지됩니다.

  남에게 받은 작은 선물에 감사하여 보세요. 또 다른 선물이 올 것입
니다. 이것을 선물이라고 주느냐 하면서 불평을 하여 보세요. 다시는
선물도 없고, 그 친구도 가까이 오지 않을 것입니다. 하나님도 마찬가
지입니다.

  (예화) 스펄존은 이렇게 노래했습니다. "별 빛을 주신 하나님께 감사
       하라 그리하면 달빛을 주실 것이요, 달빛을 주신 하나님께 감
       사하라 그리하면 햇빛을 주실 것이요, 햇빛을 주신 하나님께
       감사하라, 그리하면 햇빛이 필요 없는 영원한 하나님의 나라
       를 주실 것이라."

  (예화) 이 세상에서는 산의 메아리처럼 내가 한 말이 다시 울려옵니
       다. '사랑해요' 하면 다시 사랑해요 하고 울려오고 '당신 미워
       요' 하면 당신 미워요 하고 울려오고, 감사해요 하면 감사해
       요 하고 내가 소리친 대로 울려옵니다.

3. 감사하는 생활은?

  (1) 우리에게 베풀어 주신 하나님의 은혜를 잊지 않는 것입니다.

  시편 103:2절에 "그 모든 은택을 잊지 말지어다"라고 했는데 그것이
감사의 출발입니다. 그러나 감사불감증 환자의 특징은 건망증입니다.

하나님의 은혜를 받는 당시만 기억하고 금방 잊어버리는 것입니다. 참 이상한 것은 모든 사람들이 원수는 돌에 새기고, 은혜는 물에 새긴다는 점입니다.

　(예화) 예루살렘의 시외버스 정거장에 큰 돌비가 서 있고, 거기에는 히브리어로 〈잊지 말라〉고 새겨 놓았습니다. '600만 살해사건의 제2차 세계대전 때의 일을 잊으면 또 일어난다. 그러나 이 역사를 기억하는 한 일어나지 않는다'는 경고문입니다.

　(2) 감사는 주님을 '찬양'하는 생활입니다.

　찬양은 감사의 표현입니다. 많은 분들이 주일에만 찬양합니다. 그것도 교회에 와서 옆에서도 들리지 않는 정도의 작은 소리로 찬양을 하는 것이 고작입니다. 그러나 참으로 하나님께 감사하는 사람은 어디서나 힘차게 찬양합니다.

　제가 좋아하는 찬송 중에 '어찌 찬양 안 할까?'라는 찬송이 있습니다.

이 세상의 모든 풍파 쉬지 않고 불어도
주님 안에 보호받는 우리 마음 편하다.
늘 깨어서 기도하고 저 천국을 바라며
주님만을 기다리니 어찌 찬양 안 할까?(403장 3절).

　(3) 감사하는 사람의 세 번째 특징

　감사하는 사람의 세 번째 특징은 '보은' 즉 받은바 은혜를 갚으려고 합니다. 하나님께 갚고, 또 사람들에게 갚으려고 합니다. 사회적으로나 교회적으로 봉사활동을 하는 사람들을 보면 다 하나님의 은혜에 대한 감사의 뜻으로 하는 것입니다. 누구에게 칭찬 받으려고 하는 것이 아닙니다.

　여러분, 기독교의 윤리가 무엇입니까? 은혜로 구원받은 것을 감사하는 것이 기독교 윤리입니다. 교회에서의 봉사는 바로 감사의 표현입니다.

(4) 감사는 하나님이 맡겨주신 사명 감당

넷째로 참 감사는 하나님이 맡겨주신 '사명을 감당'하는 것이 바로 감사의 생활입니다. 사람은 누구나 사명이 있습니다.

우리의 사명은 첫째로 복음을 전하는 것이요. 둘째는 직업에 충실히 감당하는 것이요, 셋째는 사회에서 섬기는 생활을 하는 것입니다.

(5) 생명까지 하나님께 바치는 감사

끝으로 참 감사는 '헌신'입니다.

> 늘 울어도 눈물로서 못 갚을 줄 알아
> 몸밖에 드릴 것 없어 이 몸 바칩니다

하고 내 생명을 하나님께 바치는 것이 바로 감사의 극치입니다.

맺는말

감사불감증 시대에 우리는 여호와로 인하여 즐거워하며 여호와로 인하여 기뻐할 수 있기를 바랍니다. 이것은 하나님은 합력하여 선을 이루시는 분이란 것을 확신할 때에 생겨집니다. 그러므로 우리는 감사하는 마음을 다시 회복해서 날마다의 생활에서 놀라운 기적을 이룩할 수 있기를 축원합니다.

기회를 바로 잡은 동방 박사들

(마2:9-12)

　기회는 누구에게나 옵니다. 어려서는 공부할 기회가 오고, 조금 더 크면 직업선택의 기회가 오고, 배우자 선택의 기회가 옵니다. 그러나 중요한 것은 이 기회는 누구에게나 오지만 모든 사람들이 다 기회를 잡는 것은 아닙니다. 왜냐하면 기회는 준비된 사람만이 가질 수 있고, 또 분별력과 용기를 가진 사람만이 올바른 선택을 할 수 있기 때문입니다.

　그런데 어떤 기회를 갖느냐는 선택을 바로 해야 할 수 있습니다. 선택이 어려운 것은 선택에서는 버리는 것이 있기 때문에 어렵습니다. 저도 미국에 있을 때에 큰 부자가 될 수 있는 기회가 있었습니다. 우리 부부가 시작한 Wig Store가 잘 되어 돈이 펑펑 들어와서 일 년 만에 빚 없이 이층 건물을 샀고 필요한 자동차와 공부할 돈까지 다 벌었기 때문입니다. 그러나 1년 만에 본래의 목적인 공부에 전념했습니다.

　저와 저의 집사람은 부자보다는 학자가 되자, 공부하자 하고 부자가 되는 기회를 버렸습니다. 그래서 마침내 저는 탬플대학에서 박사학위를 받았고, 저의 집사람도 빌라노바 대학에서 공부를 마치고 귀국하게 되었습니다. 아마 그때 제가 편한 돈 버는 길을 선택했다면 오늘의 저는 존재하지 않았을 것입니다. 저는 제가 바른 선택을 했다고 믿습니다. 또 제게는 학자가 될 기회와 목회의 두 가지 기회가 주어졌습니다. 그때 저는 분열 중에 있는 대전중앙교회를 택했습니다. 많은 주변 사람들이 말한 대로 밤이면 죽이겠다고 협박 전화가 오고, 예배를 인도하러 교회에 가면 여리고 성을 무너뜨린다고 나간 교인들이 교회를 일곱 번씩 돌고 안에 들어왔다가 예배가 시작될 때면 와하고 나가는 그런 분위기였습니다. 이처럼 기회는 누구에게나 오지만 그러나 선택은 다른 모든 것을 희생해야 하는 고통이 있고 또 결단력과 분별력을 필요로 합니다.

그러면 왜 저는 그런 문제 있는 교회를 택했을까요? 그것은 제가 거창고등학교 교사로 있을 때 직업선택의 십계명을 배웠기 때문입니다. 시간이 없어 10가지를 다 언급할 수 없지만 중요한 것만 말하면 다음과 같습니다. 월급이 적은 쪽, 내가 원하는 쪽이 아니라 나를 필요로 하는 쪽, 새로 시작하는 황무지와 같은 쪽, 부모와 아내가 결사반대하는 쪽, 왕관이 아니라 단두대가 기다리는 쪽을 택하라는 것이었습니다. 그래서 거창고등학교를 택한 것입니다. 그 학교가 나에게 성공을 가져다준 것입니다. 나는 영어와 둑일어와 성경을 가르쳤습니다. 그래서 나는 박사 과정에서 공부할 때에 영어를 잘 하였고, 독일어를 제2외국어로 택할 수 있었던 것입니다.

그러면 오늘은 동방박사들이 어떻게 해서 아기 예수님을 만나게 되었는지 살펴보려고 합니다.

1. 별을 연구하던 중, 이상한 별을 발견했다고 했습니다(마2:2).

어떻게 동방 박사들이 이상한 별에 대해서 관심을 갖게 되었는가?

(1) 이상한 별과 포로 유대인

당시 바벨론에는 포로에서 귀국하지 못한 유대인들이 살고 있었습니다. 그들은 구약에 별이 나타나면 메시야가 오신다는 말을 알고 있었고,

그들을 통해서 이방인인 박사들은 별에 대해 더 큰 관심을 갖게 되었습니다. 어쩌면 찾아가서 묻고 그것을 연구했는지도 모릅니다. 왜냐하면 그들은 별을 연구하는 천문학자들이었기 때문입니다.

(2) 동방박사 세 사람

동방박사들은 페르시아와 바벨론의 제사장급에 속하는 별을 연구하는 사람들이었습니다. 이들은 서로 다른 나라에서 온 사람들로 세계를 대표하는 사람들이란 의미를 가지고 있습니다. 이것은 예수님은 왕중왕이시며 세계의 모든 사람들로 찬양을 받으실 분이란 것을 말해줍니다.

2. 별을 보고 찾아와 아기 예수님에게 경배

그 별을 보고 아기 예수님에게 경배하기 위해서 먼 길을 모험하였다고 했습니다(마2:2). 당시 여행에는 많은 어려움이 있었습니다. 길도 평탄치 않았고, 게다가 강도의 위험도 많았습니다. 비용도 적지 않았습니다. 그러나 동방박사들은 이런 위험을 무릅쓰고 메시야를 만나려는 간절한 열망에서 결단을 했던 것입니다. 그렇습니다. 지금도 아기 예수님을 만나려면 또 다른 어려움이 있습니다. 시간적인 어려움, 물질적인 어려움, 직장에서의 어려움 즉 왕따 당하는 일, 가정에서의 어려움 등 많은 장애물이 있지만 그것을 극복해야 아기 예수님을 만날 수 있습니다.

3. 별이 머무는 곳에 갔을 때

마침내 별이 머무는 곳에 갔을 때 박사들의 기쁨이 충만하였다고 했습니다(마2:10). 동방박사들의 기쁨은 이제 별이 보여주는 메시야를 만나게 되었기 때문이었습니다. 우리는 나름대로의 별을 찾고 있습니다. 이제 우리는 역사 속에 친히 오신 주님만 만나면 되기 때문에 구태여 옛날처럼 망원경을 가지고 밤에 별을 연구하지 않아도 되고, 천문대에 가지 않아도 됩니다. 지금은 메시야 되시는 그 별이 성경 속에 있기 때문에 말씀을 통해서 우리는 아기 예수님을 만날 수 있습니다. 사실 성경은 루터가 말한 대로 아기 예수님이 누워 있는 말구유인 것입니다.

4. 참된 경배자의 자세

참된 경배자는 보배합을 열어서 그것을 주님께 드려야 합니다(마 2:11). 그러면 동방 박사들이 준비한 보배합에는 무엇이 들어 있었는가? "집에 들어가 아기와 그 모친 마리아의 함께 있는 것을 보고 엎드려 아기께 경배하고 보배합을 열어 황금과 유향과 몰약을 예물로 드리니라"(2:11).

(1) 황금 예물

먼저 황금입니다. 당시에 황금은 왕에게 주는 선물이었습니다. 그래서 옷도 금빛 옷을 입었고, 또 황제라고 불렀습니다. 이것은 동방 박사들이 아기 예수님을 왕중 왕, 세상의 왕으로 믿었다는 뜻입니다. 우리도 동방박사들처럼 예수님을 우리의 왕으로 믿고 섬겨야 합니다.

(2) 유향 예물

다음은 유향을 드렸는데 유향은 제사장이 하나님에게 드리는 예물입니다. 이것은 동방 박사들이 예수님을 제사장으로 믿었다는 뜻입니다. 제사장은 하나님과 우리 사이에 중간 역할을 하는 중보적 사역을 하는 사람입니다. 사실 중보자는 예수님 한 분 뿐이십니다.

(3) 몰약 예물

"몰약을 예물로 드리니라." 몰약을 드렸는데 몰약은 죽어가는 사람들에게 바치는 예물입니다. 이것은 예수님께서 장차 십자가에서 우리를 위해 죽으실 구세주로 믿었다는 의미요 또 선지자로 믿었다는 의미입니다.

그러면 이 예물을 가지고 예수님은 무엇을 했는가? 그것은 헤롯을 피하기 위해서 애굽에 가 있었을 때에 여행비용으로 사용했을 것으로 보고 있습니다. 즉 예수님께서 피란 갈 때 비용으로 사용할 수 있도록 준비케 한 것입니다.

5. 아기 예수님을 만난 동방박사들

동방 박사들은 아기 예수님을 만난 사람은(다른 길로)가야 하는 것을 말해준다(12절). 본문에 보면 "꿈에 헤롯에게로 돌아가지 말라 지시하심을 받아 다른 길로 고국에 돌아가니라."고 했습니다. 믿기 전과 꼭 같은 길로 간다면 그것은 신앙이 아닙니다. 우리는 어떻습니까? 과연 변화되어 다른 길로 가고 있습니까?

사람은 누구나 여러 가지의 기회가 있습니다. 은혜 받을 기회와 구원의 기회가 있습니다. 고후 6:2절에 "보라 지금은 은혜 받을 만한 때요 보라 지금은 구원의 날이로다."라고 했습니다. 우리는 무엇보다도 아기 예수님을 만날 기회를 놓치지 말아야 합니다. 하나님 만날 기회를 놓치지 말아야 합니다. 또 중요한 것은 만나기 전과 후가 달라져야 한다는 점입니다. 예수님을 만난 사람은 '반드시 다른 길로 가야'합니다. 세상 사람들이 가는 큰 길, 죽음의 길로 가지 말고, 생명의 길, 좁은 길로 가야 합니다

맺는말

이 세상에는 항상 기회가 있습니다. 공부할 기회, 돈 벌 기회, 성공할 기회, 믿을 기회 등 언제나 기회가 있습니다. 그리고 그 기회는 내일이 아니고 바로 지금입니다. 지금만이 하나님께서 우리들에게 주신 기회입니다. 그러나 아무리 기회가 있다 해도 준비된 사람, 활용한 사람만이

성공합니다. 그러므로 분별력을 가지고, 용기 있게 선택을 하시기 바랍니다. 선택에는 항상 버리는 것이 있기 때문에 주저하기 쉽습니다. 그러나 머뭇거리지 말고, 지금 이 시간 아기 예수님을 만나 내 인생의 새로운 전환점이 되기를 주님의 이름으로 축원합니다.

기회를 따라

(삼상10:6-7)

이 말씀은 사무엘 선지자가 사울이란 청년에게 기름을 붓고 이스라엘이란 기업의 지도자로 삼으면서 "너는 기회를 따라 행하라"는 말씀을 주신 구절입니다.

'기회를 따라'라는 말씀은 새해를 시작하는 우리 개인들은 물론 해찬들의 가족들에게 주신 말씀이라고 믿고 이 말씀대로 살면 우리 모두가 성공하는 한 해가 될 줄로 믿습니다.

1. 무엇이 기회인가?

기회란 '하나님이 주신 때'를 말합니다. 세상에는 모든 것이 때 혹은 기회로 되어 있습니다. 태어날 때가 있고, 자랄 때가 있고, 죽을 때가 있듯이 기회도 항상 있는 것이 아닙니다.

서양에 이런 경구가 있습니다. 세상에는 다시 돌아오지 않는 것이 네 가지가 있습니다. 첫째는 뱉어낸 말, 둘째는 날아간 화살, 셋째는 지나간 삶, 넷째는 하지 않고 내버린 기회라고 하였습니다. 따라서 인생이란 기회를 어떻게 활용하느냐에 따라 성공과 실패가 결정됩니다.

그러면 언제가 기회인가?

첫째, 선택의 기로에 섰을 때. 선택은 매순간 오는 기회입니다. 작게는 옷이나 신발이나 전자제품이나, 핸드폰이 있는가 하면 친구나 배우

자나 종교 같은 일생을 좌우하는 선택도 있습니다. 그때가 바로 기회인
것입니다.

둘째, 위기가 왔을 때, 즉 길이 막혔을 때가 위기입니다.

셋째, 죽고 싶을 때도 있는데 그것이 바로 하나님을 찾으라는 신호이
     기 때문에 기회가 됩니다.

넷째, 지금이 바로 기회입니다. 과거는 하나님도 어쩔 수 없는 시간
     이고, 미래는 하나님이 주시지 않으면 사용할 수 없는 시간이
     고, 오직 현재만이 우리의 시간이고 기회입니다. 그러므로 오
     늘 할 일을 내일로 미루어서는 안 됩니다. 공부를 못 하는 학
     생들은 항상 내일로 미루는 사람들입니다.

2. 기회에는 어떤 종류가 있는가?

(1) 배움의 기회

배움의 기회가 있습니다. 어렸을 때, 학생 때, 일생은 배우는 과정입
니다. 그러므로 지금도 배워야 합니다. 저는 지금 85세의 고령이지만
지금도 쉬지 않고 공부합니다.

(2) 만남의 기회

만남의 기회가 있습니다. 다섯 가지의 만남이 있습니다. 첫째는 부모
와의 만남입니다. 이것은 운명적인 것이라 내가 마음대로 할 수 없습니
다. 둘째는 스승과의 만남입니다. 왜냐하면 어떤 스승을 만나느냐에 따
라 일생의 방향이 결정됩니다. 그래서 학군이 좋아야 한다고 합니다.
셋째는 친구와의 만남입니다. 세 가지 종류의 친구가 있다고 합니다.
음식물처럼 없어서는 안 될 친구, 약처럼 가끔 있으면 되는 친구, 질병
처럼 피해야 할 친구가 있습니다. 나에게는 세 친구가 있습니다. 하나
는 책이고, 다른 하나는 내 아내이고, 또 다른 하나는 예수님이십니다.

공자의 말에 이런 말이 있습니다. "난초처럼 향기를 더해주는 친구가 있고, 생선가게처럼 냄새를 풍기는 친구가 있고, 옻칠한 것처럼 물들게 하는 친구가 있다고 했습니다. 그러므로 군자는 사람을 삼가 사귀어야 합니다." 넷째는 배우자의 만남, 다섯째는 직업과 종교와의 만남이 있습니다. 하나도 버릴 수 없는 중요한 조건입니다.

(3) 베푸는 기회

베푸는 기회도 있습니다. 16세기, 송강 정철의 시조에 이런 글이 있습니다. '어버이 살아 실제 섬길 일 다 하여라. 지나간 후에는 애닯다 어찌하랴. 평생에 고쳐 못할 일 이뿐인가 하노라.'

(4) 투자의 기회

투자의 기회(시간, 돈, 재능, 인생)도 있습니다.

(5) 물러섬의 기회

물러섬의 기회도 있습니다. 역도산이 비참한 최후를 맞게 된 것은 물러설 줄을 몰랐기 때문이고, 이승만이 3.15부정 선거를 하고 하와이에서 죽게 된 것이나 박정희가 암살당한 것이나 다 영구집권, 즉 물러서야 하는 기회를 잃었기 때문이었습니다.

3. 기회를 따라 행하라.

"인생의 시계 한번만 감네. 아무도 이걸 반복할 능력 없으니. 지금이 하나님의 뜻 행할 귀중한 기회이라. 내일을 기다리지 말고 오늘에 충실하자. 내일은 나의 시계가 설지 누가 아나."

"God Bless America"란 미국 사람들이 애창하는 노래입니다. 미국의 국가보다 오히려 더 많이 불리는 노래입니다. 미국 사람들이 가장 애창하는 노래입니다. 그러나 이 노래를 작사한 사람은 폴란드에서 이민 온 여자, Janina Atkins입니다. 그녀는 미국에 이민 온 지 6년이 되던 해에 이 노래를 지었습니다. 주머니에는 2불 60센트밖에 없었고, 몇 벌의 옷과 책, 몇 개의 편지, 작은 베개만 있었습니다. 그러나 자유와 독립의 분위기를 느끼며 가슴에는 힘이 솟구쳤습니다. 미래에 대한 소망을 가지고 있었습니다. 남편은 박사과정에서 공부하고 있었습니다. 그러나 이 유명한 노래를 작사할 수 있었던 것은 미래에 대한 소망과 주어진 기회를 보았기 때문입니다.

저는 여러분들과 함께 우리의 민요인 아리랑의 노래를 마음속으로 함께 부르고 싶습니다. 아리랑(알이랑, 알이란 말에서 알라 신, 히브리어의 엘이란 말이 유래하였다. 즉 하나님과 함께란 뜻이다), 아리랑 고개를 넘어 간다(하나님과 함께 힘든 인생의 고개를 넘어간다)는 심정으로 참고 견디며 주어진 기회를 잘 활용하여 성공하는 한 해가 되기를 축원합니다.

네 장막 터를 넓히라

(사54:1-5)

1. 인간의 사람됨과 시간의식

인간의 사람됨은 그가 얼마나 시간의식을 가지고 있느냐에 달려있습니다. 크게는 역사의식, 작게는 시간의 흐름을 의식하면서 사는데 있습니다. 작년과 금년이 같다면 그는 소망이 없고 성공도 없습니다. 새해를 맞아서 뭔가 새로운 결심이 있고, 새로운 목표가 있어야 사람다운 사람입니다. 전에 유행했던 말 가운데 하나가 '사람이면 다 사람인가 사람다운 사람이 사람이지'란 말이 있었습니다. 여기서 말하는 사람다운 사람, 참 사람은 어떤 사람인가? 그것은 바로 시간을 아는 사람입니다.

사실 인간이 사는데 꼭 알아야 할 것 세 가지가 있습니다.

(1) 나는 누구인가?(정체성)

(2) 나는 어디 있는가?(역사의식)

(3) 나는 어디로 가고 있는가?(목적의식과 비전)입니다.

오늘 이 시간에는 두 번째 문제를 중심으로 말씀드리려 합니다. 그러면 과연 시간은 존재하는가? 다만 우리 의식의 세계에만 있는 것인가? 실제로 시간이 따로 존재하는가? 있다면 시간이 가는 것인가? 인간이 가는 것인가? 그래서 철학의 마지막 과제가 '시간이란 무엇인가?'입니다. 그런데 성경(창1:1)에 보면 "태초에 하나님이 천지를 창조하시니라"

고 했는데, 여기서 태초에란 말은 '시간의 시작'이란 뜻입니다. 그 이전은 영원한 세계였으나 하나님께서 시간을 창조하면서 그것과 함께 인간을 창조했다는 뜻입니다. 다시 말하면 시간이란 영원의 일부가 아니라 서로 다른 차원의 세계인 것을 말씀한 것입니다.

오늘 우리는 새해를 맞아서 새해의 의미를 살펴보고 우리의 갈 길을 발견해야 합니다. 이것이 바로 믿는다는 크리스천인 우리의 사명입니다.

2. 목적과 목표의 다른 점

금년에 우리들은 어디로 가야 하나? 과연 우리는 새해의 목표가 서있는가? 그냥 작년의 연장인가? 목표란 목적의 어떤 지점을 말하는 것입니다. 따라서 목적이 먼저 서 있어야 하고, 다음은 그 목적을 이루기 위해서 여러 가지의 목표를 세우는 것입니다. 그런데 많은 분들이 목적과 목표를 혼동하고 있습니다. 목적이란 추상적 개념이고, 목표는 구체적 개념입니다. 목표란 목적을 이루는 구체적 단계를 말합니다.

(예) 볼링의 방법은 공을 굴려 1, 3번을 스트라이크 존으로 보내면 스트라이크가 납니다. 그것을 맞추기 위해서 중간에 여러 점들이 있습니다. 따라서 자기의 구질에 따라 그 점을 정해서 볼링을 잘 쳐야 합니다.

마슬로우(A. Maslow)는 인간 삶에는 5가지 동기가 있다고 했습니다. '생물학적 필요/ 안전/ 소속감과 사랑/ 존경/ 자기완성'이라고 했습니다. 그렇다면 우리의 목적은 무엇입니까? 많겠지만 우리 교회의 목표의 하나는 '전도를 통한 교회성장과 선교'입니다.

막 16:15, "너희는 온 천하에 다니며 만민에게 복음을 전파하라."

마 24:14, "이 천국복음이 모든 민족에게 증언되기 위하여 온 세상에 전파되리니 그제야 끝이 오리라"고 말씀하였기 때문입니다.

그런데 우리는 예수님의 재림의 준비자이기 때문에 전도와 선교만이 살 길이요 삶의 목적입니다. 새해를 맞아서 우리는 우리의 삶의 목적을 다시 확인해야 합니다.

3. 구체적으로 어떻게 해야 하나?

(1) 첫째로 우리의 장막 터를 넓혀야 합니다(사54:2).

'삶의 터를 넓히라'는 것입니다. 이사야 당시의 형편은 바벨론 포로로 잡혀가 있었기 때문에 삶의 터전을 넓히기는커녕 그냥 살아남기도 어려운 때였다. 그러나 하나님께서는 삶의 터를 넓히라고 이사야 선지자를 통해 말씀했습니다. 요컨대 그냥 타성에 젖어 있지 말고 변해야 한다는 말입니다.

본문에는 장막 터를 넓히는 방법으로 네 가지를 언급했습니다. 첫째, 아끼지 말라, 둘째, 널리 펴라, 셋째, 길게 하라. 넷째, 견고히 하라고 가르쳤습니다. 그러면 하나님께서 우리에게 세 가지 축복을 해주신다고 했습니다.

첫째, 네가 좌우로 퍼진다(번성하고 영향력이 커진다는 뜻)

둘째, 네 자손은 열방을 얻으며(세계를 지배한다는 뜻)

셋째, 황폐한 성읍들을 사람 살 곳이 되게 할 것이라고 했습니다.

지금 세상은 사람 살 곳이 못 됩니다. 하나님의 문화도 없고 세속문화가 판을 치고, 세속주의가 교회 안에도 들어와 있습니다. 영적으로 황폐한 곳이 되었습니다. 인간에게서 하나님의 형상은 간 곳 없고, 육체가 되어 버린 것입니다. 좀 직선적 표현을 한다면 고깃덩어리가 된 것입니다. 우리는 이런 세상을 사람이 살 곳으로 만들어야 하는데 그것이 바로 복음이요 말씀이요 성령의 역사입니다.

4. 우리가 해야 할 것은 무엇인가?

(1) 두려워 말라

4절에 먼저 "두려워하지 말라"고 했습니다. 두려움은 범죄한 인간의 특징입니다.

아담은 하나님이 불렀을 때 창 3:10절에 보면 "내가 벗었으므로 두려워하여 숨었나이다." 바로 두려움이었습니다. 지금은 고인이 되었으나 하바드 대학의 갈부레드 교수의 말대로 우리는 지금 '불확실성의 시대'에 살기 때문에 두려운 것이 많습니다. 급변하는 세대 속에서 어디로 가야 할지 모르기 때문에 두려운 것입니다. 북한이 언제 전쟁놀이를 할지, 그들이 만든 핵은 언제 사용할지 몰라 두렵습니다. 실직을 당할까봐 두렵고, 경제적 위기로 인해 두렵습니다. 그러나 성경은 말합니다. "내가 벗었으므로 두려워"한다고 . 그러나 사실은 벗었기 때문에 즉 그리스도로 옷을 입지 않았기 때문에 두려운 것입니다.

지금 많은 목회자들이 두려워하고 있습니다. 왜? 교인들의 인기는 떨어지고, 교회성장이 안 되고, 교회의 예산이 부족해서 두렵습니다. 그러나 따지고 보면 전도와 선교를 안 하는 것을 두려워해야 합니다. 하나님의 심판을 두려워해야 합니다.

사 41:10절에는 "두려워 말라 내가 너와 함께 함이라. 놀라지 말라. 나는 네 하나님이 됨이라. 내가 너를 굳세게 하리라. 참으로 너를 도와주리라. 참으로 나의 의로운 오른손으로 너를 붙들리라."

(2) 너를 지으신 이가 네 남편이시라

둘째로 5절에 보니까, 우리를 지으신 분이 누구인가를 알아야 합니다고 했습니다. 성경에는 7가지 언약이 있는데 본문에는 새로운 각도에서 언급하고 있습니다. "너를 지으신 이가 네 남편이시라." 영적으로 우리는 하나님의 신부라는 말씀입니다. 결코 혼자 있는 과부가 아니라는 뜻입니다. 그것도 무능한 남편이 아니라 우리를 창조하신 전능하신 하나님이 우리 성도들의 남편이라는 것입니다. 보호해 주고 돌보아 주고, 인도해 주고 항상 함께 하시는 남편이라는 것입니다. 그러므로 두려워하지 말고 우리는 새해에 하나님의 말씀대로 우리의 장막을 넓혀야 합니다.

최근에 한국의 온도가 1.5도 정도 올라갔다고 합니다. 그것을 우리는 주목해야 합니다. 우리나라는 온대성 기후였으나 제주도는 이미 아열대성으로 변했습니다. 그래서 지금은 제주도에는 사과나 복숭아 같은 것의 재배가 거의 끝나고 이제는 망고와 아치초크와 같은 것을 재배하고 있습니다. 지금 물의 온도 변화로 인해 바다의 물고기 종류가 변하고 있습니다. 이것은 단순히 기후의 변화가 아닙니다. 종말론적 현상입니다.

제가 왜 이 이야기를 합니까? 지금 온도도 변하고, 자연도 변하고 세상이 변하는데 불행하게도 한국의 영적 지도자들은 변하지 않고 있고, 성도들도 변하지 않고 있기 때문입니다. 우리가 변하지 않으면 한국교회는 유럽 교회처럼 형식만 남는 교회가 될 것이기 때문입니다. 이건희 회장의 말처럼 '마누라만 제외하고 다 바꾸라.' 지금 팝 음악을 보니까 옛날에는 가사중심의 음악이었는데 지금은 곡 중심으로 변했습니다. 무슨 말인지 영어도 아니고, 한국말도 아니고 그저 비트가 심한 댄스곡이 중심을 이룹니다. 여자 가수들은 패션처럼 화려한 의상과 섹시한 몸매와 춤에 호소하고 있고, 어떤 때는 스트립 댄스처럼 옷을 하나씩 벗어가기 때문에 점잖은 사람들은 그 앞에 앉아 있기가 민망합니다. 남자 가수들은 여성스러운 모습과 break dance를 가지고 승부를 겁니다. 매주 새로운 사람들이 나타나 인기를 끄는데 이름도 영어중심으로 되어 있는데 뭐 2NE1, 2PM, SG 워너비, 싸이, 등등 물론 자기의 이름이 아닌 소위 연예명은 옛날에도 사용했지만 그러나 지금은 그 이름이 한국 이름이 아닌, 그렇다고 영어 이름도 아닌 어떤 암호 같은 이름으로 나타났다가 인기가 사라지면 또 다른 이름으로 나타나는 정말 기괴하고 망측스럽습니다.

지도자는 누구인가? 지도자와 피지도자의 차이점은 무엇인가? 간단합니다. 변하지 않으려고 하는 사람들은 다 피지도자이고, 변화를 시키는 사람은 다 지도자입니다. 왜 사람들은 변화를 싫어합니까? 그것은 그냥 있는 것이 더 익숙하고, 쉽고 편하기 때문입니다. 그러나 모든 것은 변하기 때문에 우리도 변해야 합니다. 우리 가운데 컴맹이 있을 것입니다. 지도자로서의 자격이 없는 사람들입니다. 왜 새로운 시대의 핵심인 컴퓨터를 모르고 살아갑니까? 지금은 최소한 두 가지를 해야 지도자가 됩니다. 영어와 컴퓨터입니다. 1월 3일 저는 Lou Gerstner의 인터뷰를 들었습니다. 그는 IBM 회사를 적자에서 흑자로 만든 전환장입니다. 그는 지도자는 급변하는 사회에서 변화를 이끌어 가는 사람이라고 정의했습니다. 옳은 말입니다. 그러기 위해서는 무엇보다도 소통과 정직성이 있어야 합니다. 우리의 문제점이 무엇인지 아십니까? 일방소통만 하려고 합니다. 다른 사람들의 소리를 듣지 않습니다. 더 무서운 것은 하나님의 말씀도 듣지 않는다는 데 있습니다.

장막 터를 넓힌다는 말은 '하나님의 축복을 담기 위한 우리의 그릇을 넓히라'는 것입니다. 그것은 두 가지가 있어야 합니다. 첫째는 영성 개발에서 시작됩니다. 기독교의 역사를 보면 6번에 걸친 영성운동이 일어났습니다.

① 초대교회에서는 수도원적 영성운동이 있었고
② 그 후에는 신비적 영성운동이 일어났습니다.
③ 다음에 일어난 것이 토마스 아겜프스의 「그리스도를 본받아」에 나

타난 그리스도를 모방하는 영성운동입니다.

④ 17세기에는 교리중심의 정통주위에 반대하여 경건주의 운동인 요한 웨슬리의 운동이 있었고

⑤ 19세기에는 신비적 종교적 경험을 중심하는 자유주의적 영성운동이 있었으나

⑥ 20세기에는 성령의 은사를 강조하는 오순절의 영성운동이 있었습니다.

이제는 근본부터 새롭게 변화된 영성운동이 일어나야 합니다. 다시 말해서 그리스도 중심적 영성운동이어야 합니다. 즉 헌신과 훈련을 중심으로 한 그리스도와의 연합과 일치를 강조하는 영성운동이 이제 우리들을 통해서 일어나야 합니다.

장막을 넓히라는 말은 다시 전도와 세계선교의 기치를 올려야 한다는 말입니다. 물론 지금 한국의 선교사들의 숫자가 세계에서 둘째이지만 선교사로서 저는 감히 말합니다. 현재로서 통계만으로 만족하지 말아야 합니다. 중요한 것은 선교현장도 변해야 하지만 더 중요한 것은 한국의 모든 교회들이 선교적 마인드를 가져야 한다는 말입니다.

자기 교회만의 성장이 아니라 모든 교회들의 성장을 이끌어 내야 합니다. 그것을 위해서 우리 교회는 금년에 전국적인 깨우침의 운동, 마지막 단비의 부흥운동을 일으켜야 할 것입니다.

사실 지금 세계는 종말론적 현상이 일어나는 위기이지만 그 위기는 또한 우리의 기회입니다. 기회는 누구에게나 오지만 오직 준비된 자만의 것입니다. 그러므로 새해에는 영성운동에서 시작하여 전도와 선교운동으로 우리의 장막 터를 넓혀 2017년에는 하나님의 놀라운 축복을 받기를 축원합니다. 이 '깨우침의 운동'이 바로 우리의 존재목적이 되어야 합니다. 오! 주여 우리를 사용하여 주옵소서.

6·25의 성경적 의미

(사무엘하 24:25)

우리나라의 5천 년 역사는 한마디로 해서 수난의 역사라고 할 수 있습니다. 삼국시대는 수나라와 당나라의 침략을 받았고 고려시대에는 몽고의 침략으로 수난을 당했습니다. 또 조선시대에는 청나라와 일본의 침략을 받았습니다. 특별히 선조 때에는 임진왜란이 있었고 1910년 나라를 잃은 후부터는 일제 밑에서 36년 동안 노예생활을 하였습니다. 그리고 6·25때에는 북괴의 남침으로 부산 앞바다의 물고기 밥이 될 뻔하기도 하였습니다. 이처럼 우리나라는 이스라엘과 마찬가지로 수난의 역사를 반복하여 왔습니다. 이제 우리는 다음 주간에 6·25 37주년을 맞이하게 되는데 이것을 성경적 측면에서 살펴보면서 6·25의 성경적 의미가 무엇인지, 오늘에 주시는 하나님의 뜻은 무엇인지 살펴보면서 함께 은혜를 나누기를 원합니다.

6·25는 세 가지의 중요한 의미가 있습니다.

1. 6·25는 하나님의 심판의 채찍

첫째로 6·25는 하나님의 심판의 채찍임을 알아야 합니다. 사무엘하 24장 13절을 보면 기근, 전쟁, 온역 등은 하나님의 심판이라고 하였습니다. 그러므로 6·25는 우연히 일어난 것이 결코 아닙니다.

우리나라를 가리켜 흔히 종교천국이라고 말합니다. 여러 가지의 잡동

사니 종교들이 판을 치고 있다는 말입니다. 이것을 다른 말로 말하면 우리나라는 우상숭배의 나라라는 말입니다. 먼저 우리나라의 민간신앙의 흐름을 보면 세 가지가 그 중심을 이루고 있습니다.

① 신령이 인간의 길흉화복을 지배한다는 생각,
② 사주팔자로 인생의 운명이 결정된다는 생각,
③ 풍수지리가 인생과 역사의 흥망성쇠를 결정한다는 생각입니다. 여기서 세 가지의 민속신앙이 나왔습니다.

먼저 신령이 길흉화복을 지배한다는 생각에서 조상에게 제사를 지내고 무당굿이나 부락에서 공동으로 부락제라는 것을 드렸습니다. 이것은 신령의 힘을 빌려 재난을 없애고 복을 받자는 목적 때문입니다. 요즈음 신문, 잡지를 통해서 철학관이란 이름으로 신수 또는 운수를 보게 해준다는 광고를 수없이 볼 수 있습니다. 사주, 궁합, 관상, 골상, 족상, 수상(손금)을 본다는 것입니다. 그래서 연애냐, 중매냐를 알아맞히고 결혼은 몇 살 때 해야 하며 지금 교제하고 있는 사람과 앞으로 행복할 것인지 혹은 결혼 못할 사람인지 알아맞힌다는 것입니다. 또 젊어서 과부가 될 것인지, 남편이 바람을 피울 때 어떻게 바람을 잡을 수 있는지, 승진, 이사, 직업, 금전매매, 대학시험 등 운명을 속 시원히 판단해 준다는 것입니다. 그런데 놀라운 것은 그리스도교인들 가운데 이런 데 가는 사람이 적지 않고 심지어 어떤 기도원에서는 예언기도까지 해주고 돈을 받는다는 것입니다.

둘째는 점복, 예언으로서 토정비결이라는 책이 있습니다. 이것은 개인의 길흉화복을 미리 알아보자는 것입니다. 본래 토정은 16세기 선조 때 이지함이라는 사람이 마포 강기슭에 흙담을 쌓아 토실을 만들고 살았다는 데서 나온 호입니다. 이것은 해, 달, 일진을 숫자적으로 따져서 상중하의 세 패를 만들어 주역의 음양설을 이용해서 인간의 길흉화복을 설명하는 거짓 예언서입니다. 예를 들면 이렇게 설명합니다. '동풍에 얼음이 풀리니, 마른 나무가 봄을 만나도다'라고 하면서 이것은 곤란한 사람이 차차 형편이 펴고 또한 공명을 얻을 쾌라고 해석합니다. 이런 등등의 암시적인 말로 보는 사람에 따라 해석할 수 있기 때문에 결과적으로 사람들을 유혹합니다.

셋째는 풍수, 도참사상으로서 대표적인 것이 정감록이 있습니다. 이것은 정감이란 가명을 가진 사람이 쓴 것으로서 지금 여러 개가 전해져 내려옵니다. 이 책은 풍수지리설을 중심으로 이씨 조선이 망하고 정씨 조선이 새로 일어난다는 일종의 반왕조적 말세론입니다. 그런데 문제는 이런 무속신앙이 우리나라의 많은 사람들의 마음을 지배하고 있으며 심지어 그리스도교인들까지 이런 무속신앙에 영향을 받아 연초가 되면 많은 신자들이 점점 기복신앙으로 기울어지고 있다는 점입니다. 어떤 곳에서는 예수의 이름으로 점을 치는 백마 술을 하는 예수무당까지 성행하고 있습니다.

하나님께서 8·15의 해방을 은혜로 주시고 예수를 믿는다는 이승만 정권을 허락하셨는데 민족복음화에는 전혀 관심이 없고 자신의 정권연장에만 혈안인 것을 아시고 "야 이놈아 정신 좀 차려"하고 북쪽에 있는 붉은 몽둥이로 친 것이 바로 6·25란 말입니다. 그러므로 6·25는 우상숭배를 버리지 못하는 우리나라에 대한 하나님의 심판의 채찍인 것을 알아야 합니다.

2. 6.25는 하나님의 사랑의 채찍

그러나 엄밀히 말하면 6.25는 우리 민족에게 주신 하나님의 사랑의 채찍입니다. 왜냐하면 3개월 만에 잃었던 서울을 다시 찾게 해주셨기 때문입니다. 사실 6·25를 전후해서 일어난 사건들은 하나님께서 우리

민족을 얼마나 사랑하고 계신다는 것을 보여줍니다. 유엔 안전보장이사회가 모였을 때 거부권을 가지고 있던 소련이 참석하지 못했다는 것은 하나님의 섭리가 아니면 있을 수 없는 일이었습니다. 만약 이때 소련이 참석해서 거부권을 행사하였다면 유엔군은 참전하지 못했을 것이고 그렇다면 남한은 완전히 적화되었을 것은 두말할 필요도 없습니다.

그러나 하나님의 섭리로 소련은 불참하였고 그래서 유엔군을 보내어 남한의 적화를 막아주신 것입니다. 따라서 6·25는 하나님의 집행유예라고 할 수 있습니다.

왜 그때 하나님은 우리 민족을 진멸하지 않았을까요? 첫째는 우리 민족에 대한 하나님의 사랑 때문이요, 둘째는 많은 성도들이 순교의 피를 흘렸기 때문이요, 셋째는 남한에 있는 성도들의 새벽기도를 들어주셨기 때문이며, 넷째는 소돔과 고모라 성과는 달리 의인 열 사람이 있었기 때문입니다. 당시에 죽은 수많은 순교자들이 바로 의인들이었기 때문입니다.

3. 6.25는 하나님의 사명의 약속

6·25의 세 번째 의미는 그것이 하나님의 사명의 약속이란 점입니다. 선교의 역사를 보면 복음은 예루살렘에서 시작하여 로마, 스페인, 영국, 미국을 거쳐 마침내는 우상숭배의 나라인 한국에까지 복음이 전파된 것입니다. 그것도 만여 명의 순교의 피의 거름 위에 세계 제일의 성장을 가져온 것입니다. 이것은 분명히 주님 재림 직전에 마지막 주자로서의 사명을 감당하게 하기 위해서입니다. 더구나 한국교회의 성장사를 보면 6·25 이후에 갑작스럽게 새벽기도가 전국적으로 시작되었고 결과적으로 교회가 성장한 것을 볼 수 있습니다.

이것은 하나님의 우리 민족에 대한 역사적 뜻이 있음을 말해줍니다.

그렇습니다. 6·25는 민족을 복음화하고 동남아에 복음을 수출하고 세계의 제사장 교회로서의 사명을 맡겨주시는 하나님의 섭리인 것입니다.

그러면 6·25전쟁 37돌을 맞이하는 우리는 어떻게 해야 합니까?

무엇보다도 먼저 깨달아야 합니다. 호세아 4장 14절에 "깨닫지 못하는 백성은 패망하느니라."고 하였습니다. 기록된 하나님의 말씀도 깨달아야 하지만 역사를 통하여 나타나는 하나님의 일반계시도 깨달아야 합니다. 우이독경이란 말이 있거니와 역사를 통하여 들려주시는 하나님의 세미한 음성을 듣지 못한다면 이것은 슬픈 일입니다. 이스라엘 예루살렘의 시외버스 정거장에 가면 큰 돌이 하나 서있고 거기에 '잊지 말라'는 말이 히브리어로 기록되어 있습니다. 600만이 살해된 홀로코스트를 기억하라는 교훈입니다. 독일도 다카오에 가보면 저들의 부끄러운 역사를 자세하게 보전하고 있습니다. 다 역사의 잘못을 반복하지 않기 위해서입니다. 그러므로 우리도 깨닫고 역사의 잘못을 반복하지 말아야 합니다.

그러면 무엇을 깨달아야 합니까? 먼저 과거의 죄를 깨달아야 합니다. 그렇지 아니하면 하나님의 채찍을 또 맞게 되기 때문입니다. 우리는 제2의 6·25를 막기 위해 우상숭배의 죄를 하나님 앞에서 토해내야 합니다. 회개를 통해서만 궤도 수정과 새로운 시작이 가능하기 때문입니다. 둘째로 6·25때의 순교정신을 계승해야 합니다. 지금 우리의 신앙은 너무 세속화되어 가고 있습니다. 그러므로 다시 6·25때 가졌던 그 순교적 신앙을 회복해야 합니다. 셋째로 민족복음화가 하나님의 절대사명임을 깨달아야 합니다.

우리는 남북통일의 성업을 위해서 하나님께 매달려 기도해야 합니다. 남북통일의 방법은 마치 이스라엘이 가나안에 들어가는 과정과도 같습니다. 그러므로 먼저 이스라엘이 법궤를 앞세우고 믿음으로 가나안을 향하여 갔듯이 우리도 그런 자세를 가져야 합니다. 여기서 법궤를 앞세

우고 간다는 것은 말씀 중심의 신앙을 의미합니다. 다음은 다윗이 골리
앗을 쓰러뜨릴 때 가졌던 절대적인 신앙을 가져야 합니다. 시편 146편
3절에 방백이나 인생을 의지하지 말라고 하였고 시편 146편 4절에는
"야곱의 하나님으로 자기 도움을 삼으며 여호와 자기 하나님에게 소망
을 두는 자는 복이 있도다"라고 하였습니다. 그러므로 우리는 6·25를
맞아 전능하신 하나님만을 의지하여 지난 과거의 죄를 깨닫고 그에게
매달려 기도하여 제2의 6·25를 미연에 방지하는 것은 물론이고 남북통
일의 성업을 이룩하는 계기가 되기를 바랍니다.

8.15 해방과 참 자유

(갈5:1)

1945년의 해방은 성경적으로 어떤 의미를 가지는지를 살펴보면서 하나님이 주시는 참 자유를 어떻게 얻으며 또 어떻게 사용해야 할지를 함께 살펴보려고 합니다.

오늘 우리는 8.15 해방의 날을 맞으면서 인간은 자유가 없이는 참 행복을 누릴 수 없다는 사실을 먼저 기억할 수 있기를 바랍니다. 물론 8.15 해방은 정치적으로 말하면 UN군에 의해서 얻게 된 것입니다. 그러나 좀 더 정확하게 말하면 8.15의 해방은 하나님께서 우리 민족을 사랑하셔서 은혜로 주신 선물입니다. 할렐루야.

오늘 저는 해방이란 개념보다는 좀 더 넓은 관점에서 자유라는 개념에서 말씀을 드리려고 합니다. 8.15가 우리에게 준 것은 정치적 자유뿐이었습니다. 이것만으로는 참 자유를 누릴 수 없습니다.

1. 자유의 중요성

우리가 역사를 보면 인간은 자유를 얻기 위해서 투쟁해온 것을 볼 수 있습니다. 패트릭 헨리의 "자유 아니면 죽음을 달라"는 외침은 인류의 소망이 바로 참 자유에 있다는 것을 말해줍니다. 그런 점에서 인류의 역사는 자유를 얻기 위한 투쟁사라고 할 수 있습니다. 그러나 인간은 지금 무엇인가에 얽매여 살고 있습니다. 어떤 사람은 가정에 얽매여 살고 있고, 어떤 사람은 직장에 얽매여 살고 있고, 또 어떤 사람은 돈에 얽매여 살고, 또 어떤 사람은 습관에 얽매여 살고 있습니다. 우리는 과연 무엇에 얽매여 살고 있습니까?

2. 자유란 무엇인가?

'제한을 받지 않는 것'이 자유입니다. '내가 남을 제한하지 않을 뿐 아니라 남에게서도 제한을 받지 않는 것'이 자유입니다. 이 세상에서는 정치, 경제, 사회, 언론, 집회, 결사의 자유를 얻기 위해서 투쟁을 하고 있습니다. 그러나 이것 외에 진정으로 중요한 것, 아니 더 중요한 것이 있습니다. 그것은 바로 영적인 자유입니다. 다른 모든 자유가 있어도 영적인 자유가 없으면 소용이 없기 때문입니다.

3. 우리의 자유함을 빼앗는 원수는?

(1) 억압하면서 자유를 빼앗는 것은?

우리를 억압하면서 자유를 빼앗는 것이 무엇입니까? 우리를 영적으로 제한하고 있는 것이 무엇입니까?

첫째는 사탄 마귀입니다(요8:41, 44). 근본적으로 말하면 사탄이 우리의 참 자유를 빼앗고 있는 것입니다. 왜냐하면 사탄은 우리를 자기의 종으로 사용하다가 지옥에 떨어뜨리기를 원하기 때문입니다.

둘째는 우리의 지은 죄가 우리를 묶고 있습니다. 요 8:34절에 "죄를 범하는 자마다 죄의 종이니라"고 했습니다. 이런 종의 자리에서 자유 함을 받는 것은 오직 예수님만이 주십니다. 그래서 본문에서는 "그리스도께서 우리로 자유롭게 하려고 자유를 주셨으니"라고 했습니다. 좀 더 구체적으로 말씀드리면 주님의 십자가로 말미암아 우리들에게 참 자유를 주신 것입니다. 그러면 구체적으로 우리가 어떻게 참 자유를 얻을 수 있습니까? 요한복음 8:32절에 "진리를 알지니 진리가 너희를 자유롭게 하리라"고 했습니다. 그러나 많은 사람들이 말씀에 무지합니다. 심지어 성도들도 말씀을 잘 모릅니다. 도대체 진리가 무엇입니까? 바로 예수님이 진리입니다. "내가 곧 길이요 진리요 생명이니 나로 말미암지 않고는 아버지께로 올 자가 없느니라"(요 14:6) 그러므로 우리는 먼저 예수님을 통해서 참 자유 함을 받아야 합니다.

셋째는 율법이 바로 우리들을 억압하고 있습니다. 주님은 다 이루었다고 하였는데 많은 사람들은 아직도 자기의 힘으로 무엇을 이루려고 합니다. 그러므로 우리는 모든 율법으로부터 참 자유 함을 얻어야 합니다.

넷째는 더 무서운 것이 있습니다. 그것은 바로 사망입니다. 궁극적으로는 죽음이 우리들을 위협하고, 억압하고 있습니다. 그러므로 우리는 죽음에 대한 두려움에서 벗어나야 합니다. 어떻게 벗어납니까? 그것은 영생에 대한 확신을 가질 때에 이루어집니다. 믿음으로 우리는 참 자유함을 얻을 수가 있습니다.

4. 참 자유함을 얻는 비결은?

(1) 예수 그리스도를 구주로 영접하면 자유가 옵니다.

요 8:36절에 "그러므로 아들이 너희를 자유롭게 하면 너희가 참으로 자유하리라." 믿습니까?

(2) 성령을 받으면 참 자유함을 얻습니다.

고후 3:17절에 말씀했습니다. "주는 영이시니 주의 영이 계신 곳에는 자유함이 있느니라." 아멘.

(3) 진리를 깨달으면 자유 함을 받습니다.

요 8:31-32절에 "너희가 내 말에 거하면 참 내 제자가 되고, 진리를 알지니 진리가 너희를 자유롭게 하리라"고 했습니다.

5. 이미 얻은 자유를 우리는 어떻게 사용해야 합니까?

(1) 먼저 자유로 육체의 기회를 삼지 말아야 합니다(갈5:13).

(2) 내 자유가 남에게 거침돌이 되어서는 안 됩니다(고전8:9).

(3) 다시는 종의 멍에를 메지 말라

오늘 본문에서 말씀했습니다. "그러므로 굳세게 서서 다시는 종의 멍에를 메지 말라." 여기에는 크게 두 가지의 비결이 있다고 했습니다.

먼저 굳세게 서야 합니다. 세상에는 모래 위에 서는 사람이 있고, 반석 위에 서는 사람이 있습니다. 우리는 만세 반석 되신 예수님 위에 우리의 인생을 건축해야 합니다. 다시는 종의 멍에를 메지 말아야 합니다.

멍에란 말은 짐승의 목에 얹어놓은 나무틀을 말합니다. 그러나 성경에서는 종의 생활이나 포로로서의 속박을 말합니다. 첫째는 죄를 짓는 것을 말합니다. 둘째는 회개하지 않는 삶을 말합니다. 셋째는 그리스도를 떠난 삶을 말합니다.

지금까지 우리는 자유를 얻는 비결을 중심으로 함께 살펴보았습니다. 믿는 사람들은 다 참 자유를 가지고 있습니다. 우리가 참으로 자유함을 받는 것은 불교에서 말하는 무소유의 삶이 아닙니다. 그리스도 안에 있으면 우리는 다 참 자유함을 얻을 수 있습니다. 왜냐하면 제일 무서운 것은 죄로부터 자유함을 받았기 때문입니다. 다음에는 이미 얻은 자유를 지켜나가야 합니다. 그것은 바로 주님 안에 굳게 서는 것입니다. 그리고 다시는 종의 멍에를 메지 말아야 합니다. 바로 이런 참 자유 함을 받아서 항상 주님과 동행하는 삶을 살기를 주님의 이름으로 축원합니다.

한 사람을 찾습니다

(렘5:1-6)

우리는 '하나'를 무시할 때가 참 많습니다. 그러나 모든 숫자는 하나에서 시작되고, 천리 길도 한 걸음에서 시작된다고 했습니다. 그러므로 하나는 대단히 중요합니다. 왜냐하면 모든 것의 시작이요 기초이기 때문입니다.

지금 우리는 아라비아 숫자를 사용합니다만 아주 옛날에는 이 숫자가 없었기 때문에 gematria(유대교 수비학)이라는 것을 사용했습니다. 예를 들면 A(1), B(2), C(3), … J(10), K(20)… S(100), T(200)… 이런 식으로 알파벳으로 숫자를 표현했습니다. 이것을 게마트리아라고 말합니다. 성경에 보면 마귀의 숫자를 666이라고 했는데 이것은 바로 게마트리아의 방법을 사용한 것입니다. 그래서 666을 네로 황제니, 히틀러니 하고, 해석하기도 하고, 오늘날에는 컴퓨터의 코드가 666이기 때문에 컴퓨터라고 주장하는 사람도 있습니다. 아무튼 모든 숫자는 하나에서 시작하기 때문에 하나는 대단히 중요합니다.

1. '한 사람의 중요성'부터 살펴보겠습니다.

사실 '하나'라는 숫자는 가장 작은 숫자입니다. 가장 보잘 것 없는 숫자입니다. 그러나 모든 숫자는 하나에서 시작합니다. 역사를 보아도 하나에서 시작됩니다. 그런데 성경에 보면 이 한 사람의 의미를 강조한 것을 볼 수 있습니다.

롬 3:23 "모든 사람이 죄를 범하였으매 하나님의 영광에 이르지 못하더니" 그러면 그 죄가 누구를 통해서 왔는가?

롬 5:12 "한 사람으로 말미암아(아담) 죄가 세상에 들어오고" 그러나 17절에 보면 "한 분 예수 그리스도로 말미암아 생명 안에서 왕 노릇하리라"고 했습니다. 한 사람, 즉 아담으로 말미암아 죄가 세상에 들어오고, 한 사람, 예수 그리스도로 말미암아 구원의 길이 열렸다는 말입니다. 그러므로 한 사람은 대단히 중요합니다. 그래서 하나님께서는 한 사람을 찾는 것입니다.

마태복음 25장에 보면 달란트의 비유가 나옵니다. 5달란트, 2달란트, 1달란트. 불행하게도 한 달란트 받은 자는 자기의 달란트가 작다고 방관하다가 그만 있는 것마저 빼앗겼습니다. 무익한 종이라고 해서 바깥 어두운 곳으로 쫓겨났습니다. 왜 그랬을까요?

하나라고 소홀히 여겼기 때문입니다. 그래서 땅을 파고 자기의 달란트를 감추어 두었습니다(18절). 그는 거짓말도 안 했고, 도적질도 안 했고, 살인도 안 했지만 그러나 그는 지옥의 심판을 받게 되었다고 했습니다. 그의 죄는 '안 한 것뿐'입니다. 그것도 많은 것이 아니라 하나, 한 달란트뿐입니다. 그러나 여기서 우리들에게 가르쳐 주는 교훈은 작은 것, 하나가 얼마나 중요하다는 점입니다.

그러므로 세상이야 썩든 말든 나 하나만이라도 바로 살면 세상에는 소망이 있고 가능성이 있습니다. 하나님은 바로 나 한 사람을 찾습니다. 오늘 우리는 성경에서 참 이상한 것을 봅니다. 그것은 하나님의 구인광고입니다.

2. 하나님의 구인광고는 어떤 것입니까?

최근 발표에 의하면 대학을 졸업하는 사람들의 반 이상이 직업을 구하지 못한다고 합니다. 참으로 안타까운 일입니다. 그런데 재미있는 사실은 사람을 구하는 사람의 입장에서 보면 필요한 사람이 없어서 난리입니다. 저희 교회에서도 사람을 구하기 위해서 신문에 비싼 구인광고를 내고 있습니다. 그러나 직장을 구하는 사람들은 신문은 물론 인터넷을 통해서 구직을 하고 있고, '교차로'나 '벼룩시장' 같은 신문의 구인광고를 통해서도 구직을 하고 있습니다.

그런데 가장 놀라운 것은 하나님께서도 구인광고를 하고 있다는 사실입니다. 오늘의 본문이 바로 그것입니다. 하나님께서 얼마나 급하셨는지 빨리 왕래하면서 찾아보라, 넓은 거리에서 찾아보라고 했습니다.

그러면 하나님이 원하는 구인광고의 내용은 무엇입니까?

렘 5:1절에 나옵니다. "공의를 행하며, 진리를 구하는 자를 한 사람이라도 찾으면 내가 이 성을 사하리라" 하나님이 구하는 사람은 두 가지 자격을 갖춘 사람이라고 했습니다. 첫째는 '공의를 행하며'라고 했고, 둘째는 '진리를 구하는' 사람이라고 했습니다.

〔1〕공의로 사는 사람

미국의 루즈벨트 대통령은 그의 정치이념을 세 가지로 요약해서 말했습니다. 이것이 그의 좌우명입니다.

첫째로 파도가 밀려올 때에는 사자처럼 용감해지는 것이고, 둘째는 파도가 더 높이 배를 덮을 때에는 쥐를 잡는 것이고(작은 일부터 차근차근 해결해나간다는 뜻), 셋째로 어떻게 해야 할지 당황스러울 때는 공의의 편에 서는 것이라고 했습니다. 그러나 대부분의 사람들은 파도가 밀려올 때에는 임시로 모면할 구실이나 찾고, 더 큰 파도가 배를 덮치면 불도저로 파도를 밀어내고, 어떻게 해야 할지 의심스러운 때에는 무조건 상

부의 지시대로 삽니다. 공의란 간단히 말하면 정직하게 사는 것입니다. 기하학에서는 최단거리는 직선이라고 배웠습니다. 인생에서도 최단거리는 직선, 즉 정직입니다. 정직은 최고의 자본이고, 최선의 정책입니다.

정직으로 유명한 사람은 아브라함 링컨이었습니다. 그는 어려서부터 'Honest Abe'라는 별명으로 불렸습니다. 거짓말을 하지 않을 뿐 아니라 약속한 것은 어떤 상황에서도 손해를 보면서도 지켰습니다. 링컨은 가난한 집에서 태어났기 때문에 18살 때 집을 나와 상점 점원으로 일을 했습니다. 한번은 상점 문을 닫고 장부를 펴고 결산을 하던 중에 어느 부인으로부터 3센트 더 받은 사실이 드러나서 그 집을 찾아서 돌려준 적이 있었습니다. 그리고는 실수로 더 받은 것을 사과하고 돌아왔습니다. 그때 그 부인은 감탄을 하면서 말했습니다. "이것은 백금보다 더 중요합니다. 당신의 이 고귀한 마음은 언제인가 참된 값으로 인정받을 때가 올 것입니다"라고 말했습니다. 그러므로 그가 미국의 16대 대통령이 된 것은 결코 우연이 아니었습니다.

(2) 다음은 진리를 구하는 사람, 즉 진실을 구하는 사람

각 나라마다 물건을 살 때 습관이 다릅니다. 미국 사람들은 실용적이냐고 묻습니다. 프랑스 사람들은 최신 유행이냐고 묻습니다. 러시아 사람들은 공짜냐고 묻습니다. 그러나 한국 사람들은 진짜냐고 묻습니다. 왜냐하면 가짜가 너무도 많기 때문입니다. 지금도 가짜 지도자들이 많아서 문제입니다. 특히 선거철이 되면 더욱 그렇습니다.

「톰 소여의 모험」을 쓴 마크 투웨인은 많은 곳에 투자를 했지만 계속해서 속아서 손해만 많이 본 사람으로 유명합니다. 하루는 어떤 사람이 발명품이라고 가져와서 5달러만 주고 그 발명품의 주식을 사라고 했습니다. 보니 너무도 시시한 것이어서 그만 가짜라고 생각하여 거절하고

돌려보냈습니다. 그것이 바로 오늘날도 없어서는 안 될 그레함 벨이 만든 전화기였던 것입니다. 가짜는 택하면서 진짜는 거절하였다는 말입니다. 우리도 그런 때가 너무도 많습니다.

미국에 유명한 백화점 가운데 JC Penney란 백화점이 있습니다. 그 창설자인 페니는 아주 훌륭한 크리스천이었습니다. 그는 1971년에 95세로 죽을 때 미국 전역에 1665개의 백화점을 남긴 사람입니다. 그는 소년 시절에 미조리주의 한 식품점에서 점원으로 일을 했습니다. 그런데 그 식품점 주인은 싸구려 커피를 값비싼 커피에 섞어서 비싼 값으로 팔았습니다. 페니는 그 사실을 아버지에게 장난삼아 말했습니다. 그런데 그의 아버지는 웃지도 않고, 당장 거기서 나오라고 야단을 쳤습니다. 당시 직장을 구하는 것이 쉽지도 않았지만 페니는 아버지의 뜻에 따라서 그만 두었습니다. 여기서 그는 정직이 상도의 기본임을 배웠습니다. 그가 백화점 왕이 된 것은 우연이 아니라 그의 정직의 결과였던 것입니다.

이것은 미국 뉴잉글랜드의 한 도시에 있었던 일입니다. 전기가 갑자기 나갔는데 고치지 못해서 계속 정전상태에 있어야만 했습니다. 도저히 고칠 수가 없어서 전에 발전소에 오래 있었던 한 기술자가 가까이 살고 있는데 그에게 자문하기로 했습니다.

그는 와서 나무망치로 여기저기 두들기면서 살펴보았습니다. 한 곳에 와서 툭 치는 순간에 전기가 들어왔습니다. 얼마 후에 청구서가 날아왔습니다. 천불 2센트였습니다. 내역은 망치로 두들기는 수고비는 2센트이지만, 어느 곳을 두드려야 하는지 그 지점을 찾아내는 기술은 천불이라고 기입되었다고 합니다.

우리가 참으로 행복하기를 원한다면 올바른 곳을 두들겨야 합니다. 그것은 바로 진리 되신 예수 그리스도이십니다. 그러면 개인의 문제는 물론 세상의 모든 문제가 다 해결될 줄로 믿습니다.

우리가 잘 아는 마틴 루터의 종교개혁은 진실을 추구한 결과였다는 것을 우리는 기억해야 합니다. 헤밍웨이가 대문장가가 되어 노벨 수상자가 된 것은 그의 양심에서 들려오는 음성 때문이었습니다. 그것은 'All you have to do is write one true sentence.'란 하나의 철학에서 비롯된 것입니다.

맺는말

지금 하나님은 많은 사람을 찾는 것이 아니라 한 사람을 찾습니다. 여기에 있는 내가 "내가 여기 있나이다. 나를 보내소서"하고 응답할 수는 없을까요? 그러나 누구나 다 되는 것이 아니라 공의를 행하고, 진리를 구하는 자여야 합니다.

한 해를 마무리 지으면서 자신을 돌아보게 되는 이 시점에 새로운 시작을 할 수 있는 나 한 사람이 되기를 진심으로 바랍니다. 하나님이 찾으시는 바로 그 한 사람이 되기를 바랍니다.

여관집 주인과 목자들

(눅2:1-14)

　예수님이 이 땅에 오셨을 때에 아주 대조적인 자세를 볼 수 있습니다. 하나는 동방박사들과 헤롯의 자세입니다. 헤롯은 권력욕에만 빠진 나머지 예수님을 제거하려고 잔인하게 베들레헴의 두 살 이하의 모든 사내아이들을 죽였습니다. 그러나 자신은 비참하게 죽고 말았습니다. 반대로 동방박사들은 진리를 탐구하는 사람들이었는데 의를 위해서 희생할 줄 아는 사람들이었습니다. 결과적으로 아기 예수님을 만나 경배하는 축복을 받았습니다. 다른 또 하나의 대조는 여관집 주인과 목자들의 자세입니다. 동방박사와 헤롯의 모습은 우리들과는 좀 거리가 있는 것처럼 보입니다만 여관집 주인과 목자들은 소시민들이기 때문에 바로 우리의 얼굴입니다.

1. 여관집 주인의 삶의 철학

　세상에는 일만 이천 가지가 넘는 직업이 있습니다만 뭐니 뭐니 해도 여관업만큼 바쁜 직업도 없을 줄 압니다. 그러나 여관업이 항상 바쁜 것은 아닙니다. 소위 계절에 따라, 절기에 따라 사람들이 많이 올 때가 있고, 좀 한가할 때가 있습니다.

　직업에는 이렇게 소위 season을 타는 것들이 있습니다. 아이스크림 장사는 여름 한 철뿐이고, gift-shop은 성탄절을 중심으로 한 특별한 절기 때가 중심이 되고, 또 여행사는 비행기와도 연결이 되어 season 과 off-season이 있습니다. 이때에는 값도 더 비싸고, 디스카운트도 없습니다. 불친절합니다. 특별히 후진국에서는 바가지요금이란 것이 있습니다. 본문에 나오는 여관도 마찬가지입니다. 사람들이 많이 여행하는 휴가 절기에는 사람들이 만원입니다. 그래서 불친절하기가 쉽습니다. 누가복음 2:1절에 보면 황제인 가이사 아구스도가 호적을 하라는 영을 내려서 사람들마다 고향으로 호적을 하게 되었다고 했습니다. 이것은 여관업을 하는 사람들에게는 돈을 벌 수 있는 최고의 기회입니다. 왜냐하면 로마의 나라 안에 살고 있는 사람들은 누구나 다 호적을 다시 해야 하기 때문이었습니다.

옛날이나 오늘이나 인구조사는 정치하는 사람들에게는 아주 중요한 의미를 가지고 있습니다. 인구조사를 하는 이유는 크게 두 가지입니다. 하나는 세금을 부과하려고, 특별히 옛날에는 인두세란 것이 있었습니다. 오늘의 주민세입니다. 다른 하나는 군대에서 싸울 수 있는 사람들의 숫자를 헤아려 보려고 하였습니다. 가이사 황제의 인구조사는 아마도 세금관계 때문에 했을 것입니다.

중요한 것은 메뚜기도 한철이라고 여관집 주인에게는 돈을 벌 수 있는 좋은 기회가 왔다는 것입니다. 인생에 기회는 누구에게나 찾아오지만 그러나 그 기회를 활용할 수 있는 것은 오직 준비된 사람만이 할 수 있습니다. 사람에게는 공부할 수 있는 기회가 있고, 친구를 사귀는 기회도 있고, 결혼할 수 있는 기회도 있습니다. 또 돈을 벌 수 있는 기회도 있습니다. 그때에 돈을 벌어야 합니다. 저에게도 두 번 돈을 많이 벌 수 있는 기회가 있었습니다. 한 번은 미국에서 가발 가게를 내어 장사를 할 때였습니다. 70년대 초에는 그야말로 돈을 긁어모았습니다. 그러나 저는 일 년만 하고, 공부하는 데 시간을 보냈습니다. 그 결과 저와 저의 집사람이 함께 공부할 수 있는 기회를 가졌습니다. 저는 지금 생각해도 참 잘 했다고 생각이 됩니다. 두 번째 기회는 총신에서 교수로 있을 때였습니다. 소위 한 참 뜰 때였습니다. 책을 쓰는 것마다 잘 팔렸고, 강의도 많은 신청이 와서 돈도 많이 벌고 가족들도 편하게 살 수 있는 기회가 있었습니다. 그러나 저는 이런 것을 다 포기하고 목회를 하기 시작하였습니다. 솔직히 목회에서 고생을 할 때마다 약간의 후회가 전혀 없었던 것은 아닙니다만 이것도 하나님 앞에서 칭찬 받을 줄로 믿고 감사를 드립니다.

그렇습니다, 누구에게나 성공이나 돈을 벌 수 있는 기회가 한두 번은 꼭 옵니다. 그러나 중요한 것은 모든 기회를 다 잡으려고 하는 사람은 아무것도 잡지 못합니다. 왜냐하면 무엇을 잡으려면 다른 것들을 버려야 하기 때문입니다. 그러므로 생의 목적을 분명히 하고 우선순위에 따라 선택을 해야 합니다. 따라서 선택을 어떻게 하느냐에 따라 우리는 좋은 것을 택할 수도 있고, 나쁜 것을 택할 수도 있습니다. 행복할 수도 있고, 불행할 수도 있습니다. 성공할 수도 있고, 실패할 수도 있습니다. 선택이 중요합니다.

그러면 이 여관집 주인의 선택의 실수는 어디에 있습니까? 돈보다 고객이 더 귀하다는 것을 깨닫지 못한 데 있습니다. 여관집에 오는 사람들을 돈으로만 계산한 데 문제가 있었습니다. 그래서 돈이 없는 마리아와 요셉은 방을 줄 수가 없었던 것입니다. 돈이 많아 보세요. 자기의 안방이라도 내어주었을 것입니다. "이는 사관에 있을 곳이 없음이더라." VIP가 아닌 요셉과 마리아에게 방을 줄 수는 없었던 것입니다. 그러나 돈이란 따라올 때 귀한 것이고, 많이 벌 수 있지, 돈이 목적이 되면 의미도 없고, 사람이 추해집니다. 장사하는 것도 마찬가지입니다. 오는 손님 하나 하나를 귀하게 보고 그들에게 편리를 제공하는데 목적이 있는 사람은 돈이 따라 옵니다. 그러나 돈만 보면 사람은 보이지 않습니다. 결국 나쁜 소문이 나게 되어 있고, 고객들을 잃게 됩니다.

　인생을 살다 보면 많은 사람들을 만납니다. 이때 어떤 사람을 만나느냐에 따라 성공과 실패가 결정됩니다. 세상에는 만나지 말아야 할 사람들이 있고, 꼭 만나야 할 사람들도 있습니다. 결혼이나 친구의 사귐이 바로 그런 것입니다. 돈이나 이해관계를 중시하는 사람들은 사람을 볼 줄 모릅니다. 여관집 주인의 비극은 사람을 볼 줄 모른다는 데 있었습니다. 그래서 자신에게 찾아온 행운을 버린 것입니다. 만약 그때에 여관집 주인이 어떻게 말구유에서 아기를 낳습니까? 저의 안방을 내어드리겠습니다 라고 하면서 아기 예수님이 자신의 안방에서 태어나게 했다면 그의 운명은 크게 달라졌을 것이고, 성경에 영원히 남는 위대한 인물로 기록되었을 것입니다. 그런데 억울하게도 그 기회를 놓치고 만 것입니다. 아니 여관집 주인에게는 너무도 당연한 것이었습니다. 그의 삶의 철학이 근본적으로 잘못되었기 때문입니다

　오늘 여관집 주인의 잘못은 첫째로 자기에게 주어진 기회를 놓쳤다는 것, 그것은 바로 우선순위를 바로 하지 못한 결과라는 것입니다

　동서양을 비교해 보면 그 철학이 전혀 다릅니다. 동양 사람들을 '바둑 철학'이라고 합니다. 바둑은 동적이지 않고 정적입니다. 바둑에서는 집을 많이 짓고 영토를 많이 확보하는 사람이 승리하는 것입니다. 그러나 바둑의 초보자는 상대방을 잡아먹는 데만 재미가 있습니다. 또 집을 지어도 자기의 수보다 많이 크게 집을 지으려고 욕심을 내다가 결국 집을 짓지 못하여 패하고 맙니다. 그래서 한국의 철학은 질보다 숫자를 중시하는 철학입니다.

　그러나 미국의 철학은 '미식축구'에 있습니다. 럭비와 축구를 합하여 미국에서 독자적으로 만든 경기인데 미국 사람들은 정치를 할 때에도

미식축구 식으로 용어도 그대로 사용하고, 정치와 전쟁과 사업에서 이 미식축구의 철학이 활용됩니다. 먼저 동적이란 것이 특징입니다. 미식축구의 특징은 오펜스와 디펜스로 모든 것을 나누어서 역할을 분담합니다. 따라서 한국의 바둑철학에서는 개인플레이가 중요하지만 미식축구에서는 협력이 중요합니다. 한국 사람이 미국에서 적응하기 힘든 것이 바로 이런 철학의 차이에서 옵니다.

오펜스는 네 번의 연속적 기회 안에 최소한 10야드를 전진해서 가야 합니다. 그렇지 않으면 상대방에게 오펜스의 기회를 빼앗기고 맙니다. 처음 미식축구를 보면 별로 재미가 없습니다. 그러나 룰을 알고 나면 가장 재미있고, 남성적인 경기가 바로 미식축구입니다. 미국의 유명한 정치인들도 조금씩은 다 축구를 해본 사람들입니다. 그래서 인생을 오펜스와 디펜스로 역할을 분담하여 생각하고, 쿼터백으로부터 앤드존까지 가서 터치다운을 해야 하는데 방법은 와이드 리시버에게 공을 던져서 받게 하여 가든가(일종의 공군의 활용방법입니다) 아니면 풀백이나 하프백을 통해서 상대방 수비진을 뚫고 전진하는 것(rushing)입니다. 이것을 막기 위해서 디펜스에서는 태클을 해서 막습니다. 그래서 미국 사람들은 대부분의 경우 공격적입니다. 이것이 미국 철학입니다. 미국의 개척정신은 바로 여기서 시작됩니다.

지금 여러분들의 삶의 철학은 무엇입니까? 돈이나 벌려고 따라가는 여관집 주인과 같은 자세입니까? 그런 분들은 예수님이 와도 보지를 못할 것입니다. 예수님이 말씀하셔도 돈에 관한 말씀이 아닌 한 귀에 들리지 않을 것입니다. 중요한 것은 돈이 아니고 사람입니다. 사람보다 더 중요한 것은 바로 주님이십니다. 우리는 적어도 돈이나 세상적인 생각을 버리고 너무도 천하게 오신 아기 예수님을 생각하고 인생에 보다 중요한 것이 무엇인가를 깨달아야겠습니다.

2. 목자들의 삶의 철학

목자들에게 철학이란 말을 쓰는 것이 좀 사치하게 보일지도 모릅니다. 그러나 우리가 이 철학이란 말을 쓰든 안 쓰든 간에 모든 것이 철학과 연결이 되는 것을 부정할 수가 없습니다.

우리는 이 목자들이 어느 집에 고용된 목자들인지 아니면 직접 자기의 양을 키우는 주인인지 분명하지 않지만 그러나 목자들이 복수형으로 나온 것을 보면 고용된 사람들이었다고 생각됩니다. 당시 목자들은 죄인 취급을 했습니다. 마치 세리나 창기들처럼 사회적으로 천대를 받은 계급입니다. 목자들이 죄인 취급당했던 것은 첫째로 이방인들의 땅이나 밭에 가서도 양들을 먹였고, 그때에도 발의 먼지를 털지 않았기 때문입니다. 게다가 둘째로 목자들은 율법을 모르는 무식한 사람들이었습니다. 그래서 더욱 천대를 받았습니다. 그러므로 이 목자들에게 주의 사자, 천사가 나타났다는 것은 중요한 의미가 있습니다. 제사장이나 바리새인들이나 서기관들이나 장로들에게 천사가 나타나지 않고 목자들에게 나타났다는 것은 사람들의 철학과 하나님의 철학이 얼마나 다르다는 것을 잘 말해 줍니다. 셋째로 목자들은 안식일을 지킬 수 없는 직업인들입니다. 오늘날도 의사나 간호사나 경찰이나 군인들은 예외 없이 모든 사람들이 다 주일을 제대로 지킬 수 없는 사람들입니다. 그래서 신앙생활에 어려움이 많습니다. 그런데도 목자들은 나중에 아기 예수님을 만나기 위해서 베들레헴까지 갔습니다.

사람들은 외모를 봅니다. 그러나 하나님은 중심을 보십니다. 사람들은 능력을 봅니다. 그러나 하나님은 그의 심성을 보십니다. 목자들은 비록 무식하고 천한 사람들이었지만 그들의 심성은 단순하고 착했습니다. 그들은 거짓말도 모르는 사람들이었습니다.

그러면 목자들은 어떤 사람들이었습니까?

첫째로 자기의 일에 성실한 사람들이었습니다. 8절에 보면 "밖에서 밤에 자기 양떼를 지키더라."라고 했습니다. 밤에는 누구나 피곤합니다. 그러나 목자들은 밤에 자기의 양떼를 지켰다고 했습니다. 혹시나 맹수들이 와서 양떼를 잡아먹지는 않는가? 혹시나 도적이 와서 훔쳐가지는 않는가? 병들어 고통을 당하는 양들은 없는가? 비록 남들이 천한 직업이라고 흉을 보아도 자기의 일에 충실한 이 목자들이야말로 하나님이 만나고 싶은 사람들입니다.

둘째로 목자들은 무식하기는 했지만 자기를 안 사람들이었습니다. 주의 영광이 두루 비칠 때에 무서워했다고 했습니다. 왜 무서워했을까요? 자신들의 죄 됨을 알았기 때문입니다. 비록 무식해도 자신들이 거룩하지 못한 것을 알았기 때문에 두려워했던 것입니다. 그런데 오늘날 우리들은 당시의 제사장이나 바리새인들이나 서기관들처럼 자신을 그만하면 괜찮은 사람들이라고 착각하고 있습니다. 아닙니다. 우리들 중에 아무도 하나님 앞에 감히 설 수 있는 사람은 없습니다. 왜냐하면 우리들은 다 죄인이기 때문입니다. 그러므로 하나님 앞에 나와서 예배를 드릴 때마다 우리는 두려워하는 마음을 가져야 합니다.

그런데 놀라운 것은 이런 두려운 마음을 가진 목자들에게 '온 백성에게 미칠 큰 기쁨의 좋은 소식'을 듣게 하였습니다. 오늘 우리들도 목자들의 마음을 가져야겠습니다.

셋째로 목자들은 영적 관심을 가진 사람들이었습니다. '베들레헴까지 가서 주께서 우리에게 알리신 바 이루어진 일을 보자'면서 갔습니다. 목자들은 바쁜 사람들입니다. 순간도 쉬지 않고, 양떼들을 돌보아야 하는 특수한 직업의 소유자들입니다. 그러나 우선순위를 아는 사람들이었습니다. 그래서 아기 예수님을 만나기 위해서 베들레헴까지 갔습니다. 지금도 성지 순례를 하면 목자들이 양떼를 지켰던 곳(목자의 들)을 가볼 수 있습니다. 베들레헴에서 먼 거리는 아니지만 그 당시에는 쉬운 길이 아니었습니다. 왜냐하면 목자들은 밤에 천사들의 말을 듣고 곧장 베들레헴으로 갔기 때문입니다

넷째로 목자들은 천사의 찬양을 들을 만큼, 하늘의 소리를 들을 만큼 영의 귀가 열려 있었습니다. 그 찬송의 내용은 우리들이 너무나 잘 아는 찬송이었습니다.

"지극히 높은 곳에서는 하나님께 영광이요

땅에서는 기뻐하심을 입은 사람들 중에 평화로다."

이 천군 천사의 찬송은 제1악장과 제2악장으로 되어 있습니다. 제1악장은 예수님의 탄생이 하나님께 영광이 된다는 내용이고, 제2악장의 내용은 예수님의 탄생이 사람들에게 평화를 가져왔다는 내용입니다. 그러나 아무리 성탄절이 와도 영의 눈이 떠 있어야 하고, 영의 귀가 열려 있지 않으면 천군 천사들의 성탄의 기쁨의 찬송을 들을 수가 없습니다.

성경에 보면 5대 찬양이 나옵니다. 천군 천사의 찬양은 항상 들을 수 있는 것이 아닙니다. 성경에 보면 다섯 번 들려왔다고 했습니다. 첫 번째는 창조 때 천군 천사가 찬양했고, 두 번째는 오늘의 본문에서 말한 대로 예수님 탄생 때에 찬양했고, 세 번째는 계시록 5장에 예수님께서 성부 하나님으로부터 두루마리 책을 받을 때 찬양했고, 네 번째는 예수님의 부활 때 찬양했고, 다섯 번째는 예수님의 재림 때 찬양할 것이라고 했습니다. 그러나 당시 그 많은 사람들이 살고 있었지만 다 이 찬양을 들은 것이 아니라 오직 목자들만 이 찬양을 들었습니다.

3. 우리는 성탄절에 어떤 자세를 가져야 합니까?

(1) 여관집 주인처럼 하지 말아야

먼저 여관집 주인처럼 실수를 하지 말아야 합니다. 돈이 중요한 것은 사실이지만 더 중요한 것은 사람이고, 더 중요한 것은 바로 우리를 위해서 이 땅에 오신 예수 그리스도입니다. 그러므로 주님을 푸대접하지 말고 우리의 안방을 주님께 내어드릴 수 있어야 합니다. 세상일에만 분주하지 말아야 합니다.

(2) 목자들처럼 영적 관심을 가져야

다음으로 중요한 것은 목자들처럼 영적 관심을 가져야 합니다. 사탄은 게으른 자를 좋아하고 하나님은 자기의 일에 성실한 자를 좋아하십니다. 그러나 항상 우리의 눈은 위를 향하여 있어야 하고, 영의 귀는 열려 있어야 합니다. 그래서 천사가 말씀하실 때에 들을 수 있어야 합니다.

(3) 주님께 드릴 예물

끝으로 목자들은 가난해서 주님께 드릴 예물이 없었습니다. 그러나 그들은 베들레헴에까지 가서 아기 예수님을 만났고, 천군 천사가 전해 준 말을 전달했습니다. 간증과 전도는 주님께 드릴 최고의 선물입니다. 이 말을 들었을 때에 눅 2:19절에 보면 "마리아는 이 모든 말을 마음에 지키어 생각하니라."고 했습니다. 그러므로 성탄절에 동방박사들처럼 예물을 준비하여 주님께 드리든가, 아니면 목자들처럼 가난하여 드릴 것이 없지만 아기 예수님께 나아와서 자기의 체험한 것을 간증해서 전도하든가 해야겠습니다. 왜냐하면 이 복음은 만민에게 좋은 소식이 되기 때문입니다. 지금 세상에는 좋은 소식이 없어서 많은 사람들이 절망 속에서 좌절감 속에서 살고 있습니다. 인류의 최대 사건인 성탄에 영적 기회를 놓치지 않기를 바랍니다. 그래서 이 날에 우리에게 주시는 좋은 소식을 들을 수 있기를 축원합니다.

아브라함에게 주신 축복

(4:1-3)

1. 아브라함이 받은 복의 내용은?

크게 세 가지입니다.

(1) 큰 민족을 이루고

12:22절에 보면 " 큰 민족을 이루고", "네 이름을 창대케 하리라"고
했습니다. 이것은 아들을 주실 뿐만 아니라 그들을 왕성케 해서 큰 민
족을 이루게 하고, 또 후손에게까지 축복을 연장시켜 주시겠다는 약속
입니다. 당대에만 복을 받아도 큰 복입니다. 그러나 후대에까지 연결된
다면 이것은 더 큰 복입니다.

(2) 영적 천국 상속 약속

12:7절에 "이 땅을 네 자손에게 주리라." 이것은 가나안 땅을 주시겠
다는 약속입니다. 이처럼 그의 후손들이 가나안 땅을 차지한다는 뜻도
있으나 더 중요한 뜻은 궁극적으로 천국을 상속하도록 하시겠다는 영적
의미가 있습니다.

(3) 복의 근원이 될지라

12:3절에 "너는 복의 근원이 될지라". 이것은 당대에 남들에게 복을
나누어 주는 복의 분배 자를 의미합니다. 그러나 더 중요한 것은 후대

에 그리스도께서 오심으로 온 세상에 복을 주시겠다는 뜻입니다.

2. 복 받는 비결은?

(1) 바른 관계를 가짐

하나님과 '바른 관계'를 가짐으로 복을 받았습니다. 좀더 구체적으로 말하면 창 15:6절의 말씀대로 "아브라함이 여호와를 믿으니 여호와께서 이를 그의 의로 여기시고." 즉 믿음으로 의롭다 함을 받았고, 그것이 바로 하나님과의 바른 관계를 가지게 했다는 뜻입니다.

성경에 보면 가장 중요한 것은 관계라고 말씀하고 있습니다. 그래서 십계명에도 1-4계명에는 하나님과의 바른 관계를 갖는 비결을 5-10계명에는 사람, 이웃과의 바른 관계를 가지는 비결을 말씀하고 있습니다. 이것은 관계가 중요하다는 뜻입니다.

관계 중에는 하나님과의 관계가 기본이고 다음에는 사람들과의 관계입니다. 이 관계를 바로 가지는 것을 Public Relation이라고 합니다.

(2) 말씀에 순종하여 받는 복

아브라함이 복을 받은 것은 말씀에 순종했기 때문입니다. 믿음이란 순종입니다. 12:1절에서 '떠나라'고 했습니다. 그래서 어디로 가는지도 모르고 아브라함은 떠났습니다. 그 후에도 여러 번 하나님이 말씀하실 때마다 순종한 것을 우리는 볼 수 있습니다. 순종은 제사보다 더 중요합니다. 그래서 삼상 15:22절에 "순종이 제사보다 낫고, 듣는 것이 수양의 기름보다 나으니"라고 했습니다.

(3) 우선순위를 바로 알고 선택

우선순위를 바로 알고 선택하였습니다. 12:7절에 보면 "그곳에 단을 쌓고". 제단을 쌓는 것이 중요하다고 믿었던 것을 볼 수 있습니다. 12:8절에는 "여호와의 이름을 부르더니"라고 했습니다. 이것은 바로 예배행

위를 의미합니다. 하나님께 기도했다는 뜻입니다. 13:9절에는 "네가 좌하면 나는 우하고, 네가 우 하면 나는 좌하리라"고 양보의 미덕을 베풀었습니다. 그러나 롯은 13:10절에 "롯이 눈을 들어 요단 들을 바라본 즉"이라고 했습니다. 이것을 보면 롯은 외적인 것만 보았지 우선순위를 몰랐습니다. 그래서 그는 불행을 당하고 말았던 것입니다.

(4) 아브라함의 철저한 헌신

22:2-3절에 보면 아브라함의 철저한 헌신을 볼 수 있습니다. 이삭을 하나님께 바칠 수 있었던 것은 아브라함의 철저한 헌신에서 비롯됩니다. 그런데 이 헌신한 자에게는 하나님께서 복을 주십니다.

세월을 아끼라

(골4:1-6)

오늘은 세월에 대하여 세 가지를 중심으로 은혜를 나누려고 합니다. 첫째 세월이란 무엇인가? 둘째 왜 세월을 아껴야 하는가? 셋째 세월을 아낀다는 말은 무엇인가?

1. 세월이란 무엇인가?

세월이란 말은 일종의 '흘러가는 사건의 강'을 말합니다. 그런데 이 세월은 사람을 기다리지 않습니다. 그래서 오직 준비된 자만이 그 세월의 강가에서 낚시를 할 수 있고 고기를 잡을 수 있습니다. 세상에서 '가장 빠른 것이 세월'입니다.

참 이상한 것은 시간이란 꼭 같은 속도로 흘러가지 않고, 변덕스럽게 빨리 갔다 천천히 갔다 합니다.

세월이란 한 마디로 말하면 시간인데 이 시간에는 두 가지 종류가 있습니다.

(1) 사람의 시간(크로노스) : 이 시간 속에서 인간이 산다.

(2) 하나님의 시간(카이로스) : 이것은 다른 말로 하면 '기회'를 말합니다. 이 시간 속에서 하나님의 역사는 이루어집니다. 그러므로 우리는 하나님의 시간에 따라 살아야 합니다.

2. 왜 세월을 아끼라고 했는가?

(1) 시간을 낭비하는 것보다 더 큰 죄는 없기 때문입니다.

(2) 시간을 얻는 자는 모든 것을 얻기 때문입니다.

(3) 한번 잃어버린 시간은 아무도 다시 찾을 수 없기 때문입니다.

(4) 돈이 상품의 척도이듯이 시간은 인생의 척도이기 때문입니다. 그 러므로 시간을 갖는 사람은 모든 것을 소유한 사람입니다. 그러 나 시간은 가장 시시한 것처럼 보입니다.

(5) 매사에 때가 있기 때문입니다.

(6) 시간은 모든 것을 다 폭로하기 때문입니다.

3. 세월을 어떻게 아낄 수 있습니까?

(1) 본문 1절에서는 "베풀지니"라고 했습니다. 베푸는 것이 세월을 아끼는 것입니다.

(2) 2절에는 "기도에 항상 힘쓰고". 사실 기도한 시간만이 영원히 남 습니다.

(3) 3절에 보면 전도할 문을 열어주실 때에 충성을 다해야 합니다.

(4) 4절에 '지혜를 행하'는 것이 세월을 아끼는 것입니다. 불신자처럼 눈에 보이는 대로 하지 말라는 것입니다. 다시 말하면 신앙으로 판단하여 하라는 것입니다.

맺는말

모든 것은 시간이란 저울로 계산을 합니다. 그래서 저는 하루를 이틀 로 삽니다. 그래도 내리막길로 달리는 세월을 낭비할 때가 종종 있습니 다. 이제 바라기는 온 성도들이 세월을 아낄 수 있기를 축원합니다. 여 기서 아낀다는 말은 하나님이 주신 기회를 선용하라는 뜻입니다.

열매 맺는 비결은?

(요15:1-8)

이 세상에 창조된 모든 것은 다 그 나름대로의 열매를 맺고 있습니다. 나무와 꽃은 물론이고, 동물과 인생이 다 열매를 맺습니다. 왜 그렇습니까? 열매를 맺는 것이 창조의 근본 목적이기 때문입니다.

물론 열매란 말은 넓은 의미를 가지고 있습니다. 우리 인간에게는 육체적 열매, 인격적 열매, 영적 열매의 뜻을 가지고 있습니다. 그런데 안타까운 것은 지금 많은 종교가 열매가 없습니다.

"경건의 모양은 있으나 경건의 능"(딤후3:5)은 없다는 말씀입니다.

심지어 기독교의 성도들도 마치 꽃꽂이 한 것처럼 뿌리가 없어서 열매가 없는 경우가 많습니다. 있어도 잘 익지 못하고 설익거나 아니면 썩거나 해서 도무지 상품화시킬 수 없을 만큼 되었다는 말씀입니다. 사데교회처럼 살았다 하는 이름은 있으나 실상은 죽은 교회처럼 되고 있습니다. 우리는 마태복음 21장에 나오는 잎만 무성한 무화과나무를 주님이 저주하신 사건을 잘 알고 있습니다.

그것은 당시의 바리새인들과 유대교가 열매를 맺지 못하고 있는 것을 비판하신 사건입니다. 그런데 문제는 지금 기독교도 열매 없는 무화과나무처럼 열매를 구하기가 어렵다는 점입니다. 지금 우리는 주님께서 그처럼 갖고 싶어 하는 열매가 있습니까? 아니 우리의 교회는 어떤 열매가 있습니까? 그런 점에서 오늘 요한복음 15장에 나타난 열매를 맺는 비결을 통해서 우리 자신들을 성찰해 보는 기회가 될 수 있기를 축원합니다. 먼저 왜 열매를 맺어야 하는가를 말씀을 드리겠습니다.

1. 왜 우리는 열매를 맺어야 합니까?

세례 요한의 설교에 보면 '이미 도끼가 나무뿌리에 놓였으니 좋은 열매 맺지 아니하는 나무마다 찍혀 불에 던지우리라'는 경고가 나옵니다. 좋은 열매를 맺지 아니하면 하나님의 불의 심판을 한다는 것입니다. 중요한 것은 도끼가 이미 나무뿌리에 놓였다는 시급성입니다. 이 말씀은 하나님께서 얼마나 우리들에게 열매를 간절히 구하고 계시는가? 얼마나 오래도록 기다리고 있는 가를 말씀하고 있는 경고의 말씀입니다.

8절에 보면 열매를 맺는 데는 두 가지 목적이 있다고 했습니다. "너희가 과실을 많이 맺으면 내 아버지께서 영광을 받으실 것이요, 너희가 내 제자가 되리라." 열매를 맺는 것은 첫째는 하나님께 영광을 돌리기 위해서이고, 둘째는 예수님의 제자가 되기 위해서라고 했습니다. 그러니 열매 맺는 것이 얼마나 중요합니까? 우리가 사는 목적이 바로 우리를 창조하신 하나님께 영광을 돌리는 것인데 우리가 열매를 맺으면 하나님께 영광이 된다고 했습니다. 또 우리의 삶의 궁극적 목적은 주님의 제자가 된다고 했는데 열매를 맺으면 주님의 제자가 된다고 했습니다. 열매를 맺는 것이 얼마나 중요합니까? 저와 여러분에게 열매를 맺는 축복이 함께 하시기를 축원합니다.

2. 열매 맺는 것의 의미

다음으로 주님께서 우리들에게 열매를 맺으라고 했는데 그러면 열매를 맺는다는 것은 무엇을 의미합니까? 오늘 요한복음 15장에서는 은유적으로 포도의 열매를 맺는 것을 중심으로 말씀하고 있습니다. 따라서 열매란 말은 은유입니다. 성경에는 이스라엘을 무화과와 포도나무로 비유한 경우가 많습니다. 호 10:1절에 보면 "이스라엘은 열매 맺는 무성한 포도나무"라고 했습니다. 이사야서의 포도나무 장인 5장을 보면 이스라엘에 대한 하나님의 한탄이 나옵니다. "땅을 파서 돌을 제하고 극상품 포도나무를 심었도다. 그 중앙에 망대를 세웠고, 그 안에 술틀을 팠었도다. 좋은 포도 맺기를 바랐더니 '들 포도'가 맺혔도다"(5:2). 이것은 이스라엘에 대한 하나님의 기대가 어그러졌다는 것을 말씀한 것입니다. 이스라엘 백성들이 변질되었다는 것입니다. 우리들은 들 포도가 아니기를 축원합니다.

성경에 보면 열매를 맺는다는 것이 여러 가지의 의미로 사용되고 있음을 말씀하고 있습니다. 육체적 열매, 인격적 열매, 영적인 열매가 있습니다. 주님은 마태복음 3:8절에서 "그러므로 회개에 합당한 열매를 맺고"라고 했습니다. 여기서 회개에 합당한 열매란 바로 '행실의 열매'를 말씀한 것입니다. 따라서 회개란 단순히 마음의 변화가 아닙니다. 생활의 변화까지 일어나야 한다는 것입니다. 산상 설교에서는(마5:16) '착한 행실'을 열매로 비유하고 있습니다. 바울 서신에서도 보면 '의의 열매'(빌1:11), '선한 열매'(골1:10)로 표현하고 있습니다.

우리가 잘 아는 갈라디아서 5:22-23절에서 바울은 성령의 아홉 가지 열매를 말씀하고 있습니다. "오직 성령의 열매는 사랑과 희락과 화평과 오래 참음과 자비와 양선과 충성과 온유와 절제니 이 같은 것을 금지할 법이 없느니라"고 했습니다. 또 에베소서 5:9절에서는 "빛의 열매는 모든 착함과 의로움과 진실함에 있느니라."고 했습니다. 빛된 삶을 말씀한 것입니다. 히브리서 13:15절에서는 "이러므로 우리가 예수로 말미암아 항상 찬미의 제사를 하나님께 드리자. 이는 그 이름을 증거하는 '입술의 열매'니라." 찬송을 '입술의 열매'라고 표현했습니다. 그러므로 열매란 말은 성경에서는 아주 다양한 의미를 가지고 있는 은유적 표현입니다.

마태복음 25장에는 유명한 달란트의 비유가 나옵니다. 여기서 주목할 사람은 한 달란트 받은 방관자의 태도입니다. 그는 주인의 소유를 맡았지만 주인이 우리와 같은 수준의 분이 아닌 전능하신 왕이시라는 사실을 깨닫지 못하였습니다. 핑계만 대면 되는 줄로 알았습니다. 사실 이 한 달란트 받은 자는 남을 속인 적도 없고, 도적질을 한 적도 없습니다. 우리의 표준으로 보면 잘못이 없습니다. 다만 하지 않은 죄밖에는 없습니다. 그러나 이 태만이 오늘날의 법 조항에서도 얼마나 무서운 죄인지 아십니까? 따라서 우리는 우리의 주인 되신 하나님 앞에서 열매를 맺지 못할 때 방관자로서의 태만을 그냥 넘길 수 없는 '악하고 게으른 종'이란 심판을 면할 수 없다는 점입니다.

3. 끝으로 열매를 맺는 비결은?

(1) 정체성을 바로 깨닫는 것

무엇보다 시급한 것은 먼저 세 가지의 '정체성을 바로 깨닫는 것'입니다. 즉 하나님은 우리를 심으시고, 가꾸시고, 기르시는 '농부'이심을 깨달아야 합니다. 다음은 예수님은 우리들이 붙어 있어야 할 '포도나무 등지, 본체'이시라는 사실입니다. 끝으로 우리는 그 나무에 붙어 있어야 할 '가지'라는 사실입니다. 이 세 가지의 주제 파악을 하지 못하기 때문에 자신이 주인인 것처럼 착각하여 소유권을 주장하고, 자기의 왕국을 건설하려고 바벨탑을 쌓다가 넘어지고 마는 것입니다. 마치 아이들이 바닷가에서 모래성을 쌓으면서 좋아하다가 저녁이 되어 부르면 그냥 두고 가는 것과 똑같습니다. 그러므로 우리는 나는 가지라는 것을 기억하고, 주님께 붙어만 있으면 됩니다. 물론 열매는 가지에 맺혀지지만 그러나 그 열매가 가지 자신의 것은 아닙니다. 포도나무의 주인은 농부

되신 하나님이기 때문입니다. 그는 포도나무를 심으셨고, 가꾸셨고, 거름과 물을 주신 것을 잊지 말아야 합니다. 내가 가졌다는 모든 것은 주님의 것이란 말입니다.

(2) 저가 내 안에 내가 저 안에

5절에 보면 "저가 내 안에 내가 저 안에 있으면 이 사람은 과실을 많이 맺나니" 즉 주안에 거하는 삶을 살 때에 열매가 맺혀진다는 말씀입니다. 하반 절에서는 "나를 떠나서는 너희가 아무 것도 할 수 없음이라"고 강조하고 있습니다. 꺾은 가지에는 열매를 맺을 수 없다는 것을 다 알고 있습니다. 여러분은 줄기에 붙어 있어야 줄기로부터 진액을 공급받고 열매를 맺게 됩니다.

어떻게 보면 이것은 성도들의 수동적 자세를 말씀한 것입니다. 여기서 우리는 과수원의 원리를 배울 필요가 있습니다. 저는 저의 아버님께서 약 150여 그루의 자두나무와 복숭아, 사과와 배나무를 키운 적이 있어서 농사를 지어 보았습니다. 저와 저의 아내는 매년 이른 봄에 싹이 나기 전에 먼저 가지치기를 합니다. 아주 잔인할 정도로 가지를 쳐주어야 합니다. 얼마 지나면 싹이 나면서 꽃이 피고 과일이 달립니다. 이것도 그냥 두면 쓸데없는 데에 진액이 빠지기 때문에 튼튼하고, 좋은 열매가 될 수 없습니다. 그래서 적과를 합니다. 한 줄기에 몇 개의 과일만 남겨두고 따버리는 것입니다. 진액을 몇 곳으로 함께 모으려는데 목적이 있는 것입니다.

그러나 이것만으로는 부족합니다. 다음에는 잡초를 제거해야 합니다. 최근에는 잡초 제거하는 약이 개발되었습니다만 농작물에는 품이 들고 괴롭지만 뽑아주는 것만큼 좋지는 않습니다. 저희 교회에는 잡초 제거약을 연구하는 농학박사님이 계십니다. 이야기를 들으니 요즈음에는 잡초 제거하는 약이 땅에 해를 주지 않도록 많이 발전하고 있다는 말을 들었습니다만 중요한 것은 어떤 방법으로든지 잡초는 제거해 주어야 합니다. 사실 농사짓는 데 끝없는 전쟁은 잡초와의 전쟁입니다. 이것은 영적으로도 그렇습니다. 우리에게도 뽑아내야 할 나쁜 잡초들이 많이 있습니다. 이런 것들을 뽑아서 제거해야 합니다. 끝으로 퇴비와 비료를 주어서 열매가 상품 가치가 있도록 만들어 주어야 합니다. 말씀을 듣고 경건을 연습하는 것이 바로 영적 비료입니다. 이 농사짓는 방법은 우리가 영적인 열매를 맺는데도 똑같이 적용됩니다.

(3) 원하는 대로 구하라

끝으로 7절에 보면 "무엇이든지 원하는 대로 구하라. 그리하면 이루리라."고 했습니다. 마태복음의 산상 설교에서도 주님은 말씀했습니다. "구하라 그러면 너희에게 주실 것이요, 찾으라 그러면 찾을 것이요, 문을 두드리라 그러면 너희에게 열릴 것이니 구하는 이마다 얻을 것이요, 찾는 이가 찾을 것이요 두드리는 이에게 열릴 것이니라." 기도가 바로 열매 맺는 비결의 하나라는 것입니다. 마가복음 11:23절에 보면 이런 말씀이 나옵니다. "내가 진실로 너희에게 이르노니 누구든지 이 산더러 들리어 바다에 던지우라 하며 그 말하는 것이 이룰 줄 믿고 마음에 의심치 아니하면 그대로 되리라." 저는 이 말씀 때문에 고민을 많이 했습니다. 아니 산이 기도한다고 다 옮겨지면 세상이 어떻게 되겠습니까? 자연의 질서는 다 깨어지고 말 것입니다. 그러다가 '산'이란 말이 큰 난제 혹은 불가능하다고 생각되는 모든 것들을 의미한다는 은유적 의미를 깨닫게 되었습니다. 그렇습니다. 하나님은 산처럼 불가능해 보이는 것들을 기도를 통해서 옮겨주십니다.

들리어 "바다에 던지우라"고 말하는 것은 바로 기도를 의미합니다. 그

기도를 하고, 그 말하는 것이 이룰 줄 믿고 의심치 아니하면 그대로 성취된다는 것입니다. 24절에는 이 진리를 좀더 구체적으로 말씀해줍니다. "그러므로 내가 너희에게 이르노니 무엇이든지 기도하고 구하는 것은 받은 줄로 믿으라. 그리하면 너희에게 그대로 되리라." 이 기도의 공식은 세상의 공식과는 정반대입니다. 세상의 공식은 먼저 성취가 된 후에 인정하고, 믿는 것입니다. 그러나 하나님의 공식은 정반대입니다. 먼저 믿고, 다음에 성취된다고 했습니다. 이 역설적 진리는 체험을 통하지 않고는 알 수도 깨달을 수도 없습니다. 여기서 중요한 것은 기도와 믿음의 관계는 마치 손바닥의 앞뒤와 같아서 뗄 수가 없다는 점입니다. 그래서 믿는 대로 되리라고 주님은 말씀하셨던 것입니다.

도대체 믿음이 무엇입니까? 믿음은 한 마디로 말하면 '하나님을 붙드는 영적 손'입니다. 포도 넝쿨이 넝쿨손으로 버팀목을 잡고 올라가듯이 믿음의 손으로 우리의 버팀목이 되신 예수님을 붙들고 올라가는 것입니다.

(예화) 어떤 사람이 모르는 밤길을 가다가 그만 벼랑으로 떨어졌습니다. 마침 나뭇가지를 붙들게 되어 꼭 붙들었습니다. 발 밑 끝도 모르는 곳에 떨어지면 죽을까 보아 놓을 수도 없었습니다. 밤새도록 손을 번갈아가면서 꼭 잡았습니다. 날이 새어 보니 땅 바닥이 불과 한 자도 안 되는 곳이었습니다. 믿음이 무엇입니까? 놓으면 죽을 줄 알고 꼭 잡는 것이 바로 믿음입니다. 그뿐 아니라 하나님이 주시는 모든 선물을 받는 것이 바로 믿음의 손입니다. 축복도 받고, 구원도 받고, 모든 것을 다 믿음이란 손으로 받습니다.

우리가 믿음을 영어로 faith라고 하는데 그 뜻은 첫 자를 따서, 'Forsaking all, I take Him'이란 뜻입니다. 믿음에는 세 가지 요소가 반드시 있어야 합니다. 첫째는 말씀을 액면 그대로 받아들이는 것입니다. 두 번째는 그 말씀에 동의를 하는 것입니다. 끝으로 주님께 모든 것을 내어 맡기는 것입니다.

그러므로 우리는 믿음이 열매를 맺는 가장 중요한 비결임을 깨달아야 합니다. 새해 금년에는 믿음을 통해서 많은 영적 열매를 맺기를 바랍니다. 하나님과의 관계 속에서 사랑과 희락과 화평의 열매가 맺어지고, 이웃과의 관계 속에서 오래 참음과 자비와 양선의 열매를 맺고, 자신과의 관계 속에서 충성과 온유와 절제의 열매를 맺기를 축원합니다.

맺는말

오늘은 우리가 열매 맺는 비결을 요한복음 15장을 통해서 살펴보았습니다. 바라기는 금년에는 잎만 무성한 무화과나무처럼 되어 주님께 책망 받는 해가 되지 말고, 우리 모두가 열매를 맺어 하나님께 영광을 돌리고, 예수님의 제자로서의 삶을 살 수 있기를 축원합니다.

열매 맺는 교회

(빌1:3-11)

좋은 교회는 어떤 교회일까요? 건물이 큰 교회가 아닙니다. 그렇다고 작은 교회도 아닙니다. 요컨대 열매를 많이 맺는 교회입니다.

(예화) 복수면 부모님 댁에는 작은 과수원이 있습니다. 특별히 피자두는 정말 맛이 아주 좋았습니다. 그런데 그 과수원의 나무 중에 감나무와 대추나무를 제외하고는 다 베어버렸습니다. 소득이 없었기 때문이었습니다. 농약 값도 안 나오고, 상품 가치도 없고 투자에 비해서 그만한 열매가 없기 때문이었습니다. 이것은 교회도 마찬가지입니다. 막 11:12-14절에 보면 주님께서 잎만 무성한 무화과나무를 저주한 것을 볼 수 있습니다. 다 같은 이유입니다.

1. 교회가 열매를 맺으려면?

(1) 나는 포도나무요 너희는 가지니

요 15장 포도나무의 비유를 보면 첫째로 포도나무에 붙어있지 않을 때 열매를 맺지 못한다고 했습니다. 특별히 5절에 "나는 포도나무요 너희는 가지니 저가 내 안에 내가 저 안에 있으면 이 사람은 과실을 많이 맺나니 나를 떠나서는 너희가 아무것도 할 수 없음이라"고 했습니다.

(2) 참여자가 많아야

잘 가꾸어주어야 합니다. 잡초는 뽑아주고, 물과 거름을 주고 김을 매주고 농약을 주어서 벌레들이 와서 먹지 못하도록 해야 합니다. 교회는 그냥 성장하는 것이 아닙니다. 구경꾼은 아무리 많아도 소용없습니다. 참여자가 많아야 합니다. 그러므로 다 참여자가 되어야 합니다.

2. 하나님이 원하는 열매 맺는 교회는?

(1) 성령의 9가지 열매를 맺어야

두 말 할 필요도 없이 성령의 9가지 열매를 맺어야 합니다. 따라서 하나님이 원하시는 교회는 열매 맺는 교회입니다. 요 15:8절에 "너희가 과실을 많이 맺으면 내 아버지께서 영광을 받으실 것이요, 너희가 내 제자가 되리라"고 했습니다.

(2) 신령과 진정으로 예배하느냐?

렘 7장에 보면 여호와의 전이라고 아무리 말해도 거짓말이다, 바알에게 분향하면서 다른 신들을 좇으면서 어떻게 하나님의 전이라고 할 수 있느냐? 나는 너희의 기도를 듣지 않겠다. 그러므로 기도하지 말라고 한 말씀이 나옵니다. 그러므로 중요한 것은 형식이 아니라 신령과 진정으로 예배를 하느냐 아니냐에 달려 있다고 했습니다. 그러므로 영적인 교회가 하나님이 원하는 교회입니다

(3) 열매 맺는 교회는

교회에는 적어도 기도의 열매와 전도의 열매와 선교의 열매와 친교의 열매와 구제의 열매를 맺어야 합니다.

3. 이상적인 교회를 만드는 비결은?

(1) 작은 데서 시작하는 훈련

작은 데서 시작하는 것은 참 좋습니다. 옥한흠 목사가 그렇게 했습니다. 제자들을 하나씩 훈련시켰습니다. 작으면 교인들이 원하는 인정을

받게 하기가 쉽습니다. 현대인들은 인정받기를 원합니다. 또 목회자가 세밀한 돌봄을 줄 수 있습니다. 기도와 심방과 상담을 잘 할 수 있습니다. 그러나 재정과 일꾼 부족의 고난이 따를 것을 각오해야 합니다.

(2) 열매의 크기

큰 나무에는 웬만큼 열매가 맺어서는 눈에 보이지 않는데 작은 나무에는 잘 보입니다.

(3) 이상적인 교회

나름대로의 특징을 살리십시오. 'Something different'한 교회를 만들면 마침내 이상적인 교회를 만들 수 있습니다.

(4) 하나님이 축복해야

시 127편 1-2절의 말씀을 항상 기억하십시오. "여호와께서 집을 세우지 아니하시면 세우는 자의 수고가 헛되며 여호와께서 성을 지키지 아니하시면 파수군의 경성함이 허사로다. 너희가 일찍이 일어나고, 늦게 누우며 수고의 떡을 먹음이 헛되도다." 하나님이 축복해야지 우리의 생각이나 이상만으로 되는 것은 아니라는 말씀입니다.

연합하여 동거하는 것

(시133:1-3)

창세기 1:7에 7번 "하나님이 보시기에 좋았더라"는 말씀은 연합하여 동거하는 모습을 하나님이 기뻐하였다는 뜻입니다.

오늘 새벽 집회 후에 저의 집 사람과 함께 운동을 하고 집으로 가려고 엘리베이터를 타는데 우리집 아래 집에 사는 여자가 "참 보기 좋으네요"하고 부러워했습니다. 부부가 나란히 다니는 것을 보면 참 보기가 좋은 것입니다. 거기다 자녀들과 함께 다니면 더 아름답습니다. 그런 여전도 협의회가 되기를 축원합니다.

1. 여전도 협의회가 왜 존재하는가?

남전도 협의회는 없는데 왜 여전도 협의회만 있는가? 이유가 있습니다. 첫째 그 숫자가 더 많기 때문에 협의회란 기구가 필요하기 때문입니다. 둘째로 여자들은 남자들보다 사회생활에 약합니다. 그래서 이런 기관을 통해서 서로 만나고, 협의하고 돕기 위해서입니다.

2. 여전도 협의회가 해야 할 것은?

먼저 아닌 것부터 말씀드리겠습니다. 협의회는 괜히 은퇴한 여자들에게 한 자리 주어서 우대해주는 기관이 아닙니다.

또 모든 여전도회를 지배하는 기관도 아닙니다. 그러면 무엇입니까?

(1) 협동하여 교회에 봉사하는 아름다움

여전도회들을 '하나로 묶어서 교회에 봉사하게 하는데' 근본 목적이 있습니다. 가장 대표적인 것이 지난번 김장 때 잘 나타났습니다. 여전도 협의회에서 협력하니 얼마나 아름답습니까?

(2) 대외적인 교회여성 기관

대외적으로 우리 교회의 여전도회를 대표하는 기관입니다. 지난번 1월에 회장이 없어서 엉뚱한 곳으로 간 경우, 좀 지시를 하였더라면 좋았을 것입니다.

(3) 담임 목사의 목회에 협조하는 기관

담임 목사의 목회를 잘 할 수 있도록 여전도 회원들을 연합시키는 일을 하는 것입니다.

(4) 여선교회에 바람

선교나 모든 일을 통일시켜주는 일을 했으면 합니다.

여호와께 감사하자

(시103:1-5)

오늘은 추수감사 주일입니다. 그래서 ① 감사의 이유와 ② 감사의 방법과 ③ 감사의 결과를 생각하면서 은혜를 나누려고 합니다.

중요한 것은 '감사는 이적을 일으키는 힘이 있습니다' 감사가 어떤 이적을 일으킵니까?

첫째로 감사는 '천국을 체험케' 하고. 기쁨과 행복을 가져다줍니다.

둘째로 감사는 '풍성한 추수'를 하게 하여 계속적으로 감사하도록 만들어 줍니다.

셋째로 감사는 하나님이 가장 '기뻐하시는 제사'입니다(시50:14).

넷째로 감사는 가장 아름다운 예의이고 '상대방을 기쁘게 하며 좋은 기억을' 남겨 줍니다.

다섯째로 감사는 세상을 아름답게 '색칠해 주는 페인트'와도 같습니다.

그러므로 감사는 하나님의 뜻입니다. 이제 본문의 말씀을 살펴보겠습니다.

1. 먼저 감사할 이유부터 살펴보겠습니다.

대부분의 사람들은 감사할 줄을 모릅니다.

(예화) 미국의 미시간 호는 바다처럼 큰 호수입니다. 여기서 큰 배

한 척이 난파한 적이 있었습니다. 그때에 노스턴 대학의 수영 선수였던 스펜서라는 대학생이 침몰해 가는 배에서 23명의 승객을 구해냈습니다. 여러 해가 지난 후에 토레이 박사가 엘에이에서 강연회를 하고 있을 때에 그 사건을 이야기하고 있는 그 시간에 "그 스펜서 씨가 여기 있습니다" 하고 한 청중이 소리를 질렀습니다. 토레이 박사가 그를 앞으로 초대를 했습니다. 참 귀한 일을 하였습니다. 지금 그때의 사건 중에 가장 인상 깊었던 것이 무엇입니까? 하고 물었습니다. 그랬더니 '예, 제가 구해준 사람 중에 단 한 사람도 감사하다고 인사를 한 사람이 없다는 점입니다'라고 대답했습니다. 이 예화는 사람들이 얼마나 감사를 하지 않는지를 잘 말해줍니다. 우리는 감사 불감증 환자처럼 살고 있습니다.

(예화) 인도 동북부에 있는 방글라데시 나라는 1억 3천 만 명의 사람들이 살고 있는 나라인데 저도 여러 해 전에 다녀 온 적이 있습니다. 그런데 이들은 감사할 줄을 모르는 민족입니다. 아예, '감사'라는 단어가 없습니다. 그들은 누가 구제해 주어도 네가 구제함으로써 알라 신에게 복을 받으니까 내가 너에게 감사할 필요가 없다는 사고방식을 가지고 있습니다. 그것은 그들만이 아닙니다. 누가복음 17:11절 이하에 보면 열 명의 문둥병자가 주님에게서 고침을 받았는데 오직 한 사람인 사마리아 사람만이 주님께 돌아와 감사하다고 표현했다고 했습니다. 이처럼 인간은 저나 여러분들이나 다 감사에 인색합니다.

그러므로 오늘 감사주일 하루만이라도 우리가 하나님의 은혜를 기억하고 깨달을 수 있기를 축원합니다. 오늘 본문에서는 "그 은택을 잊지 말지어다"라고 했습니다. 그러면 왜 우리가 하나님께 감사해야 합니까?

그 이유를 본문에서는 몇 가지고 지적하고 있습니다.

(1) 모든 죄악을 사하여 주심에 감사

첫째로 모든 죄악을 사하여 주셨기 때문에 감사했습니다(3절). 본문 3절에 "저가 네 모든 죄악을 사하시며"라고 했습니다. 우리가 하나님께 감사하는 첫 번째 이유는 우리의 죄를 용서해주셨기 때문입니다. 사실 다윗은 하나님의 마음에 합한 자였습니다. 그럼에도 불구하고 옥에도 티가 있듯이 다윗 왕에게도 죄가 있었습니다. 그것은 밧세바와 동침하고, 우리아를 격전지로 보내서 죽게 한 죄입니다. 다윗이 죄를 짓게 된 동기는 신앙생활이 헤이해지고, 방종하면서 생긴 것입니다. 또 안일해지고, 왕위에 오르면서 쾌락을 추구하게 되었고, 교만해질 뿐 아니라 왕의 권리를 남용할 때에 생긴 것입니다. 그러나 보다 근본적인 이유는 하나님의 은혜를 망각한 데서 옵니다. 감사 건망증에서 생긴 것입니다.

다윗의 이런 죄의 결과는 그에게 고통과 번민을 가져왔고, 자식의 죽음과 끝없는 비극을 가져왔습니다. 그런데 하나님은 이 다윗을 용서해주셨습니다. 우리도 따지고 보면 다윗보다 나을 것이 없습니다. 그러나 하나님은 우리들을 용서하여 주셨습니다.

(예화) 아프리카의 어떤 성도가 꿈속에서 체험한 이야기입니다. 한 번은 그 형제가 언덕을 올라가고 있는데 뒤에서 누가 무거운 짐을 지고 따라오는 것이었습니다. 뒤돌아보니 아주 무거운 짐이었습니다. 불쌍하게 생각되어 뒤를 돌아다보면서 말을 건네었습니다. 손을 보니 못 자국이 있었습니다. 비로소 주님인 것을 깨닫고 주님께서 내 대신 짐을 지고 있는 것을 감사했다는 이야기입니다.

(예화) 여러분 우리가 몇 가지의 죄를 저질렀는지 계산해 보신 적이
　　　있습니까? 매일 우리는 최소한 세 가지의 죄를 짓습니다. 하
　　　나는 생각으로, 다른 하나는 말로, 다른 하나는 행동으로 짓
　　　습니다. 이것을 일 년간 계산하면 1,092가지입니다. 열 살이
　　　면 일만 가지가 넘고 이렇게 계산하면 육십이 넘는 분은 6만
　　　가지가 넘습니다.

그것을 주님이 다 용서했습니다.

(2) 모든 병을 고쳐주신 것에 감사

둘째로 '모든 병을 고쳐주신 것'을 감사한 것입니다(3절). 본문 3절에
서 "네 모든 병을 고쳐주시며"라고 했습니다.

다윗에게는 세 가지의 병이 있었습니다. 육신적인 병, 정신적인 병,
영적인 병입니다. 육신적인 질병은 건강의 상실, 생명의 위협을 가져왔
습니다. 정신적인 병은 마음의 안정을 잃게 하였고, 평안을 잃게 하였
습니다. 영적인 병은 영혼의 기쁨을 잃게 하였고, 영생을 잃을 뻔했습
니다. 그러나 그런 속에서도 하나님께서는 마침내 다윗을 구원하여 주
었습니다. 그것을 감사한 것입니다. 그래서 시편 41:3절에 "여호와께서
쇠약한 병상에서 저를 붙드시고, 저의 병중 그 자리를 다 고쳐 펴시나
이다"라고 했습니다.

우리에게는 어떤 병이 있습니까?

가장 무서운 병은 '감사불감증'이라는 병이 있습니다. 둘째는 '은혜건
망증'이라는 병입니다. 바라기는 오늘 추수감사절을 맞이해서 이런 병들이
고침을 받기를 축원합니다.

(3) 지옥에서 구속하여 주신 은혜 감사

셋째는 '지옥의 파멸에서 구속하여 주신 은혜'를 감사하였습니다(4절).

다윗이 위기에 처했을 때에 생명의 보호를 받았고, 이 세상에서 생명의 연장을 받았고, 지옥에서 천국으로 옮겨주심을 받았습니다. 우리가 추수감사절을 당해서 가장 감사해야 할 것은 바로 이 지옥의 파멸에서 구원받은 것에 있습니다. 지옥이 어떤 곳인지 아십니까? 지옥에는 꽃도 피지 않고, 자연의 아름다움도 없고, 가정의 위로도 없고, 기쁨의 우정도 없고, 사랑스런 미소도 없고, 사랑과 평안도 없고, 자비도 없고, 물도 없으며, 고통스러운 긴 밤이 있는 곳입니다. 더럽고, 울부짖음이 계속되고, 이를 갈며 고통으로 괴로워하는 신음만이 있는 곳이 바로 지옥입니다. 그런데 주님은 우리를 이런 지옥의 파멸에서 구원하여 주셨습니다.

2. 다음은 9감사의 방법을 말씀드리겠습니다.

감사의 방법은 크게 세 가지입니다.

(1) 하나님이 주신 은혜를 깨달아야

먼저 하나님께서 우리들에게 주신 은혜를 깨달아야 합니다. 그래서 영어의 'think, thank는 어원이 같고', 연결되어 있습니다.

(예화) 우리 교회에 미녀 삼총사가 둘이 있습니다. 하나는 아름다울 미자 미녀 삼총사가 있고, 다른 하나는 쌀미자 미녀 삼총사가 있습니다. 쌀미 자, 미녀 삼총사들은 이름 그대로 매주 월요일마다 미식가적으로 음식을 즐기시는 분들입니다. 주로 값싼 음식 중에서 즐기는 특징이 있습니다. 오늘의 이야기는 다른 나라에 있는 이야기입니다. 미식가인 어떤 왕이 있었습니다. 그는 요리사를 불러서 맛있는 음식을 만들도록 했습니다. 너무나 맛이 있어서 그 요리사를 불러서 칭찬했습니다. 이제껏 먹어본 것 중에 이렇게 맛있는 것은 처음 먹어봅니다. 그러나

그 요리사는 사양하면서 말했습니다. 제가 이런 음식을 만들
수 있는 것은 좋은 채소가 있었기 때문입니다. 그 채소 장수
한테 상을 주십시오. 그래서 이번에는 채소 장수를 불렀습니
다. 그러나 그 채소장수는 말했습니다. 사실 칭찬 받을 사람
은 제가 아니라 좋은 채소를 기른 농부입니다. 그러나 농부도
똑같이 거절을 하였습니다. 그러면서 말하였습니다. 하나님께
서 비와 햇볕을 주시지 않았다면 저는 잘 키울 수가 없었을
것입니다. 그러므로 참으로 감사를 받으실 분은 바로 '하나님
이십니다.'라고 대답했습니다. 그렇습니다. 모든 것은 다 하나
님의 은혜입니다. 그분만이 감사를 받을 자격이 있습니다.

(2) 은혜를 잊지 말아야

받은 은혜를 항상 '잊지 말아야'라고 말합니다. 본문 2절의 말씀입니
다. 우리의 문제는 잊지 않아야 할 것을 잘 잊는데 있습니다. 건망증으
로 인해서 우리는 감사를 잘 잊고 있습니다. 그러므로 이 무서운 병인
건망증을 조심해야 합니다. 그러려면 작은 일에도 감사 하는 표현을 하
면 잊지 않게 됩니다. 여러분 우리들이 이 세계 여행을 하려면 두 가지
단어만 알면 됩니다. 하나는 '감사합니다', 다른 하나는 '미안합니다'라는
말입니다. 하나님께도 마찬가지입니다.

(3) 은혜를 베푸신 분께 감사

끝으로 중요한 것은 은혜를 주신 분에게 감사를 표현해야 합니다. 표
현이 없는 감사는 참 감사가 아닙니다. 어떻게 표현합니까? 먼저 입으
로 표현해야 합니다. '하나님, 감사합니다.'하고. 또 찬송으로 표현하는
것입니다. 다음은 '물질로' 표현해야 합니다. 몇 년 전에 제가 미국에서
목회를 하고 있을 때였습니다. 추수감사절이 되었는데 하나님께 바칠

돈이 없었습니다. 개인 수표는 부도가 나서 더 이상 수표를 쓸 수 없고, 그렇다고 어디 가서 꿀 수도 없고, 그렇다고 목사인 제가 감사헌금을 한 주간 늦출 수도 없고 얼마나 괴로웠는지 모릅니다. 기도를 했습니다. 마침 어떤 분이 제게 와서 얼마짜리인지는 기억이 안 납니다만 적지 않은 액수의 수표를 주어서 추수감사절에 바친 적이 있습니다. 없을 때에도 마음만 있으면 기회가 옵니다. 다음에는 몸으로 표현하여야 합니다. 바로 봉사를 뜻하는 말입니다. 몸으로 바치는 감사를 하나님은 가장 기뻐하시기 때문입니다.

3. 감사의 결과

(1) 인자와 긍휼로 관을 씌워주심

4절에 보면 하나님께서는 감사하는 자들에게 '인자와 긍휼로 관을 씌워주시며'라고 했습니다. 우리를 사랑해 주실 뿐 아니라 하늘의 영광도 주십니다. 한국 사람만큼 감투를 좋아하는 사람들도 드물 것입니다. 그런데 하나님께서는 감사하는 자들에게는 감투를 씌워주신다고 했습니다. 그것은 바로 인자와 긍휼의 감투입니다. 인자와 긍휼의 감투를 다 쓰시기를 축원합니다.

(2) 좋은 것으로 소원을 들어 줌

5절에 보면 감사하는 자들에게 '좋은 것으로 소원을 만족케'하여 주신다고 했습니다. 좋은 것으로 네 소원을 만족케 하사, 사람은 누구나 소원이 있습니다. 그 소원을 다 만족시켜주시는 것입니다.

마태복음은 구하는 자에게 좋은 것 주시지 않겠냐고 했고 누가복음에서는 좀 더 구체적으로 구하는 자에게 성령을 주시지 않겠냐고 했습니다. 그러므로 성령의 좋은 것으로 충만키를 축원합니다.

(3) 우리 삶을 새롭게 하여 주심

5절 하반 절에 보면 '독수리같이 우리 삶을 새롭게' 하여 주신다고 했습니다. "네 청춘으로 독수리같이 새롭게 하시는도다." 독수리는 새 중의 왕입니다. 조류의 왕이라고 불립니다. 그런데 이 독수리는 아무리 바람이 불고 비가 와도 하늘 높이 날 수가 있습니다. 감사하는 삶을 살면 하나님께서 우리의 삶을 이렇게 영적으로 높이 날 수 있게 하여 주신다는 것입니다.

바라기는 오늘 기독교의 명절인 추수감사일을 맞아 하나님께 감사할 것이 무엇인지 살펴보면서 하루를 보낼 수 있기를 축원합니다.

기도로 시작하여 성공하는 한 해가 되게 하자

(요14:14)

'문제 있을 때에 기도하라. 문제가 해결될 것입니다. 문제가 없을 때에도 기도하라. 문제가 생기지 않을 것입니다. 항상 기도하라. 주님과 동행하게 될 것입니다.'

1. 기도의 비결

하늘의 보고를 여는 비결(약5:13-18). 금고를 영어로 SAFE라고 합니다. 안전하다는 뜻이지요. 그런데 세상에는 안전하지 않기 때문에 하나님께서는 하늘에 귀한 것을 저장해 두었습니다. 그리고는 열쇠를 우리들에게 맡겨주셨는데 그것이 바로 기도입니다. 그러면 어떻게 기도해야 합니까? 세 가지 비결이 있습니다.

(1) 주님의 이름으로 기도해야 합니다(요16:14)

예수님의 이름을 무슨 주문처럼 외우라는 것이 아닙니다. 우리는 자격이 없습니다. 모든 것이 예수님의 이름으로 저장되어 있으니 예수님의 이름으로 열어야 한다는 뜻입니다.

(2) 의심 없는 믿음으로 기도해야 합니다(약5:15).

기도에서 의심은 금물입니다. 가장 무서운 장애물입니다. 그래서 사탄은 우리에게 기도는 하되 믿지 말라고 속삭입니다.

(3) 하나님과 바른 관계를 가지고 기도해야 합니다(잠15:29).

인간은 관계적 존재입니다. 하나님과의 관계, 사람들과의 관계가 바로 되어야 합니다. 하나님과의 관계가 바로 된 사람을 의인이라고 말합니다. 많은 사람이 이 관계를 무시하고 기도하기 때문에 응답을 받지 못합니다.

갑신년의 새해에는 우리 모두가 승리하고 성공하기를 축원합니다. 그것은 기도로 시작해야 합니다. 예수님의 이름으로 기도하고, 믿음으로 기도하고, 하나님과의 바른 관계를 가지고 기도하면 다 응답되어 승리할 줄로 믿습니다.

2. 승리의 기도는?(눅18:1-8)

어떤 기도가 응답되고, 승리를 가져다줍니까?

(1) 분명한 목적을 가지고 해야

3절, "내 원수에 대한 나의 원한을 풀어 주소서 하되." 과부의 간구는 분명한 목적을 가지고 있었습니다. 그러므로 기도는 '분명한 목적을 가지고' 해야 합니다. 길게 하는 기도가 응답되는 것이 아니고, 듣기 좋은 기도가 응답되는 것도 아니고, 분명한 목적을 가지고 하는 기도가 응답을 받습니다. 그런데 대부분의 기도를 보면 목적의식이 없이 그냥 미사여구를 늘어놓을 때가 많습니다. 잘한 것 같은데 본인도 무엇을 기도했는지 기억을 못할 때 하나님은 응답을 하지 않습니다.

그러면 기도의 목적은 무엇입니까? 첫째는 하나님의 영광입니다. 둘째는 주의 뜻을 이 땅에 이루는 것입니다. 셋째는 열매 맺는 삶입니다. 내 뜻만 이루는 것을 기도의 목적으로 삼았다면 이번 기회에 고치시기를 바랍니다.

(2) 지속적으로 해야

5절, "이 과부가 나를 번거롭게 하니 내가 그 원한을 풀어 주리라. 그렇지 않으면 늘 와서 나를 괴롭게 하리라 하였느니라". 7절, "하물며 하나님께서 그 밤낮 부르짖는 택하신 자들의 원한을 풀어 주지 아니하시겠느냐?" 즉 승리의 기도는 지속적으로 해야 합니다. 늘 지속적으로 기도해서 하나님께서 이번에 안 들어주면 계속 나를 괴롭힐 테니 들어주자 해야 합니다.

(3) 낙심하지 말고 기도해야

7절 하반절과 8절, "저희에게 오래 참으시겠느냐? 내가 너희에게 이르노니 속히 그 원한을 풀어 주리라". 그러므로 우리는 '낙심하지 말고 믿고 기도해야' 합니다. 저도 기도하다가 낙심하는 경우가 종종 있습니다. 금방 응답이 되지 않기 때문입니다. 응답은 때가 되어야 이루어집니다. 하나님의 때가 되어야 옵니다.

오늘은 승리의 기도, 즉 반드시 응답되는 기도에 대해서 살펴보았습니다. 기도의 목적은 승리에 있습니다. 그래서 내 목적을 이루는 것이 아니고, 하나님의 뜻을 이루는 것이 승리의 기도입니다. 그래서 우리도 기도할 때에 내 뜻대로 마옵시고 아버지의 뜻대로 되기를 원합니다, 라고 기도해야 합니다.

3. 기도의 삼박자는?(마7:7-11)

음악의 3대 요소 중에 하나는 박자입니다. 특별한 합창을 할 때는 박자가 맞아야 그 메시지가 분명히 전달됩니다. 그렇듯이 기도에도 박자가 필요합니다. 오늘은 기도의 3박자에 대해서 함께 살펴보려고 합니다.

(1) 간구해야

7절상. "구하라 너희에게 주실 것이요." 기도의 첫째 박자는 '구해야'

합니다. 여기서 구한다는 말은 자신의 고집, 생각, 자신의 지혜와 능력을 포기하고, 주님의 도우심을 기다리는 것을 말합니다. 자신의 지혜와 능력을 의지하면서 하는 기도는 참 기도가 아닙니다. 하나님의 뜻에 합한 기도는 한 박자, 즉 금방 이루어집니다.

(예화) 중국 내지 선교회의 창설자인 허드슨 테일러(1832-1905)가 중국을 향해 배를 타고 갈 때였습니다. 바람만을 이용하는 범선을 타고 갔는데 그날따라 바람이 전혀 불지를 않아 선장이 테일러 선교사에게 기도를 요청했습니다. 그때 선교사는 배를 바람 맞는 방향으로 돌리라고 했습니다. 아니 바람도 안 부는데 무슨 방향을 돌리느냐고 선원들이 웃었습니다. 그러나 신앙심이 있었던 선장이 선원들을 설득해서 배를 바람 부는 방향으로 돌렸습니다. 테일러 선교사는 자기의 방에 들어가 기도를 시작하였습니다. 그리고 계속해서 기도를 했습니다. 누가 방문을 요란하게 두드리는 소리가 있었습니다. 할 수 없이 기도를 중단하고 나갔더니 선장이 말합니다. 아직도 기도하고 계십니까? 그만 하세요, 바람이 크게 불어 난리입니다.

그러나 구하는 것에는 순서가 있고 내용이 있습니다. 주기도를 보면 첫 번째 간구가 "이름이 거룩히 여김을 받으시오며"라고 했습니다. 구하되 먼저 하나님의 것부터 시작하라는 말씀입니다. 하나님의 영광을 구하고, 하나님의 나라가 이루어지기를 구하고, 하나님의 일이 잘 되도록 구하라는 것입니다. 기도는 영어의 ACTS, 즉 Adoration(경배와 찬양), Confession(회개), Thanksgiving(감사), Supplication(하나님으로부터 받는 것, 즉 간구)대로 하면 모범적인 기도가 됩니다.

(2) 찾으라. 그러면 찾을 것

7절중. "찾으라. 그러면 찾을 것이요." 기도의 두 번째 박자는 '찾는 것'입니다. 기도는 골방에 들어가 간구하는 것으로 끝나는 게 아니라 적극적으로 기도한 것을 이루는 방법을 찾는 노력까지도 포함해야 합니다. 이것을 기도의 두 번째 박자라고 합니다.

(예화) 느헤미야의 기도 : 느 9장에 보면 이스라엘 자손이 다 모여 금식기도를 했다고 했습니다. 느헤미야는 구체적으로 어떻게 이룰 것인가를 생각하고 부흥을 위한 방법을 강구하였습니다.

(예화) 무디의 경우 : 대서양을 횡단하고 있을 때 배에서 불이 났습니다. 사람들이 동분서주하는 가운데 무디도 양동이에 물을 퍼 날랐습니다. 목사의 안전을 생각한 어떤 사람이 말했습니다. "목사님, 우리는 저쪽에 가서 하나님께 불을 꺼달라고 매달립시다." 이에 무디가 한마디로 대답했습니다. "무슨 말씀을 그렇게 하십니까? 양동이에 물을 퍼 나르면서 기도하세요. 이것이 기도 자세입니다."

(3) 문을 두드리는 것

7절하. "문을 두드리라. 그러면 너희에게 열릴 것이니." 기도의 세 번째 박자는 '문을 두드리는 것'입니다. 이것은 문이 열릴 때까지 계속해서 기다리는 심정으로 '인내하면서 기도하라'는 뜻입니다. 아브라함은 문을 두드리는 마음이 부족해서 실수를 했습니다. 우리는 아브라함처럼 몇 번 기도하다가 안 된다고 쉽게 포기합니다. 그러나 기도는 삼박자까지 갈 때도 있기 때문에 기다려야 합니다.

(예화) 아버지의 회심을 위한 기도를 20년 동안 하다가 안 되어 찾는 심정으로 기도하다가 방법을 발견하여 기도했습니다. 간절히 문을 두드리는 심정으로 참고 인내하면서 기도하여 23년 만

에 주님께로 돌아왔습니다.

4. 하나님의 응답의 방법(왕상18:36-40)

하나님께서는 반드시 기도에 응답하십니다. 요 14:14절에 무엇이라고 했습니까? "내 이름으로 무엇이든지 내게 구하면 내가 시행하리라". 그러나 금방 다 시행한다는 뜻은 아닙니다. 하나님의 응답은 크게 세 가지의 방법으로 응답하십니다.

(1) Yes(즉각적인 응답)

37절에 보면 엘리야가 하나님께 응답해 달라고 기도했습니다. 그러나 하나님께서 38절에 즉각적으로 응답하여서 하늘에서 불이 내려 번제를 태웠습니다.

(2) No(바울의 경우: 고후12:7-9)

바울은 육체에 가시가 있었습니다. 그것이 무엇인지 확실치 않으나 아마도 안질이 심하였던 것 같습니다. 그래서 그것을 낫게 해달라고 8절에 보면 3번이나 기도했습니다. 그러나 하나님께서는 거절하였습니다. 99절에 "내 은혜가 네게 족하도다. 이는 내 능력이 약한 데서 온전하여짐이라"고 했습니다.

(3) Wait(나사로의 경우: 요11:1-44)

11:3절 "주여 보시옵소서. 사랑하시는 자가 병들었나이다"고 구했으나 6절을 보면 이틀을 더 머문 뒤에 가셨습니다. 그것도 죽은 뒤에 가셨습니다. 왜 그랬을까요? 4절에 보면 "하나님의 영광을 위함이요"라고 했습니다.

5. 기도 응답의 확신(막11:20-25)

기도는 확신 없이는 응답이 안 됩니다. 적어도 다음 세 가지에 관한 확신이 있어야 합니다. 첫째는 하나님께서 내 기도를 들으신다. 둘째는 내가 기도한 것은 반드시 응답해 주신다, 셋째는 하나님께서 내 믿음의 분량만큼 채워주신다는 확신이 있어야 합니다.

(1) 기도를 들으신다는 확신

이 세상에 10억이 넘는 신자들이 있습니다. 그들이 기도한 것을 과연 하나님께서 다 들으실까? 하는 의심이 생길 수 있습니다.

(예화) 충현 교회에서 일어난 일입니다. 어느 병원에 13살 난 소년이 백혈병으로 입원해 있었습니다. 중등부 학생들이 함께 기도했습니다. 그 백혈병에 걸린 소년은 믿음이 좋은 학생이었습니다. 그러나 부모는 교회 가는 것도 반대하고, 교회에 대해서 적대감이 많았습니다. 모두들 그 소년의 병이 낫게 해달라고 기도했습니다. 그러나 소년은 부모님들을 위해서 기도했습니다. 자기는 죽어서 하늘나라에 가지만 부모님들은 지옥에 갈 텐데 어떻게든지 구원해달라고 기도했습니다. 두 달이 못되어 백혈병에 걸린 소년은 죽고 말았습니다. 모두들 실망이 컸습니다. 그러나 이상한 것은 그 소년이 죽자 온 가족들이 다 교회에 나오게 되었고. 뜨겁게 신앙생활을 했습니다. 부모들이 아들이 천국에 간 것이 분명하니 자기들도 꼭 거기에 가고 싶다고 하면서 아들이 항상 부모님들이 교회에 나오게 해주세요, 저는 죽어도 좋아요 하고 기도한 것이 그대로 응답이 된 것입니다.

또 다른 경우도 보았습니다. 중병으로 병원에 입원한 경우인데 모두가 기도한 대로 건강을 회복하여 가족들이 교회에 나왔지만 얼마 안 되어 또 세상으로 흘러가는 것을 보았습니다. 이것은 일시적인 응답이기는 했으나 근본적인 응답은 아닙니다. 그러나 첫 번에 말한 소년은 온 가족이 다 구원받게 된 것입니다. 때로는 교회에 가고 싶지 않지만 아들을 만나기 위해서 나가게 된 것입니다.

(2) 응답해주신다는 확신(24절).

기도하는 사람은 믿음에 따라 크게 세 가지로 분류할 수 있습니다. 첫째는 의심하는 미숙한 기도입니다. 두 번째는 내가 기도하는 것은 다 이루어질 것이라고 믿는 훈련생 기도가 있습니다. 세 번째는 내가 기도한 것은 벌써 다 이루어졌다고 믿는 숙련된 기도가 있습니다. 모두 다 숙련된 기도의 사람이 되기를 축원합니다.

(3) 믿음의 분량만큼 채워주신다는 확신

(예화) 시골에 가면 가뭄이 올 때 식구는 물론 용수가 부족해서 어려움을 당하는 경우가 종종 있습니다. 그래서 저수지를 만들어 식수와 용수를 위해서 저장해 둡니다. 문제는 저수지가 작으면 만들기는 쉽지만 가뭄 때에는 부족합니다. 그러므로 가능한 한 큰 저수지를 만들어야 합니다.

(예화) 갈현동에서 물이 여름에는 3달 동안이나 안 나와 밤에 저장을 했다가 낮에 썼습니다. 시에서 한 주에 두어 번 물차가 와서 물을 나누어 줍니다. 중요한 것은 어떤 그릇을 가지고 나가느냐에 따라 물을 받을 수 있습니다. 우리의 기도의 응답도 마찬가지입니다. 야곱은 욕심이 많았습니다. 그러나 그 믿음의 분량대로 하나님께서는 채워주셨습니다. 지금 우리의 믿음의 분량은 어느 정도입니까?

독일에서 일어난 일입니다. 어느 마을에 심한 흉년이 들어서 먹을 식량이 다 떨어졌습니다. 며칠 동안 굶었습니다. 이제

가족들이 식탁에 둘러앉아 물만 먹으면서 기도했습니다. 그런데 기도하는 동안에 애지중지 키우던 새가 그만 날아가 버리고 말았습니다. 잠시 후에 문을 두드리는 소리가 들려서 밖을 내다보니 새가 다이아몬드 반지를 물고 왔습니다. 그래서 목사님을 불러 자초지종을 말했습니다. 그것은 황제의 인장 반지였는데 글을 쓰다가 잠깐 벗어 놓은 것인데 새가 물고 가서 어떻게 찾을까 하고 망설이고 있는 중이었습니다. 황제는 너무도 기뻐서 자초지종을 묻고는 가난한 가정인 것을 알고, 풍족한 식량과 함께 농토를 나누어주었습니다. 실제 일어난 것인지 확실치 않으나 중요한 것은 기도는 반드시 응답된다는 사실입니다.

6. 응답받지 못하는 기도는?(눅11:5-13)

우리가 하는 모든 기도가 다 응답되는 것은 아닙니다. 응답받지 못하는 기도도 있습니다.

(1) 회개 없는 기도(시66:18)

시 66:18절 "내가 내 마음에 죄악을 품으면 주께서 듣지 아니하시리라" 왜냐하면 죄악이 하나님과 우리 사이를 갈라놓기 때문입니다. 그러므로 기도할 때마다 회개의 기도를 함께 해야 합니다. 회개의 기도는 도매금으로는 안 됩니다. 소매하는 식으로 기도해야 합니다. 아주 작은 것이라도 반드시 계산을 해야 합니다.

(2) 정욕으로 쓰려고 잘못 구할 때(약4:3)

약 4:3절 "구하여도 받지 못함은 정욕으로 쓰려고 잘못 구함이니라." 다시 말하면 우리들에게 해가 되는 기도는 하나님께서 응답하지 않는다는 말씀입니다. 하나님께서는 유익한 것만 응답해 주시고, 그것도 하나님의 때에 따라 주십니다.

(3) 남을 용서하지 않고 기도할 때(막11:25)

막 11:25절 "서서 기도할 때에 아무에게나 혐의가 있거든 용서하라. 그리하여야 하늘에 계신 너희 아버지도 너희 허물을 사하여 주시리라 하였더라." 솔직히 이 기도는 쉽지 않습니다. 어떻게 이것이 가능할까요? 사실 인간의 힘으로는 가능하지 않습니다. 그러나 다 같이 하나님의 용서를 필요로 하는 형편에 있다는 것을 깨달으면 가능합니다.

맺는말

기도는 첫 박자에 이루어질 때도 있습니다. 그때에도 자신을 의지해서는 안 됩니다. 오직 주님만 의지하고 기도하면 이루어집니다. 그러나 그래도 안 되는 경우가 있습니다. 그때는 방법을 구체적으로 찾으면서 기도해야 합니다. 그래도 안 될 때에는 문을 두드리는 심정으로 참고 인내하면서 끝까지 매어달리면 하나님께서 이루어주십니다. 불과 3박자의 시간이지만 길게 느껴질 것입니다.

기도는 그냥 한다고 되는 것이 아닙니다. 응답되는 기도가 있고 응답되지 않는 기도가 있습니다. 우리는 기왕에 기도할 바에는 응답되는 기도를 해야 합니다. 그러나 응답되지 않는 기도도 있다는 것을 기억하면서 함께 기도의 기쁨을 맛보기를 축원합니다.

한나의 기도

(삼상1:4-18)

1. 한나가 살았던 시대

사사기 마지막 장 마지막 절(21:25)에 당시의 시대를 잘 말해주는 말씀이 나옵니다. "그때에는 왕이 없으므로 사람마다 자기 소견에 옳은 대로 행하였더라." 여기서 '왕이 없으므로'라는 말이 사사기에 4번 "자기 소견에 옳은 대로"라는 말이 2번 나옵니다. 당시 이스라엘에는 이방 같은 왕은 없었지만 하나님께서 직접 이스라엘을 통치하셨습니다. 그런데 이스라엘은 하나님의 말씀에 순종하지 않았던 것입니다. 또 당시의 형편을 말씀해주는 말이었습니다. 삼상 3:1절이 바로 그것입니다. 여호와를 섬길 때에는 여호와의 말씀이 희귀하여 이상이 흔히 보이지 않았더라. 사실 이스라엘의 역사를 보면 아브라함에게 하나님의 말씀이 임한 후에 저들이 위기에 처할 때마다 하나님의 말씀이 임하였다. 그러므로 사실은 하나님께 말씀하시지 않은 것이 아니라 듣는 귀가 없었던 것입니다. 이스라엘이 온통 영적 귀머거리가 된 것입니다. 잠 29:18절의 묵시가 없으면 백성이 방자히 행하거니와라는 말씀대로 이스라엘은 목전의 욕망에 눈이 어두워지고 무기력, 무책임, 무관심, 무감동하게 되었습니다. 심지어 종교계마저 부패하였습니다. 삼상 2:12,17절에 보면 "엘리의 아들들은 불량자라 여호와를 알지 아니하더라." 이 소년들의 죄가 여호와 앞에 심히 큼은 그들이 여호와의 제사를 멸시함 이었더라. 게다가 2:22절을 보면 하나님의 성막 입구에서 여인들과 동침하였다고 하였다. 이 언어도단의 일이 자행되고 있었습니다. 이것을 삼상 4:21절에서는 이렇게 표현하고 있습니다. 참으로 이가봇, 영광이 이스라엘에서 떠났다고 하였습니다. 마치 라오디게아 교회의 모습이 된 것입니다.

2. 이런 교회를 하나님은 어떻게 하셨는가?

삼상 3:3절에 "하나님의 등불은 아직 꺼지지 아니하였으며"라는 말대로 하나님의 관용은 놀랍게도 계속되고 있었다고 하였다. 그 이유가 딤후 2:13절에 나옵니다. "우리는 미쁨이 없을지라도 주는 항상 미쁘시니 자기를 부인하실 수 없으시리라." 우리 인간은 하나님과 맺은 언약을 어기지만 하나님은 미쁘셔서 우리와 맺은 언약을 지키신다는 말입니다. 그래서 하나님의 등불은 아직 거지지 않은 것입니다. 바로 여기에 하나님의 백성들의 소망이 있습니다.

3. 한나를 준비하신 하나님의 섭리

어느 때나 어둠이 시작되면 하나님은 반드시 그의 그릇을 준비하시는 법입니다. 이때도 마찬가지였습니다. 그는 결코 학자도 아니고 영웅호걸도 아닙니다. 오히려 이름 없는 주부인 한나라는 여자였습니다. 사회의 주목을 끌만한 재능이 있는 여자도 아니었습니다. 성경은 말합니다. "그러나 하나님께서 세상의 미련한 것들을 택하사 지혜 있는 자들을 부끄럽게 하려하시고 세상의 약한 것들을 택하사 강한 것들을 부끄럽게 하려 하시며 하나님께서 천한 것들과 멸시받는 것들과 없는 것들을 택하사 있는 것들을 폐하려 하심이라"(고전1:27-28). 없는 것들을 구태여 택하시는 것은 바로 하나님의 영광을 나타내시기 위해서입니다. 그러면 구체적으로 어떻게 한나를 쓰셨는가? 그것은 바로 아들을 주심으로 그

시대를 구원하신 것입니다. 삼상 1장을 보면 엘가나는 두 아내가 있었는데 한나는 무자하였고 브닌나는 자식이 있었다고 하였습니다. 당시에 자녀가 없다는 것은 아내로서의 기능 상실이고 인간으로서의 실격과도 같은 것이었습니다. 한나의 번민이 얼마나 컸겠는가? 사람은 누구나 번민이 있습니다. 이때에 무엇을 선택하느냐가 중요합니다. 그 선택에 따라 인생의 방향이 결정되기 때문입니다.

인간은 4가지 선택을 할 수 있습니다.

(1) 미운 상대방을 넘어뜨리는 것입니다.

정치에서는 흔히 이 방법을 이용합니다. 마르코스가 이 방법을 사용하였지만 아키노의 아내에게 결국 정권을 빼앗기고 말았습니다.

(2) 자살하거나 자포자기하는 것입니다.

일본에서는 최근 매년 2만 명 이상의 자살자가 나온다고 합니다. 그러나 자살이 문제를 해결하지는 않습니다. 부채를 갚지 못해서 자살하고, 누명이 억울해서 자살하고, 대학에 진학하지 못해서 자살하고. 그러나 이것은 아무런 문제를 해결하지 못합니다.

(3) 번민에서 도피하는 방법이 있습니다.

타조가 사냥꾼을 피하기 위하여 머리를 모래 속에 파묻듯이. 최근에는 여러 종류의 마약에 젊은 층들이 빠지고 있는데 이것은 번민에서 도피하려는 것입니다. 그러나 비겁한 행위에 불과합니다.

(4) 한나의 기도 내용

한나의 7가지 기도

1) 금식기도

삼상 1:7절에 "울고 먹지 아니하니" 즉 금식기도를 드린 것입니다. 잘 아는 대로 70년대에 카터 대통령이 철군을 약속했을 때 우리나라는 정치적으로 군사적으로 위기에 처해 있었습니다. 이때 많은 사람들이 애국 금식 기도를 하였습니다. 40일 금식을 한 대학생들만도 40명이 넘었고 며칠씩 금식한 사람들은 수만 명에 이르렀습니다. 그 결과 하나님이 응답하여 오히려 더 많은 미군이 한국에 주둔하게 되었습니다.

2) 통곡 기도

1:10절에 "한나가 마음이 괴로워서 여호와께 기도하고 통곡하며." 바로 이 통곡의 기도가 이스라엘을 구한 것입니다. 왜냐하면 눈물의 기도는 하나님의 보좌를 움직이는 힘이 있기 때문입니다.

3) 서원 기도

1:11절에 보면 주의 여종을 잊지 아니 하사 아들을 주시면 내가 그의 평생에 그를 여호와께 드리고 삭도를 머리에 대지 않겠다는 말(민6:5절)은 나실인이 되는 것을 의미합니다. 구세군의 창시자인 부스 대장은 '네 자신이 드린 기도를 네 자신부터 응답하라'는 유명한 말을 남겼지만 한나의 기도가 바로 그런 태도였습니다.

4) 전적 신뢰

1:11절에 보면 "만군의 여호와여"라는 말이 나오는데 이 말은 한나가 최초고 사용한 유명한 용어입니다. 그 뜻은 권능으로 전쟁을 하시는 하나님을 의미합니다. 다시 말하면 이 말속에는 한나의 전적 신뢰가 잘 나타나 있습니다.

5) 최고의 것 요구

사람들은 기도가 응답되지 않으면 한 단계 낮추어서 기도합니다. 이것은 잘못입니다. 신앙이 약해진 증거입니다. 한나는 그렇지 않았습니다. 분명히 아들을 달라고 기도했습니다. 딸을 주실 수 있는 하나님이라면 왜 아들을 주실 수 없겠습니까? 그래서 최고의 것을 원하는 기도를 드린 것입니다.

6) 끈질긴 기도

마 6:7절에 주님은 중언부언 기도하지 말라고 하였습니다. 그러나 이 것은 같은 제목으로 계속해서 기도하지 말라는 말은 아닙니다. 예수님 도 겟세마네 동산에서 세 번 되풀이해서 기도하셨습니다. 엘리야도 갈 멜산에서 일곱 번 기도하였습니다. 죠지 뮬러가 일만 명의 고아를 길렀 는데 그것은 오로지 기도를 통해서였습니다. 그러므로 기도의 열매가 보일 때까지, 얻을 때까지 기도해야 합니다.

7) 은밀한 기도

하나님은 은밀한 기도를 들으십니다. 그러므로 우리도 한나처럼 은밀 하게 기도해야 합니다. 골방 문을 잠가놓고 은밀하게 보시는 하나님께 기도해서 응답받는 성도가 되시기를 축원합니다.

항상 소망을 품고

(시 71:14-15)

이제 1986년은 영원한 과거가 되었습니다. 기쁘게 보낸 사람이든 슬프게 보낸 사람이든 보람 있게 보낸 사람이든 후회만 남긴 사람이든 이제는 어쩔 수 없는 우리의 손이 닿을 수 없는 영원한 과거가 된 것입니다.

과거야 어찌 되었든 이 아침에 우리가 감사할 것은 우리 모두에게 1987년의 새 아침이 밝아왔다는 사실입니다. 우리 중에는 어제의 괴로운 일이 이 아침에까지 연장되고 있는 사람들이 없지 않아 있을 것입니다. 그러나 우리가 지금 살아서 숨을 쉬고 있다는 것은 감사한 것이고 우리 모두에게 새로운 가능성을 줍니다.

부자에게나 가난한 사람에게나 학자에게나 무식한 사람에게나 똑같이 365일의 한 해가, 누구에게나 똑같은 기회가 주어진 것입니다. 남은 문제는 이 한 해를 우리가 어떻게 시간의 청지기로서 보내어 보람 있고 가치 있는 한 해가 되도록 할 것인가만 남아 있습니다.

1987년을 우리 생애에 기억할만한 보람 있는 한 해가 되게 하기 위해서 우리는 무엇을 해야 할까요? 두말할 필요도 없이 먼저 우리 모두가 새해에 대한 소망을 가지고 출발하는 일입니다. 그래서 이 시간에는 '항상 소망을 품고'라는 제목을 가지고 함께 은혜를 나누려고 합니다.

조금 전에 읽은 본문은 다윗이 나이 많아 늙어 고난에 처했을 때에

쓴 말씀입니다. 늙는 것도 슬픈데 고통까지 다가오면 웬만한 사람은 좌
절하고 낙심하고 넘어지고 말 것이나 다윗은 그렇지 않았습니다. 그는
9절에서 볼 수 있는 대로 "나를 늙은 때에 버리지 마시며 내 힘이 쇠약
한 때에 떠나지 마소서"라고 기도하면서 그는 항상 소망을 품고 주를 더
욱 더욱 찬송하는 생활을 하겠다고 약속합니다. 이 얼마나 위대한 신앙
이며 소망입니까? 그러면 1987년에 우리가 가져야 할 소망은 무엇이며
그 내용은 무엇인지를 살펴보겠습니다.

1. 절망하지 않는 소망

과연 1987년에 소망을 가질 수 있는 어떤 근거가 있는가? 사실 오늘
이라고 해서 어제와 다르게 변한 것은 거의 없습니다. 그런데도 우리는
소망을 가질 수 있을까요? 아무것도 변한 것이 없다고 해서 인생을 철
저하게 부정하는 사람들을 볼 수 있습니다. 아니 우리 자신도 종류는
각각 다르겠지만 적어도 몇 번은 낙심하고 절망하고 그러면서도 어떤
소망을 가지고 있지 않습니까? 풀러 같은 이는 인생을 '고고지성을 지
르고 태어나 괴로워하면서 살고 절망하다 죽는 존재'로 단정했습니다.
그러나 이것은 보는 사람에 따라 다르게도 볼 수 있습니다. 인생은 응
애 하고 태어나 날마다 새로운 감격 속에서 살다가 죽음의 새 체험 속
에 죽는 존재이기도 합니다. 그러므로 우리는 절망만 하지 않아야 합니
다. 실존주의 철학자 키엘케골이 말한 대로 '절망은 죽음에 이르는 병'
이기 때문입니다.

시인 이상은 말하기를 어느 시대건 그 시대의 현대인들은 항상 절망
한다고 하였습니다. 따라서 절망할 수 있다는 것은 역설적 얘기지만 아
직 젊다는 얘기이고 새로운 내일의 가능성이 있다는 것을 말해줍니다.
그러므로 내일이 있는 한 인생을 다 산 사람처럼 절망해서는 안 됩니다.

우리가 소망을 가지는 이유는 인생이란 의미 없는 것이 아니고 또 역사란 운명에 이끌려 맹인처럼 어두움 속에서 무를 향해 가는 것이 결코 아니라고 믿기 때문입니다. 여기서 우리는 이상한 논리를 발견합니다 절망도 소망도 다 같이 믿음이라는 것에 근거하고 있다는 것입니다. 나른 것은 절망이란 신이 존재하지 않으며 따라서 인생이란 살만한 의미가 없다고 믿는 자신의 철학에 기초한 것이고 소망이란 하나님은 존재할 뿐 아니라 섭리하고 계시기 때문에 인생이란 살만한 의미가 있다고 믿는데 근거를 둔다는 점입니다. 그렇다면 왜 우리는 인생을 절망하며 낙심해야 합니까?

구약시대에는 소망의 근거를 하나님에게 두었습니다. 렘 14:8절에 보면 하나님을 이스라엘의 소망이라고 하였고 그래서 저들은 여호와를 의뢰하고(렘17:7) 기다렸던 것입니다. 기억해야 할 것은 예레미야서는 남왕국 유다가 바벨론에 포로로 잡혀가기 직전 나라가 멸망의 위기에 처해 있었을 때 기록한 것이라는 점입니다. 다시 말하면 아무리 나라가 위기에 처해 있어도 여호와께서 살아계신 한 소망이 있다는 것입니다. 이 신앙이 바로 이스라엘을 그 역사적 와중에서도 계속해서 존재하게 한 근거가 됩니다.

신약시대에 와서는 딤전 1:1절의 말씀에서 볼 수 있는 대로 예수 그리스도가 소망의 근거가 되고 있습니다. 그것은 그리스도께서 부활하심으로 새 시대 즉 메시아 왕국의 도래를 가져왔기 때문입니다. 그러므로 1987년에 우리가 소망을 갖는 것은 하나님께서 살아계시고 또 그리스도께서 우리의 주님이 되시기 때문입니다. 믿습니까?

2. 소망을 가질 때 무엇이 변하는가?

(예화) 미국에서 가장 오래된 대학이 윌리엄 앤드 메리 대학입니다.

이 대학이 1881년에 남북전쟁의 결과 재정적인 파산으로 인해 문을 닫게 되었을 때에 총장인 벤자민 이웰이 매일 아침 종을 쳤습니다. 종을 치는 이유는 학교가 문을 열게 될 것이라는 신앙 때문이었습니다. 그가 계속해서 종을 친 결과 7년이 되던 해에 학교는 다시 문을 열게 되었습니다.

(예화) 영국 런던에서 삶에 좌절한 어떤 청년이 물에 빠져죽기 위해서 가는 길목에서 와트가 그린 '소망'이란 그림을 보았습니다. 눈먼 여자가 세상 꼭대기에 앉아서 줄이 다 끊어지고 겨우 한 가닥 남은 줄을 가지고 수금을 타는 모습이었습니다. 이것을 본 젊은이는 그래 나에게도 하나의 줄은 아직 있어, 우리 아이가 있지 하며 소리를 쳤다고 합니다.

이처럼 소망은 파산에서 다시 일어나게 해주고 죽음에서 건져주는 힘을 가지고 있습니다. 책 가운데 「Man's Search for Meaning」이란 책이 있습니다. 이 책은 프랭클 박사가 쓴 것으로 그는 나치 독일의 처참한 유대인 수용소에 대한 관찰을 하면서 쓴 책입니다. 그는 수용소에 있는 사람들을 이렇게 묘사하였습니다. '마음으로 포기한 사람들은 몸도 곧 쇠약해졌다. 그러나 소망을 끝까지 가진 사람들은 끝까지 살아남았다. 자기 혼자서 소망을 가질 뿐 아니라 절망 속에 있는 다른 사람들을 도와주고 소망을 계속해서 갖도록 격려하던 사람들은 몸도 마음도 매우 건강하였다.'

반대로 소망이 없을 때에는 어떻게 되는가?

(예화) 요사이 웬만한 사람은 다 사진기 하나쯤은 가지고 있을 것입니다. 그 사진기 가운데 미국 사람들은 코닥이란 카메라이고 우리 한국 사람들은 코닥 필름을 안 써본 사람이 없을 것입니

다. 이처럼 코닥은 사진기와 필름의 대명사처럼 되어 있습니다. 그런데 이 코닥의 본명은 이스트맨 코닥인데 그는 제일 먼저 카메라와 필름을 최초로 만든 사람입니다. 지금 뉴욕 로체스터에 가보면 한 들판을 다 점령하고 있을 만큼 크게 성공하였고 돈을 많이 번 사람입니다. 그러나 그는 인생에 환멸을 느끼고 자살하고 만 사람입니다. 성공이 무슨 소용이 있는가? 소망이 없으면 성공도 돈도 아무 소용이 없는 것입니다. 그러나 중요한 것은 바른 소망을 가지는 것입니다. 소망을 가지는 것만으로는 부족합니다.

(예화) 1923년 미국이 황금만능 시대에 있을 때 일이었습니다. 시카고의 에지워터 비치 호텔에 당시 미국의 8대 재벌이 한 식탁에 모여 앉았습니다. 당시 신문들은 이들이야 말로 성공과 출세의 상징이요 신화라고 보도하였습니다. 그러나 25년 후 그중에 4명은 자살하였고 나머지 4명은 파산하여 국외로 도망가서 죽었거나 국내에서 징역을 살다가 죽었다고 합니다. 왜 이들이 이처럼 비참하게 되었는가? 그것은 이들이 바른 소망을 갖고 있지 않고 탐욕과 불의로 가득 차 있었기 때문이었습니다. 그러므로 모든 소망이 다 소망은 아닙니다. 소매치기(쓰리꾼)가 1986년에는 소매치기를 많이 못했으니 87년에는 보다 많이 훔치자고 생각했을 때 이것을 소망이라고 말할 수 없습니다. 따라서 바른 소망이라야 참된 소망인 것입니다. 그러므로 우리는 1987년에는 소망을 갖되 바른 소망을 갖지 않으면 안 됩니다.

3. 어떤 소망을 가지고 출발할까?

성경이 말하는 참된 소망을 알아보겠습니다.

(1) 보이지 않는 것을 바라보는 소망

보이는 것은 참 소망이 못된다. 롬 8:24-25절에 "보이는 소망이 소망이 아니니 보는 것을 누가 바라리요 만일 우리가 보지 못하는 것을 바라면 참음으로 기다릴지니라."

(2) 영생의 소망이 바른 소망

영생의 소망, 하늘나라에 대한 소망이 참된 소망입니다. 딛 1:2절에 "영생의 소망을 인함이라. 이 영생은 거짓이 없으신 하나님이 영원한 때 전부터 약속하신 것이라" 그러나 이 소망의 핵심은 한 걸음 더 나아가 바로 '파루시아' 즉 주님의 재림에 근거를 두고 있는 것입니다. 초대교인들이 모이면 '마라나타'(주여 오소서란 뜻)하고 인사를 한 것은 저들의 소망의 근본을 말해줍니다.

(3) 도덕적 열매가 참 소망

도덕적 열매를 맺어야 그것이 참 소망입니다. 예를 들면 하나님을 기쁨으로 신뢰하게 한다(롬8:28)든지 고난 중에도 인내하게 합니다(롬5:3)든지 혹은 기도함으로 참는 열매를 맺을 때 그것이 참 소망입니다.

(4) 영원불변하는 소망

소망은 하나님의 영원불변하심과 그의 말씀에 근거를 두고 있으며 그것은 마치 닻과 같이 우리를 견고케 합니다. 히 6:19 "우리가 이 소망이 있는 것은 영혼의 닻 같아서 튼튼하고 견고하여 휘장 안에 들어가나니" 아브라함이 100세의 노인으로서 바랄 수 없는 중에도 아들 주실 것을 바란 것은 하나님의 약속 즉 오직 그의 말씀에 근거한 것입니다. 또 그가 독자인 이삭을 창 22장에 보면 하나님께서 바치라 했을 때 주저하지 않은 것은 하나님의 말씀을 믿었기 때문입니다. 골 1:23절에 보면 참된 소망은 복음을 통하여 온다고 하였습니다. "만일 너희가 믿음에 거하고 터 위에 굳게 서서 너희 들은바 복음의 소망에서 흔들리지 아니하면 그리하리라."

맺는말

이제 1987년 아침이 밝아왔습니다. 우리는 지난해의 묵은 고통으로 더 이상 괴로워하지 말고 금년의 이 해를 하나의 기회로 알고 보다 밝고 아름답고 선한 열매로 채우는 한 해가 되게 합시다. 그리스도에게 모든 것을 내어맡기고 복음을 통하여 주시는 소망을 품고 하나님을 찬양하는 한 해가 되게 합시다. 새해에 우리의 미래를 잘 아시는 하나님께서 합력하여 선을 이루실 것을 믿고 새 소망을 품고 찬양하는 한 해가 되기를 주님의 이름으로 축원합니다.

핵심 스마트 설교(5)

새벽이슬 같은 주의 청년들

2022년 2월 15일 1판 1쇄 인쇄
2022년 2월 20일 1판 1쇄 발행
저　자　신성종
발행자　심혁창
마케팅　정기영
교　열　송재덕
디자인　박성덕
인　쇄　김영배
펴낸곳　도서출판 한글

우편 04116

서울특별시 마포구 신촌로 270(아현동)

수창빌딩 903호

☎ 02-363-0301 / FAX 362-8635
E-mail : simsazang@daum.net
창　　업 1980. 2. 20.
이전신고 제2018-000182

* 파본은 교환해 드립니다
* 정가 20,000원
*

ISBN 97889-7073-600-6-93230